カール・ロジャーズ

カウンセリングの原点

諸富祥彦

角川選書
649

はじめに――「現代カウンセリングの礎」を築いたカール・ランサム・ロジャーズ

本書は、ロジャーズの思想と方法の本質――その中心は、過激なまでに徹底的な自由と「真に自分が自分として生きること」の追求、そしてその援助方法の実践化であろう――を、自分らしく生きることが困難になってしまったかに見える現代という時代の文脈において問い直すものである。

ロジャーズがカウンセリングの必須の条件として説いた「受容」「共感」「一致」という考え、及びその方法である「傾聴」は、カウンセリングや心理療法といった心理学的実践の枠を超えて、教育、産業、医療、福祉、介護など、さまざまな分野の――おおよそ、人間の治癒や成長を支えるあらゆる分野の――実践の重要な方法論となり、ケアの現場やいのちの電話などのボランティア活動ではその中心に据えられている。

しかし、これほど広く浸透しているにもかかわらず、ロジャーズの思想と方法論の持つラディカルな本質は――彼自身の在り様のラディカルさとともに――理解されているとはとても言いがたい。ロジャーズの説いた「共感」「受容」などの言葉は、一見あまりにわかりやすいがために、ロジャーズ自身の著作を読むこともなく、なんとなく「人間としての温かさ」のように曖昧《あいまい》に理解されるにとどまっている。人文・社会科学系の思想や理論には、表現の平易さがあだとなって、すぐに「わかったつもり」になられて誤解され、本質的な理解が妨げられてしまうケースがしばしばある。ロジャーズの「受容」「共感」「一致」などはまさにその典型的なケースである。ロジャーズの言う深い受容や共感が表層的に理解されれば、認知行動療法などの他学派における半端なそれとの違いがわからなくなる。結果、「諸学派共通要因」としての半端な受容や共感、一致と、ロジャーズ固有の「徹底した受容、共感、一致」との違いは、ないことにされてしまいそうにさえ思える。

残念ながら、我が国の大学や大学院で教鞭《きょうべん》をとっている心理学者の大半が、ロジャーズの著作をまともに読んだことすらないだろう。ロジャーズをわかっている、知っていると思っている人の9割以上は、無理解と誤解の域を出ていない。よく知られているわりに、著作が丹念に読まれることもなく「わかったつもり」にとどまり、本質的な理解にはまったく至っていない。ロジャーズは、その典型的な人物である。

ロジャーズの思想と方法の本質の一端は、そのラディカルさ（徹底性／過激さ）にある。彼は、治療者と治療される者との関係を、教師と生徒の関係を、夫婦関係や恋人関係を、これまでとまったく異質のものに転換しようとした。さまざまな人間関係についてまわる、凝り固まった常識や通念や硬直した倫理を木っ端微塵《みじん》に粉砕し、人間をそれから解放しようとした。ロジャーズが一部の人から「永遠の非行少年」と呼ばれるゆえんである。

ロジャーズは、一人一人が自分の「内臓感覚＝うちなる実感」に即して、自由に生きることを徹底的に尊重した。真に自分らしく、何にもとらわれずに自由に生きることを徹底的に尊重した。それに比すれば、学校や職場に「適応」することなど、取るに足らない些《さ》細《さい》なこととして退けた。

社会の通念に染まり、「自動機械」のようになって、パターン化されたティピカルな思考しかできなくなった状態で生きるのは、「人間」として生きていると言うに値しない。映画『鬼滅の刃』の無限列車に乗っている、自分が「夢」を見ているとも知らず、まどろんでいるままの乗客のようである。人間は、周囲の期待から離脱し、自分の内側にぐっと深く入って内臓感覚に触れ、リアルな実感を持って生きるのでなくては、真に自分自身として生きるのは難しいのだ。

65歳のロジャーズ（畠瀬稔編訳『人間関係論』より）

そこに貫かれているのは、徹底した自由であり、「脱・社会的期待」「脱・適応」の姿勢である。自由であること、自分らしくあることをやめるくらいなら、狂気であることをすら、ロジャーズは選ぶだろう。

徹底的に自分らしく生きよ！
自らの「内臓感覚」に従って！
自分の実感以上に信頼できるものなど何も

ない。それ以外は何も恐れるに足らない。

周囲の人の期待に応《こた》えるな！

孤立を恐れるな！

勝手に寄せられてくる期待や押しつけや倫理などのすべてから、自分を解放せよ！　自分自身を失うことほど、恐ろしいことは何もないのだから！


ロジャーズの著書の端々からは、そんな強烈なメッセージが発せられている。しかし、これを一人で貫くのは、困難を極める。多くの人は、困難にぶつかり、心が折れて、挫折する。いやその前に、人とぶつかるのを恐れて、周囲に迎合し、自分の気持ちを抑えて「いい人」になってすごそうとする。


けれど心の中では叫んでいる。「ほんとうの私は、ここにはいない！」

では何が必要なのか。あなたが、真に自分として生きるために必要なものは何か。

それは、あなたがほんとうに自分自身であることを許してくれる誰かとの、「真実を語り合い聴き合うことのできる関係」だ、とロジャーズは考える。

あなたが考えていることや感じていることを、あなた自身の内側に視点を置いて、あなた自身になりきったかのようにして、ていねいに確認しながら理解してくれる人がいなければ、あなたが自分らしく生きていくことは難しい。

ロジャーズがクローズアップしたのは、心のどこかで誰もがうっすらと知っている、人生のこのシンプルな真実である。

人が、真に自分らしく生きるには、誰かたった一人でいいから、あなたのほんとうの理解者が、あなたの傍らにいてくれることが必要なのだ。ロジャーズにおいて、人が自分自身を生きることと、それを可能にする誰かとの「関係」は、ワンセットである。

ロジャーズのカウンセリングや共感的な傾聴は、自分らしく生きようともがき闘っている人にとっての「傍らでそっと寄り添ってくれる存在」「側にとどまって内側の声に共に耳を傾けてくれる存在」たらんとするものだ。この不確かな時代にあって、「暗闇の中を歩く」ようにして日々を生きている現代人の孤独な心の旅を「共に体験し、共に歩む、人生の同行者」であろうとするものだ。その典型的模範は、心理カウンセラーであり、セラピスト（心理療法家）であるが、それは必ずしも心理の専門家である必要はない。それは「教師」であってもいいし、「看護師」「医師」「保育士」「介護士」「上司」であってもいい。あなたの家族であってもいいし、「恋人」や「夫婦」のようなパートナーであってもいい。そればかりか、後述するロジャーズの実践に見られるように、イデオロギーや信条を異にする「紛争国の政治家同士」であってもいい。

誰かの内側から発せられている心の声に、誰かが耳を傾け、聴き、寄り添う。「こういうことだろうか？」と確かめながら、ていねいに聴いていく。すると、何かが確実に変わり始める。聴いてもらった人はより自分らしくなり、心の声を発するようになる。すると、学校が、会社が、親子関係が、結婚が、恋人関係が、変わり始める。紛争国同士の関係さえ変わり始める。

世界が変わり始めるのだ。

世界が変わる具体的なきっかけは、「いがみ合い、不信に満ちていた相手が発している小さな声に、そっと耳を傾ける」。そんな小さな営みであることをロジャーズは教えてくれる。「相手の声に耳を傾ける」――これが、「すべての人がより自分らしく生きることができる世界」をつくっていくための最初の一歩である。ロジャーズは「静かなる革命家」なのである。

本書は、ロジャーズの思想と方法の「本質」に焦点を当てたものである。類書のようなロジャーズの「概説書」ではない。それは類書に譲る。本書では、私がつかんだ「ロジャーズの生涯、その思想と方法の本質」をストレートに届けたい。

ロジャーズの著作は、今読んでもまったく色あせていない。私たちが、いつの間にかすっかり忘れてしまっていた「カウンセリングの原点」、カウンセリングとは、傾聴とは本来いかなる営みであり、それは本来何を目指すものだったのかを思い起こさせてくれる。それは本来、企業や学校への「適応」を促すことではなく、「人が真に自分らしく生きることの援助」ではなかったか、ということを思い起こさせてくれるのだ。ロジャーズを読み直すことは、「カウンセリングの原点回帰」を可能ならしめてくれる。

多くの人に本書を読んでいただきたい。たとえば、以下のような人たちだ。
●もっと自分らしく生きたいと思いながら、そうできずに苦しんでいる多くの人
●周囲の期待に応えて自分を見失いそうになり、苦しい思いをしている人

●教育や医療や産業や福祉の現場で人に接している人
●カウンセリングやケア、コンサルティング、コーチングなどの対人援助者

ロジャーズの思想と方法のラディカルな本質を正しく理解するならば、多くの人はなんとなく理解しているつもりになっていたロジャーズを、そして「傾聴」「受容」「共感」「自己実現」といったことを、実はこれまで表面的にしか理解していなかったことを知るだろう。それは、あなたの実践の問い直しにつながるはずだ。

臨床心理学の専門家の方も本書を読まれるかもしれない。

本書の「ロジャーズ研究」としての特色は、筆者が魅力を感じるロジャーズ——ざっくり言うと「50代のロジャーズ」と、特に1955年を起点とした、周囲の人々（ジェンドリンら）との関係から生まれるダイナミズムに焦点を当て、ロジャーズの思想と実践の全体を読み直している点にある（わがままが許されるならば、本書のタイトルを『1955年のカール・ロジャーズ』としたかったくらいである）。

映像で言うならば、『グロリアと3人のセラピスト』の60代のロジャーズではなく、ロジャーズ51歳の頃に撮影したと思われる『ミス・マンとの面接』のロジャーズである。著作で言えば、『クライアント中心療法』（1951年）から、『オン・ビカミング・ア・パーソン』（1961年）に至る頃のロジャーズである。

本書は、最もシャープだったこの頃のロジャーズ——1961年、59歳の時に、日本に専門

家として最初に訪れたロジャーズは、講演で、いきなり机の上に座って語り始めるなど、「永遠の非行少年」という呼称どおりの大胆不敵さと、自由奔放さを発揮している——に焦点を当ててロジャーズ像を描くのである。

当然のことであるが、ロジャーズであれ、フロイトであれ、ユングであれ、「いつの、どのような在り方をしていたその人」に焦点を当てて人物像を描くかによって、描かれるイメージはまったく異なってくる。この「立脚点」「視点」の特異性を離れた「ロジャーズそのもの」「ユングそのもの」「フロイトそのもの」など存在しはしない。人物研究の基本である。このようなことをわざわざ言ったのは、ロジャーズに限らず、心理療法家についての著作が書かれる時、「どの時代の、何歳の、どのような状態のその人」に主たる立脚点をおいたか曖昧なまま書かれたものが少なくないからである。

とりわけロジャーズの場合、「受容とか、共感とかの、温かい人」というぼんやりとした、凡庸なイメージが多くの人に抱かれがちである。これについては、ロジャーズについて語る側にも責任がずいぶんあるように思われる。

筆者の目に映っているロジャーズは、徹底的に自由で、自分自身であることにどこまでも忠実な人であった。その純粋さ、自由さは、不器用なほどであり、それゆえロジャーズはしばしば非社会的になり、自分を閉ざした。誤解を生み、他者との衝突も稀《まれ》ではなかった。

そんなロジャーズ像を少しでも届けられたら、と思う。

カール・ロジャーズ——カウンセリングの原点　目次

第1章　ロジャーズを理解するための5つのキーワード

本書は、ロジャーズの思想と方法の「本質」に迫る著書である。まずは骨太に、その全体像——ロジャーズが人生を賭《と》して何をしようとしていた人物であるのか——を、5つのキーワードから描いておきたい。

キーワードは、①真に自分自身となる、②内臓感覚、③受容・共感・一致、④内側からの理解、⑤静かなる革命——の5つである。

「自分自身」になっていく——自分の内側と深くつながって生きる

ロジャーズの代表作を一つ選べと言われたら、多くの人は『オン・ビカミング・ア・パーソン』(Rogers, 1961a)（邦訳『ロジャーズが語る自己実現の道』）を選ぶであろう。

原著のタイトルを直訳すれば、『ア・パーソン（一人の人間）になることについて』となる。

しかしこれは、考えてみれば、奇妙なタイトルである。「一人の人間になる」ことについて、わざわざ著作を物すというのであるから。では、「ア・パーソン」（一人の人間）になる、というのは、どのようなことであろうか。なぜ、「一人の人間」になるということについてあえて論じる必要があったのか。それは、多くの人が一人の固有な人間として生きていない、と思われたからだ。ロジャーズが生きた20世紀半ばにあってもそのことはすでにたいへんに困難な課題であった。

周囲の人の期待に応《こた》えたい、この社会から取り残されたくない、そのような思いを抱えているうちに、人は、言わば自然と、自分でも気づかないままに自分を見失っていく。いつの間にか、自分の内側の実感から切り離され、誰が考えたのかわからない定型的なパターンに沿ってものを考え、語るようになっていく。それはまさに「自動機械」のようである。

ロジャーズが「発見」したのは、彼がカウンセリングの場で、悩める人のこころの声に深く耳を傾けて受け止めていくにしたがって、人間は、おのずと、そのような「社会」の勝手な期待に応えることから「離脱していく」、そのような方向に変化していく、ということであった。周囲の人の期待に応えるのをやめていく。その社会の、その時代の定型的な思考を自動機械のようにおこなうのをやめる。自動機械のようにパターン化された思考を繰り返していた人が、立ち止まり、「ええっ、うーん……」と、自分自身で考え、語るようになっていったのであった。

人は、その人をその内側から深くていねいに理解してくれる人がいるならば、おのずと、定型的なパターン化された思考をやめていく。自分自身の内側に入り、内側で思考し、内側から言葉を発するようになっていく。カウンセリングの場で生じるこの「観察事実」をロジャーズは「発見」したのである。

「内臓感覚」で思考する／「内臓感覚」で生きる

ロジャーズのカウンセリングで深く耳を傾けられていると、人はおのずと、他者の期待に応えるのをやめ、その社会に属していると自然と身につくティピカル（定型的）な思考を自動機械のように反復するのをやめていく。すなわち、そうした「〈社会内的な在り方〉」から「離脱」していく（〈社会内的定型的存在様式〉からの離脱）。これはもちろん、定型的な思考パターンでしかものを考えられなくなっている自分からの離脱でもある。

すると、同時に人はゆっくりと、自分の内側に深く入っていく。「内側の、言葉にならない、大切な何か」に即して言葉を探すようになっていく。「あー、あの……なんて言ったらいいか……」「うーん……」と、そこから絞り出すように言葉を発していく。「そこに何か、大切なことがあることはわかっているけれど、まだ言葉にならない何か」、その「何か」、言葉にならない暗黙知に触れながら、それを何とか言葉にしようと絞り出していく。この暗黙知は、「内臓感覚知」として、一人一人の内側に与えられる。自分自身の言葉を取り戻す時、人はそのようにして自分の内臓感覚から言葉を発するようになるのだ。

このことをロジャーズは、「五感と内臓感覚での体験（sensory and visceral experiences）」という独特の言葉で表現した。この「内臓感覚」という言葉は、現代人が新たなよりどころを探すキーワードの一つになりうると私は思う。

ロジャーズのカウンセリングにおいて、人が、より自分らしい自分を模索して生きる時、〈社会内の定型的な思考パターン〉に従ってものを考えるのをやめる。その代わりに、みずからの「内臓感覚」に従ってものを考え、判断して、生きるようになるのである（〈内臓感覚的存在様式〉）。みずからの「内臓感覚」に照らし合わせて言葉を選び、ものを考え、これからどうするかを選び取っていくようになるのである。それは、そのほうが、はるかにより賢明に生きることができるようになるからである。つまり「内臓感覚」は貴重な情報をもたらす「知の源泉」の一つである。それは一つの「身体知」であるが、ロジャーズの含意を尊重して、「内臓感覚知」とでも呼ぶのがいいだろう。

「内臓感覚知」は豊かであり、また確固としていて、定かである。私たちが今のままでは何か違うと思う時、あるいは、人生の大事な岐路において何か誤った選択をしそうになっている時、それは、確かな「内臓感覚的違和感」をもって軌道修正を迫ってくる（「なんか、違う感じ……」）。その時点では、それが何であるのか、どのような理由でそうしてはならないのかわからないのだが、たしかに重要なことであるということはよくわかり（暗黙の知　implicitly knowing）、しばらく時間が経った後ではじめて、それが何であったのかわかるのだ。

このように多くの場合、内臓感覚で生きていくことは、人がより深く、賢明に生きることを可能にする。「内臓感覚知」は、論理的思考だけよりもはるかに精緻で、的確な判断を可能にする。

内臓感覚で考える、というのは、知性や理性、言葉を捨てて、「野生に帰れ」「自然に帰れ」といったルソー的な命題とは異なる。「考えるな。感じろ」といった反知性的な生き方のことでももちろんない。ロジャーズの言う「十分に機能する人間」がそうであるように、内臓感覚を大切な思考の手がかりとして生きる人は、それまでに獲得した多様な経験や知識など、ありとあらゆるデータをフルに活用してより賢明にものごとを判断していくようになるのである。

ロジャーズのカウンセリングに共通する変化の方向は、一言で言えば、〈社会内的定型的存在様式〉→〈内臓感覚的存在様式〉と定式化しうるものである。

多くの人は、今、〈社会内的定型的存在様式〉でがんじがらめになっている。その社会で是とされた定型的な思考パターンの外に出ることができず、その内側でぐるぐると反復し続けている。そんな不自由さを抱え、自分でもどうしていいのかわからず、苦しみ、もがいている。頭だけでの思考は、どれほど自分で考えたつもりでいても、いつの間にか自然とその社会の定型的な思考パターンに搦《から》め捕られてしまうからだ。

内臓感覚は、「定型的思考パターンをずらし、その外に出る」ことを可能にしてくれる。カウンセリングにおいて無条件に受容されていると、人は次第にとらわれが緩んでいき、内臓感覚にアクセスし始める。「社会内的定型的存在様式からの離脱」と「内臓感覚知へのダイレクト・アクセス」、それによる「内臓感覚的存在様式への転換」――それは、ひとりロジャーズのみならず、多くの心理療法において共有されているものである。

「内臓感覚」というロジャーズの概念は後継者の一人、ジェンドリンによって「フェルトセンス（felt sense）」概念としてより洗練された形で引き継がれていく。「内臓感覚知」は、「ジ・インプリシット（the implicit：暗黙なるもの）」による思考として精緻化されていく。人がみずからの内側で直接アクセスすることができる、暗黙の知恵を含んだ曖昧《あいまい》な身体的実感、「フェルトセンス」＝「ジ・インプリシット」は、形式的な概念や論理的思考と相互作用することによって、特定の社会や文化における既知の「パターンを超えた思考（thinking beyond pattern）」を可能にしていく。

ジェンドリンはさまざまな学問、芸術、スポーツなどにおいて領域横断的に、何事か、すでに存在した定型的なパターンを超えるクリエイティブな何かが生み出される時には必ず、ロジャーズが「内臓感覚」と呼びジェンドリンが「フェルトセンス」＝「ジ・インプリシット」と呼ぶこの身体知が活用されていることに着目した。ロジャーズが「内臓感覚」と呼びジェンドリンが「フェルトセンス」＝「ジ・インプリシット」と呼ぶこの「何か」こそ、私たちの用いるあらゆる概念や論理的思考が立ち行かなくなり、そこで立ち止まる「思考の辺縁（エッジ）」である。それに着目した創造的な思考の訓練方法はＴＡＥ（Thinking At the Edge：思考の辺縁＝エッジで思考する、まだ言葉にならない暗黙知での思考）と命名され定式化されている。

深いほんものの傾聴――プレゼンス・受容、共感、一致

ロジャーズは、カウンセリングの中で人が、自分の内側の深いところ、内臓感覚にアクセスすることで、定型的な思考パターンから解放され内的な自由を獲得していく姿を目の当たりに

した。ではそのために必要なものは何か。それは、深く話を聴いてくれる人の存在である。深く、深く、話を聴いてくれる。きちんと、そこにいて。心を込めて（プレゼンス）。そんな人がいてくれて、人ははじめて、真の自分自身になっていくことができるのである。

この「深い、ほんものの傾聴」には、受容、共感、一致（俗に「自己一致」と呼ばれる）という3つの側面がある。

誰か、たった一人でいいから、その人をただそのまま受け止めてくれる（無条件の受容）関係性を与えられた時に、人は、内面的に自由になっていく。このような変化をロジャーズは目の当たりにした。

クライアントが何を思い、どのように語ってもただそのまま受け止めてもらえる関係において、「このように考え振る舞わないといけない」「そうしないとやっていけない」といった「承認の条件」へのとらわれは徐々に緩んでいく。自らの内臓感覚に従って、自由にものを考えたり感じたりすることができるようになっていく。

受容とは、迷える人に「あなたはそのままでいい」と肯定することではない。むしろどのようにあればいいかわからない、迷いを抱えたクライアントを、ただそのまま受け止めていく姿勢のことである。自分がどのようなことをどのように語っても、ただそのまま受け止めてもらえる関係の中で、人は、承認の条件から解放され、自由になることができる。

受容と並び、共感的理解も重要である。共感的に理解される、というのは、話をしている側から見れば、自分の語ろうとしていることを、自分自身の内側から、自分と同じように理解してもらえている、ということである。話を聴く側は、話をしている人のことを「もし、この人と同じフレームで（同じ価値観や感じ方、考え方で）このことを体験しているとしたら、どのようにこのことは体験され感じられるだろうか」と、ありありと推測し想像しながら理解していく、ということである。よりリアルに言えば、その人の「内側の視点」に立ち、その人になりきったかのような姿勢で、一つに溶けあい、一体化して、その人の体験を共に体験していくことである。それは、ただ「そうですよね」と同意したり同感したりするのとは異なる。「こういうことだろうか」「それともこういうことだろうか」と、ありありと推測し想像しながら、相手が言わんとしていること、そこに表現されていることのエッセンスをつかんで相手に伝え、確かめていく。そんなていねいな作業の積み重ねである。

「一致」とは、話を聴いている人自身が、自分の内臓感覚にダイレクトにアクセスし、そこでものを考え、生きていることである。そうした在り方をみずから体現していることである。相手の話を聴く時にも、自分の内臓感覚知に立ち戻り、それを通して相手の話を聴き理解することである。

話をしている人（たとえばクライアント）は、話を聴いてくれている人（たとえばカウンセラー）のそのような在り方に暗黙のうちに影響を受ける。それは相手に影響を与えずにはいないな。話をしている人（クライアント）も、いつの間にか、みずからの内臓感覚知に触れて、より柔軟に、より自分らしく生きることができるようになっていく。クライアント自身も、自己一致して、自由に、柔軟に生きることができるようになっていくのである。

ロジャーズはこうして、深い、ほんものの傾聴をしてくれる人とのつながりにおいて、人は、より自由に、自分自身になっていくことができると考えた。カウンセラーに受容され、共感されることで、クライアントもおのずと、自分自身を受容し、自分自身のうちなる声に共感的に耳を傾けていくことができるようになる。それゆえに、クライアントは、みずからの内臓感覚知にアクセスできるようになり、定型的な思考パターンから解放されていく。より自由に、自分らしく、柔軟に生きることができるようになっていくのである。

相手を理解する最良の方法は、その人をその「内側から」理解することである

私たちはつい、人を外側から理解しがちである。さまざまなものさしをあてはめて。しかし、それでは、相手を理解したことにはならない。相手も、理解された、とは思わない。相手を理解する最良の方法は、相手を、その内側から理解することだ、とロジャーズは考えた。

「内側からの理解」――これは、他者との関係における最も重要な視点である。相手を理解する時、その人の外側から理解するのではなく、その人の内側に入り、その人になりきったかのような姿勢で、その人をその内側から理解しようとする。「あぁ、この人は、まるで私自身のように、いや、もしかすると、私以上に、私自身になりきって、私自身の内側から、私のことを理解しようとしてくれている」。そのように感じる理解である。

必要なのは、相手の人がその内側に持っているフレームワーク、そのフレームワークを自分も持っていて、そのフレームワークの内側から、その人の考えていること、感じていることを

理解しようとすることである。あたかもその人自身になりきったかのようなつもりで、その人自身の内側の視点に立って、ありありと推測し想像しながら、その人の心の世界を味わい、一つに溶けあい、共に体験することである。このような理解の仕方をロジャーズは、『クライアント中心療法（*Client-Centerd Therapy*）』（Rogers, 1951）において、「相手の行動を理解するための最も有益な視点は、その人自身の、内側の、フレーム・オブ・レファランス（the internal frame of reference）によるものである」と述べた。

ただ「相手の気持ちになってみる」というのではない。相手の内側に入り込む。相手が、その内側で持っている、ものの見方や感じ方、考え方のフレーム、そのフレームそのものを自分自身もつけてみて、その内側からその人の心の世界を体験しないと、人をほんとうに理解することはできない。相手も、ほんとうに理解されたとは思えない。

この「内側からの理解」。相手の人が、その内側で持っているフレームワーク、そのものに自分も立って理解すること。そこにしか、真の理解は生まれない。これはきわめてシンプルであるが、誰かと深く理解し合いながら人生を生きていくための最も重要な原則である。

「静かなる革命」――学校へ、企業へ、恋愛と結婚へ、そして社会変革へ

ロジャーズのすごさは、カウンセリング・ルームという密室で発見された「真実」を、どんどんその外の世界へ展開していったことにある。

普通は、こう考える。〇〇療法というセラピィがあって、それはこんな効用がある。それは

あくまで、カウンセリングや心理療法と呼ばれる密室の中でだけ通じる真実である、と。

しかしロジャーズはそう考えなかった。カウンセリング・ルームで発見された「人間の変化についての真実」は、外の、どの領域でも通じるはずだ、と考えた。それが「友人関係」であろうと、「教師と生徒」であろうと、「親子」であろうと、「恋人」「夫婦」であろうと、「経営者と従業員」「上司と部下」であろうと、「医師と患者」であろうと、「政治家同士」であろうと、「人間は、真に耳を傾けられた時に、真の自分自身になっていく」という、この「真実の法則」は当てはまると考えたのだ。

このような考えから、本書で見るように、ロジャーズは、「人間関係の改革による人間変容」を世界のあらゆる分野に適用しようとした。

教師と生徒の関係を根本から変革していった(教育革命)。経営者と従業員の関係を根本から変えた(企業革命)。夫婦の関係を根本から変革した(結婚革命)。そしてさらには、人間関係の変革の具体的な方法論として考案したエンカウンター・グループを紛争状態にある国家のリーダー同士の対話に応用することで、政治の分野の変革にまで取り組んだ。

人をその内側から理解するならば、変化が生まれていく——このシンプルな真実を、ロジャーズとその教え子たちはありとあらゆる分野に適用していった。それは、たしかに、この世界を変えていく最も確実な営みの一つであり、「静かなる革命」の始まりであった。

今、私の脳裏に浮かんでいるのは、2016年の7月末、ロジャーズ派心理療法の国際学会 The World Association for Person Centered & Experiential Psychotherapy & Counseling が

ニューヨークで開催された際に、基調講演の一つを依頼されて参加した時のことである。壇上のスクリーンに大きく映し出されていたのは、ニューヨークで新婚時代を過ごした若きロジャーズ夫妻の写真と、当時まだ存命であり電話インタビューという形でその会議に参加したジェンドリンの写真であった。ジェンドリンの写真の下に記されていた一つの言葉。それは、「パーソン・インサイド（person INSIDE）」。

ロジャーズが「ビカミング・ア・パーソン」と表現した、その「ア・パーソン（A person）」。それは、言い換えるならば、自分の「内側の人（パーソン・インサイド）」と深くつながり、その声に耳を澄ましながら生きるということ、自分の内側と深くつながって生きていく、そういった在り方のことである。

「自分の内側の深いところ」と、つながって生きる。自分の「内側」と深くつながって、そこに触れ、響かせ響かせしながら、生きる。ロジャーズやその弟子ジェンドリンが目指している人間の在り方、それは、私たち一人一人が、自分の内側の深いところ、「パーソン・インサイド」とつながって生きる在り方である。ロジャーズの「受容」「共感」「一致」、またそれらを体現した「深い、ほんものの傾聴」は、私たちが自分の内側の深いところとつながって、より自由に、より自分らしく生きることを可能にしてくれるものなのである。

第2章　「カウンセリングにおける変化の過程」の発見

「ディス・イズ・ミー（This is me）」――これが、私です――

ロジャーズの主著『オン・ビカミング・ア・パーソン』（Rogers, 1961a）（諸富祥彦・末武康弘・保坂亨《ほさかとおる》訳『ロジャーズが語る自己実現の道』）は論文集であるが、この本が読者を強く惹《ひ》きつけたのは、何と言っても、冒頭に置かれた第1章「ディス・イズ・ミー（これが、私です）――私の専門家としての思考と人生哲学の発展」の持つインパクトゆえであろう。ここでロジャーズは、実に率直に自らの人生について語っている。

読者の多くは、「ロジャーズが、私に直接語りかけてくれているようだ」と感じたという。当代随一の心理療法家であるロジャーズが、専門家としての鎧《よろい》を脱いで、一人の人間としての自分をさらけだし、「私に直接語りかけてくれた！」と感じた。そしてロジャーズに惹かれていったのである。

ロジャーズが臨床体験を通して学んだ「人生で大切な14のこと」

『オン・ビカミング・ア・パーソン』の第1章「ディス・イズ・ミー」の後半では、ロジャーズがそのカウンセリングの体験や、みずからの人生の体験で「学んだこと」を14の短い言葉で示している。ロジャーズの人生観、人間観が最もストレートに伝わってくる箇所であり、数あるロジャーズの著作や論文の中でも、ベストスリーに入る箇所のように思われる。私が、最初にロジャーズに惹かれたのも、学部の2年生の時にこの箇所を読んだのがきっかけである。

ロジャーズ自身の14の言葉を紹介しながら、簡単に私の解説を加えたい。

他者との関係において、あたかも自分自身でないかのように振る舞っても、それは結局援助にはなりえない

私たちは他者にかかわる時、「役割」を演じてしまいがちである。カウンセラーならカウンセラーらしく。上司なら上司らしく。教師なら教師らしく。それが当然のように思っている。しかしその時、たとえば、「実際は怒っているのに穏やかで楽しそうにしている」とか、「ほんとうは答えを知らないのに知っているように振る舞う」とか、「ほんとうは自信がなくて脅《おび》えているのに確信に満ちているかのように振る舞う」ということをしてしまうのは、結局、援助的ではない、とロジャーズは言う。ロジャーズの「3つの条件」のうちの一つ、「一致」に通じる内容である。

自分が自分自身に受容的に耳を傾けることができる時、そして、自分自身になることができる時、私は援助においてより効果的でありうる

一般には、自分自身を抑えて「あるべき姿」を演じることが重要であると考えられている。相手に怒りを感じたり、焦ったりしてしまう自分を抑えて、「あるべき自分」を演じることが大切だと考えられている。しかし、人間には「あるがままの自分を受け入れた時、はじめて自分自身が変化するという逆説」が存在している。このことを自身の体験やクライアントから学んだ、とロジャーズは言う。

「私たちはあるがままの自分を完全に受け入れることができるまでは、変化することができない。そのため、今の自分のままにとどまってしまう」。逆に、「もし私たちが完全に自分を受け入れているのであれば、ほとんど気づかないうちに変化は生じてくる」。

人が自分を完全に受け入れるならば、そこから変化は生じる。逆に、自分を受け入れるまでは――たとえば「もっと、こうしなくては」「もっと、ああならなくては」と自分に強いている間は、変化は生じない。人生の最も重要な真実の一つが、ここに示されている。

自分に他者を理解することを許すことができるなら、そのことはとても大きな価値を持つ

他者を理解することは難しい。なぜか。

「他の人をほんとうに理解しようとすれば、その理解によって、自分自身が変わってしまうかもしれないからだ、とロジャーズは考える。「私たちは皆変化を恐れている。そのため自らに他者を理解することを許し、相手の内側の視点に徹底的に入り込むことは容易ではない」と言うのである。

人をほんとうに理解する、ということは、そのことによって、自分が変わってしまうかもしれない、という危険を孕《はら》んでいる。その覚悟がなければ、人をほんとうに理解することなど、できはしないのである。人をほんとうに理解する、ということは、変化の渦の中に自分自身を投げ入れてしまうことを意味しているのである。

これは、カウンセラーや臨床心理士など、人を心理的に援助する仕事に就いている人には、相当重たい言葉である。私は、自分自身を変化の渦に投げ入れる、そんな決意と覚悟ができているだろうか。

他の人が私に自分の感情や私的な世界観を伝えるためのチャンネルを開いておくのは、実り多いことである

クライアントが、カウンセリングの中で何を感じているかをカウンセラーに伝えていくことは、とても重要である。たとえば「わかってもらえている感じが全然しませんでした」といった率直なフィードバックをもらえることは、とても大きな意味を持つ。残念なことに日本のクライアントは、これを伝えてくれはせず、キャンセル、という形で表現することが多い。「このあたりがずれているんです」とクライアントから伝えてもらえることは、たいへんありがたい。クライアントからのフィードバックに応《こた》えることができることが、よいカウンセラーの特徴である。

他者を受け入れることができれば、多くのものを得ることができる

ロジャーズは言う。「他者とその感情を受け入れることは決して容易なことではない。それは理解するよりも難しいことである」

ロジャーズは自らに問う。「私は自分に敵意を持つ人のことをほんとうにそのまま許すことができるだろうか。受け入れることができるだろうか。相手の怒りをそのリアルなものとして受け入れることができるだろうか。彼のものの見方が私のそれと大きく違っていても、彼を受容することができるだろうか」。受容には、これらすべてが含まれている。そう簡単にはいかない。「他の人は皆私と同じように感じたり考えたりしなければならない」というのが文化の共通のパターンになっているからである。「ある人を受容することができるならば、とりわけ、その人の内で重要な感情や態度や信念を受け入れることができるならば、その人が一人の人間になること（to become a person）を援助していることになる。このことは私にとってきわめて

重要なことである」とロジャーズは言うのである。

次の言葉は、ロジャーズが「私生活と職業生活を通じて学んだ最も深い教訓の一つ」であるという。


私は、自分や他者のうちなるリアリティに開かれていればいるほど、急いでものごとを処理しようとしなくなる

「自分自身と自分の内側で進行中のなまの体験の流れに耳を傾ける。自分自身を傾聴する。他の人にも同じ傾聴の態度で接する。そこに開かれていくことができればできるほど、生命の複雑なプロセスに対して敬意を感じるようになる」とロジャーズは言う。自分自身や他者の内側のなまの体験に耳を傾けるならば、そこで展開されていく「生命の複雑なプロセス」に驚き、それを敬う姿勢が育まれていくというのだ。

それに続いて生じるのは、自分や人を操作したり、目標に向けて駆り立てたりしなくなる、ということである。「私はものごとを急いで処理しようとしたり、目標を立てたり、人を型にはめたり、自分が望む方向に操作したり動かそうとしたり、といったことをますますしなくなってきた」。「私はただ、自分が自分であり、人がその人自身であることに、より満足するようになった」というのである。

「逆説的ではあるが、この複雑な人生において、私がただ、自分自身であろうとすればするほど、自分と他者のうちなるリアリティを理解し受け入れようとすればするほど、変化が生じるようである。私たち一人一人が自分自身であろうとする程度に応じて、自分が変化していくだけでなく、自分がかかわっている他の人もまた変化していくのである――少なくともこれは、私の経験のとても鮮明な部分である。私の私生活と職業生活を通じて学んだ最も深い教訓の一つである」

私は、自分の体験を信じることができる

ロジャーズは言う。「私が長いこと実感し、学び続けている基本的なことの一つは、ある行動が価値があるとか、するに値する、と感じられるのであれば、それは実際におこなうに値する、ということである。別の言い方をすれば、私は知性よりも、ある状況について自分という生命体全体で感じることの方が、より信頼に値する、ということを学んできたのである」

ロジャーズは、職業生活を送っていくなかで、他の人から「それは馬鹿げている」と言われたり、自分自身でも「私は愚かなのではないか」と感じて疑問に思うことがしばしばあったという。決して、最初から確信に満ちて生きてきたわけではないのである。

そしてそのような時には、ひどく孤独を感じたり、自分は馬鹿げたことをしているのではないか、と疑念に駆られることもあったという。しかしそれでも「正しい、と感じられる方向に進んできた」。それを決して後悔していないという。

「自分の内側の非知性的な感じる力（sensing）を信頼することができるならば、知恵が働き始める。実際、それが正しい、とか、ほんとうだ、と感じられたからこそ、私は慣習にとらわれない道を進んできたのである」

そんな生き方を貫いていくうちに、ロジャーズには次第に理解者が現れ始めた。５年経ち、10年経つうちに、賛同者や協力者が現れて、孤独を感じることはなくなってきたというのである。

「私は、自分の全体的な反応をより深く信頼できるようになるにつれ、それを自分の思考を導くために用いることができるようになった。私のなかにその時々に生じてくる、重要な意味を持つように感じられる曖昧《あいまい》な考えを、いっそう大切にできるようになってきたのである。こうした不明確な考えや勘が重要な領域に自分を導いてくれるのだと私は考えるようになってきている。それは自分の体験の全体を信じることであって、知性よりも賢明なものではないか、と考えるようになったのである。たしかに間違うことはあるだろう。しかし、意識だけに頼るよりも、その誤りは少ないように思う」

ロジャーズは、自分の生命体全体としての知恵、「内臓感覚知」に従うことで、自分自身をより意味ある方向に導いてきたのである。

ここでロジャーズが言う「生命全体としての知恵」をより精緻化し独自の展開をおこなったのがジェンドリンである。右記の引用でロジャーズが、「自分の全体的な反応」「重要な意味を持つように感じられる曖昧な考え」「こうした不明確な考えや勘」と言っているものについてジェンドリンは、インプライング（暗黙に含意する）という概念で説明する。

私たちがこれから最善の形でなしうることは、意識的に明確にはわかりはしないけれども、私たちの内側の「曖昧な感じ」において、暗黙のうちに含意されている。私たちがこれからどうするか、どうしうるかは、そこに「インプライされている（暗黙のうちに含意され示されている）」のである。

他者による評価は、私の指針にはなれない

現代は、「承認欲求の肥大化」の時代である。他者の思惑を詮索《せんさく》しながら右往左往している。ロジャーズは、このような在り方をとらない。他者の判断は耳を傾け考慮するに値するものであるが、それで自分の判断を決めることはない。「他の人の判断は、決して私の主人にはなりえない」のである。

私にとって、体験こそ最高の権威である

ロジャーズは言う。「どんな人の考えも、私自身の考えのいかなるものも、私の体験ほどの権威はない。私のうちなる生成のプロセスにおいて真理に近づいていくために、何度でも立ち返らなければならないもの、それが体験である」「聖書の預言者も、フロイトも、リサーチも、

神の啓示も、人間も、私の直接の体験に勝るものは何もない」。そしてだからこそ、「体験」こそが、リサーチや理論構築を導くものである。さらに、次のように言う。

私は体験の中に秩序を見出《みいだ》すのが楽しい

ロジャーズは、自分の一群の体験の中に意味や秩序や法則性を求めていくことは知的好奇心を大いに満足させるし、またそうした好奇心こそ自分が理論をつくっていくことにもつながっている、という。科学的なリサーチも、理論構築のプロセスも、「重要な体験の内的な秩序づけ」を目指してなされるものと考えるようになった。ロジャーズにとって「リサーチとは主観的な体験の現象から意味と秩序を見出そうとする持続的に制御された試み」なのである。

事実は味方である

ロジャーズは臨床心理学の分野におけるリサーチの先駆者であるが、「初期の研究において、どんな結果が出るか待っている時に感じていた不安をよく思い出す」ことがある、という。「もし仮説が検証されなかったら？　もし仮説が反証されたら？　もしも私の考えが間違っていたら？　もし私の見解が正当化されなかったら？　そのような時、かつては事実を潜在的な敵、あるいは災いの種であるとみなしていたように思う。事実は常に味方である、と気づくのには、時間がかかった。どんな領域で得られるどんな小さな証拠も、私たちを真実に近づけてくれる」

このようにロジャーズは、すべてのデータ、すべてのエビデンスは味方である、という姿勢を貫くのである。

最も個人的なものが、最も普遍的なものである

これをロジャーズは、「最も得るところの大きかった」こととして紹介している。ロジャーズは時々、自分はとても個人的な仕方で自分のことを語っているので、「誰にも理解してもらえないのではないか」と感じていたという。そこに記したのは、「きわめてユニークな自分自身の考え」であったからである。

「誰にもわかってもらえないのではないか」――そうした気持ちが最も強くなったのは、論文「人間か科学か?」を書いている時と、主著の一つ『クライアント中心療法』の前書きを書いていた時であったという。後者は、出版社から「最も不適切なもの」とみなされていたという。しかしいずれもその後、たいへん大きな反響を呼んだ。ロジャーズ自身、みずからの主観ではとても重要であると感じてはいても、しかしそれはあくまで自分の個人的な感じ方だと思っていた原稿が、最も大きな反響と理解を得たのである。「自分が最も私的で最も個人的なことだから他の人には最も理解しがたいだろうと思っていたまさにその感情そのものが、結果的には、

多くの人の共感を得る表現であったということに、ほぼいつもと言っていいぐらい気づかされてきた」とロジャーズは言う。普遍的な価値のある学問や芸術における発見の多くは、最初は「とても個人的なもの」と感じられるような仕方で、本人のもとに「やってくる」のである。ロジャーズは次第に「私たち一人一人のうちなる最も個人的なもの、ユニークなものこそ、それを分かち合ったり表現したりするならば、他の人の心に深く語りかける要素になるのだと信じるようになった」という。「態度条件」論文をはじめとするロジャーズの不敵なまでに大胆な仮説や提案は、このような仕方でつくられていったものなのである。

人間は、基本的に肯定的な方向性を持っている、というのが、私の経験である

これは「個人的な苦悩のただ中にいる人を25年以上援助してきた経験からわかったこと」であるという。「きわめて重い状態の人、とても反社会的な行動をとる人、きわめて異常な感情を示すように思える人、たとえこういった人がクライアントである場合でさえ、心理療法におけるきわめて深い接触において、このことが真理であることを知った」のである。「彼らが表している感情を敏感に理解することができる時、そして自分自身の権利において独立した一人の人間として彼らを受け入れていることができる時、彼らは一定の方向に向かって変化していく傾向があることがわかった。では、その方向性とはどのようなものなのか。それは、肯定的な方向であり、建設的な方向であり、自己実現に向かう変化であり、成熟した人格への成長であり、社会化された人間への成長といった言葉で表現できるものである。十分に理解されればされるほど、人間は人生のさまざまな問題に対処するために演じていた偽りの仮面を脱ぎ捨てて、前進する方向に向かっていく傾向がある」――ロジャーズは臨床経験を通じてこのような確信を得たのである。

人生は、その最善の状態においては、流れゆき、変化していくプロセスである。そこでは、固定されたものは何一つない

ロジャーズは言う。クライアントにおいても、自分自身においても、人生が最も豊かで得るものが多い時には、それは流れゆくプロセスであることに気づいた。これを体験するのはとても魅力的であるが、同時に少々驚きを伴うことでもある。体験の流れが自分を運んでいくのに身を任せる時、自分が最も良い状態にあることに私は気づいた。その時、その方向性は前進的なものであるように私には思える。人生の最善の時には、「体験の流れが自分を運んでいくのに身を任せている」。そのような感覚がある、というのである。「人生は、自分の体験についての、変化し続ける理解と解釈によって導かれていく。人生はいつも生成のプロセス（process of becoming）の途上にある」

自分にできることはただ、体験の流れに身を任せ、その流れの中をたゆたい、その体験が今意味しているものを自分で解釈していくことだけだ、とロジャーズは言うのである。

ロジャーズの発見

重要なのは、ロジャーズがこのような人生観を持つに至ったのには、彼のカウンセリングでの臨床体験がきわめて大きな影響を与えている、ということである。ロジャーズが経験したのは、平たく言えば、ロジャーズ自身は「こうしなさい」「こうするといいですよ」などと指示をすることはしていないのに、「クライアントは、おおむね、同じ方向に向かっていく」ということであった。

ロジャーズが、クライアントの言葉に、深く、深く、耳を傾けていく。すると、クライアントの多くは、自分の内側に、深く、深く、耳を傾けるようになる。自分を縛っていた考えの型（パターン）から離れ、内側の声に従って、より自由に、より柔軟に、より自分らしく、生きていくようになっていったのである。

どのクライアントも！　悩みの内容はまったく異なるのに！

これは、ロジャーズにとってたいへん大きな驚きであった。きわめて新鮮な驚きであった。ロジャーズの最大の発見と言っていいだろう。

しかもロジャーズの教え子たちのカウンセリングでも、ほぼ同じことが起きていたのだ。それからロジャーズは、その体験に意味を見出し、「心理療法の過程概念」と命名し、教え子たちと協同でリサーチをおこない、「過程尺度（プロセス・スケール）」を開発し、その尺度を使ってリサーチを積み重ね、「心理療法の過程変数」を発見し、カウンセラーの態度を「左辺」、クライアントの変化を「右辺」とする「心理療法の過程方程式」を見出していったのである。ロジャーズの研究者人生で最もエキサイティングな時期であったと言っていいだろう。

その成果をまとめ、一般の読者にも理解できるようにまとめたのが、ロジャーズの主著『オン・ビカミング・ア・パーソン』(Rogers, 1961a) である。その中心部分は、研究成果をもとに書かれた第5章から第9章である。タイトルだけ見ておこう。

第5章　心理療法におけるいくつかの確かな方向性
第6章　人が〝ひと〟になる、とは、どういうことか
第7章　心理療法の過程概念
第8章　「自己が真に自己であるということ」——人間の目標に関するある心理療法家の考え
第9章　十分に機能する人間——よき生き方についての一心理療法家としての私見

第8章の論文で、ロジャーズは「クライアントと私の関係のなかで浮かび上がってきた、人生の目的を表現する最も適切な言葉」は、ゼーレン・キルケゴール (S. Kierkegaard, 1813-1855) の言う「自己が真に自己であるということ」(to be that self which one truly is) という言葉であろう、という。

クライアントの多くが同じ方向に向かって変化していく、という驚くべき事実を発見し、リ

サーチを積み重ねていったロジャーズは、その成果をまとめるにあたって、キルケゴールを手がかりにした。そして、次第に心酔していった。このことが、『オン・ビカミング・ア・パーソン』全体に影響を与えている。とりわけ、キルケゴール『死に至る病』の冒頭箇所における「自己生成論」に影響を受けていたことは明白である。

「人間は精神である。では精神とは何か。精神とは自己である。では自己とは何か。自己とは、それ自身に関係するところの一つの関係、言い換えると、その関係において、その関係がそれ自身に関係するということ、そのことである。自己とは単なる関係ではなくて、関係がそれ自身に関係するということなのである」

ここでキルケゴールは、自己とは、「それ自身に関係するところの一つの関係」であって、「その関係において、その関係がそれ自身に関係するということ、そのことである」という。同語反復のようでありながら、そうではない。最初に「一つの関係」と言われたものは、「その関係において」と受けられて、「その関係がそれ自身に関係する」という自己生成が生起する「場所」となっている。そしてこの自己の定義の重点はもはやこの自己生成の場所である「関係」の方にではなく、「関係がそれ自身に関係する」という自己生成の出来事そのものの方に移っている。つまり、自己とは、心と肉体等の直接的な二者関係を場所として、みずからにかかわっていくことによって真の自己となっていく、という「自己生成の出来事そのもの」を指しているのである。自己とは、関係がそれ自身に関係するという自己生成の出来事が生起していく、そのプロセスのことであるとキルケゴールは言うのである。

ロジャーズがカウンセリングにおけるクライアントの変化を、「生成（becoming）」という概念でとらえたこと、著書のタイトルを『オン・ビカミング・ア・パーソン』にしたこと、こういったことのすべてにキルケゴール『死に至る病』冒頭のこの箇所から受けた影響を見て取ることができる。

「真の自己」「ほんとうの自分」というものは、心のどこかに隠されていて、まだ発見されていない輝ける原石のようなものとして存在しているわけではない。自分自身に対峙《たいじ》し、自分自身を見つめ、時に自分自身の声に従い、時にそれに逆らい、そうしたことの積み重ねによってみずからにかかわっていくプロセスにおいて生成されていく動的なものである、という認識を表明したものであろう。だからこそロジャーズもあえて「ビカミング・ア・パーソン」という表現を使ったのであろう。

心理療法とは、「五感と内臓感覚的な体験に立ち返ること」である

同じテーマについて書かれた5つの論文の中で、最初に置かれた「第5章　心理療法における いくつかの確かな方向性」（Rogers, 1953）の最初のあたりに、心理療法の本質について端的に書かれた箇所がある。カウンセリングや心理療法で多くのクライアントが体験する「共通の体験」とはどのようなものか、端的に示されたきわめて重要な箇所である。

潜在的な自己（potential self）を体験する。

すべてのケースにはっきりと現れる心理療法の一つの側面は、体験のアウェアネス（awareness of experience）とか、「体験を体験すること（the experiencing of experience）」と呼びうるものであろう。私はここで自己を体験することという表現を用いたが、これも正確な用語というには不十分である。クライアント中心のセラピストとの関係の安全性においては、自己に対するいかなる現実的な脅威も暗黙の脅威も存在しない。そうした関係の中でクライアントは、自分自身の体験のいろいろな側面を、実際に自分に感じられるままに、五感の器官や内臓感覚的な装置（sensory and visceral equipment）を通して感じられるままに、今の自己概念に合わせるために歪曲《わいきょく》することなく、吟味していくことができる。

また、同じ論文の別の箇所では、次のように言う。

心理療法とは、五感と内臓感覚的な体験に立ち返ることを意味していると思われる。それは、もし私たちがすべての動物の特徴である五感と内臓感覚での体験に、ただ人間という動物のみが十分になしうる自由で歪《ゆが》みのない意識という贈り物を与えることができるならば、美しく建設的で現実的な生命体になることができる、という発見なのである。

ここに、ロジャーズの考えるカウンセリングや心理療法の本質が端的に示されている。カウンセリング、心理療法とは、アウェアネスをもって、自分の内的な体験を十分に体験する、ということである。それは、アウェアネスを伴って、「五感と内臓感覚的な体験に立ち返る」ということである。それが、カウンセリング／心理療法の本質である、というのである。

カウンセリングや心理療法の役割は、クライアントの体験に、外から何かを加えることではない。クライアントがまだ明確な気づきには至っていなくても、曖昧な仕方で、暗黙のうちに体験しつつある自己の体験を、より十分に体験しつくすことができるようにすることである。より深く、より広く、自己の体験をより十分に体験し、体験しつくすこと。そこから新たな展開を体験していくこと。そこから、新たな気づきや意味が生まれてくること。このプロセスにこそ、カウンセリングや心理療法の核心はある。

自分の内的な体験を十分に体験する。クライアントが、一人ではなかなか十分に探索し体験しつくせない自己の内的な体験を、より深く、より広く、さまざまな視点から十分に体験すること、体験しつくすこと。それができるように援助するのが、良質なカウンセラーやセラピストがおこなっていることである。

先に引用したロジャーズの言葉は、カウンセリングや心理療法のこの核心をズバリとつかんでいる。今も、まったく古びていない。この仕事をしている人間がもう一度立ち返るべき「原点」が先の言葉に示されている、と言っていいだろう。

※3点、付け加えておきたい。

①
１９５３年に書かれたロジャーズのこの論文は、ロジャーズのあらゆる文献の中でも、セラピィの本質をズバッと突いた最高の論文の一つである。

ロジャーズ51歳。臨床家としても、研究者としても、この頃がおそらく全盛期である。幸いにして、私たちは、同時期のロジャーズのカウンセリングの実際を映像で見ることができる。１９５３年から１９５５年頃に撮影された『ミス・マンとの面接』（畠瀬稔《はたせみのる》　関西人間関係研究センター）である。この映像資料で私たちは全盛期の、的確で精緻なロジャーズのカウンセリングの実際を見ることができる。大学院生の訓練などにも最適であり、筆者自身も数十回は見ている。

②
先の記述の中で、「心理療法とは、五感と内臓感覚的な体験に立ち返ること」である、という、身体感覚に着目した表現がなされている。フェルトセンスという身体感覚を重視した教え子ジェンドリンとは別に、ロジャーズ自身も身体感覚に着目していたのだ、と通常は考えられている。しかし、近年執筆された田中（2018）によれば、ジェンドリンが１９５０年に提出した修士論文の中に、ロジャーズの『クライアント中心療法』（１９５１年）の草稿が、すでに引用されているとのことである。これは、この学派の心理学においてきわめて重要な意味を持つ歴史的資料である。未公刊の著作の原稿をドラフトの時点で入手できていた、ということは、すでに何らかの深さ、何らかの頻度で両者の間に交流があった、と考えるのが自然である。すると、１９４９年から１９５０年、ロ

ジャーズ47歳から48歳、ジェンドリン23歳から24歳の時に二人がお互いに刺激し合いヒントを得るような会話をしていた可能性は十分にある。ロジャーズが最初にsensory and visceral experience（五感と内臓での体験）という言葉を用いたとされている1951年『クライアント中心療法』が完成稿に至る時点ですでに、ドラフトを読んだ若きジェンドリンとの会話の中で得たヒントをもとにロジャーズがこの言葉を創出し使い始めていた可能性すら否定はできないであろう。つねに他者との交流の中で自らの理論を柔軟に更新し続けたロジャーズという人間の性質を顧みるならばそれは自然なことである。

---

③

この箇所に、ロジャーズのアプローチ、そして、パーソンセンタード、クライアントセンタード、と呼ばれるセラピィの核心となる原理が端的に示されているように思われる。

中田（2014）、諸富（1992a）は、パーソンセンタード・セラピィ（ＰＣＴ）の内部で、古典派、フォーカシング派、ＥＦＴ派他、さまざまな立場による「内部対立」が生じている問題をとりあげている。中田（2014）は、「傾聴とフォーカシング、ＥＦＴその他それぞれを臨床実践上で結ぶ論理」「傾聴だけをおこなう立場とFocusingやＥＦＴなどのＰＣＴ傘下の各立場や方法（中略）に通底する論理」を「ＰＣＡの定義」として他の学派に提示する必要性を説いている。

筆者は、この箇所こそ、その「論理」ないし「原理」を示していると考える。すなわち、カウンセリングのクライアントやワークショップの参加者一人一人が、「潜在的な自己を体験する」「体験のアウェアネス」「体験を体験する（the experiencing of experience)」とここでロジャーズが言っている、体験を十分に体験すること、「クライアント中心のセラピストとの関係の安全性においては、自己に対するいかなる現実的な脅威も暗黙の脅威も存在しない。そうした関係の中で自分自身の体験のいろいろな側面を、実際に自分に感じられるままに、五感の器官や内臓感覚的な装置を通して感じられるままに」体験する、という機会を提供しうることが、このアプローチの核心ではないか、と考えている。使う技法云々《うんぬん》の些末《さまつ》な問題は、本質ではない。

クライアントやワークショップの参加者は、暗黙のうちにであれすでに潜在的に体験し始めていたであろうその体験をより十分に体験し、体験し尽くし、それを体験として展開していく。するとそこから、意味や気づきが生成されていく。パーソンセンタードのセラピストやファシリテーターの役割は、この「内臓感覚的な暗黙の体験をより十分に体験し、そこからアウェアネスや意味が生成されていくプロセス」を十分に展開していくように自覚的にサポートしていくことにある、と筆者は考えるのである。「クライアントがみずからの、まだ潜在的な内臓感覚的な体験をより自覚的意識的に十分に体験し尽くし、展開し、そこからアウェアネスや意味が生成されていくプロセスを支援すること」、クライアントによって自発的に展開されるこの「体験―アウェアネス―意味生成のプロセス」こそが「パーソンセンタードのアプローチに共通の実践的基盤」であり「原理」である、と筆者は考えている。

精神分析の壮大な思想体系、認知行動療法のサイエンス性に対抗しうるこの学派の本質は、「なまの、内臓感覚的な、生命体的体験への立ち返り」＝「野性」である。

クライアントに共通する変化の方向性

ロジャーズの理論の面白い点は、それが、彼のカウンセリング／心理療法の体験の中で「発見された」ものである、という点である。

ロジャーズは何の指示もしない。語られるすべて、表現されるすべてを、肯定も否定もせず、ただ、そのまま受け止める。そして、相手をその内側から正確に理解しようとしていく。すると、クライアントは変化していく。ロジャーズがクライアントにしたのと同じような仕方で今度はクライアントが、自分自身をそのまま受け止め、自分自身の内側の声に耳を澄ませていく。どのクライアントも、みな、同じ方向に変化していく。ロジャーズは何の方向づけもしていないのに。

これは、たしかに「発見」である。

ほんとうに安心でき、受け止めてもらい、理解されるならば、人間はみな、同じような方向に変化していく。そうだとすれば、そこに人間の本性が現れているに違いない。ロジャーズはそう思い、その発見を確めるためにリサーチをおこない、それをもとに理論を構築し、さらにはその背景にあるものとして、人間論を唱えるのである。

では、その方向性とは、どのような方向性か。

ほんとうに受け止めてもらい、ほんとうに理解してもらっていると、クライアントは、どんな方向に向かって変化していったのか。『オン・ビカミング・ア・パーソン』第8章に所収されている論文「自己が真に自己であるということ」(Rogers, 1960a)(この論文の初出は、先の論文の7年後)で、端的に示されている。

見せかけのものから離れる

カウンセリングの中で、クライアントは、自分を何か別の人間に見せかけたり、偽りの自分を演じたりすることから、離れていく

「べき」から離れる

カウンセリングの中で、クライアントは、「こうあるべきである」(ought to be)と考えていることから離れていく。

ロジャーズとの面接の中で、ある若い女性は、彼女がどれほど父の愛を求めていたかを語った。「私はこれまで自分の父と、もっと良い関係を求めていました。私は、常に父のすべての要求と期待に合わせねばならないと感じていました」「父に愛されたいと思うなら、私はそういう人でなければならないと信じ込んでいたと思います」と語るのである。

カウンセリングの中で、人は、こうした「べき」から自由になり、解き放たれていく。

他のひとの期待に沿おうとすることをしなくなる

カウンセリングの中で、多くのクライアントは、その文化によって期待されているものから離れ、自由になっていく。多くの人はうまく社会生活を送るためには「型にはまる」ことが大事だと思い込む。しかしカウンセリングの中で人は、より自由になり、同調圧力に従うのをやめていく。ロジャーズのカウンセリングの中で、あるクライアントはこう語った。「私は長い間、自分にとってはまったく無意味だったものに従って生きてきました。しかし、もうこれくらいでたくさんです」。この人は、社会の慣習の中で期待されているものから離れていった。

他者を喜ばすということから離れる

多くの人々は、他者、たとえば親や教師を喜ばせたいと頑張ることで自分をつくってきた。ロジャーズのあるクライアントは、「私はもう、自分のほんとうにしたいことをやり始めなければならないと感じました。これは今までの私の生活とまったく反対のことです。他の人々が私に好意を寄せるような仕方で、ものごとをしなければならないと、これまでいつも感じてきました。それはまったく地獄です！」。

クライアントは、自分の感情を隠そうとしなくなる。他の人々を喜ばすような形に自分自身や自分の行動を合わせるのをやめるようになっていく。

自分で自分を方向づけるようになっていく

クライアントは、自分で自分が目指している目標を選んでいく。どんな活動や行動の仕方が自分にとって意味があるのか、どんなものが無意味なのか、自分で決めるようになる。この方向に向かって注意深く、恐れを抱きながら、最初はほとんどまったく自信なしに進んでいく。常に確実な選択をするわけではない。しかし、自分で責任を持ってものごとを選び、その結果から学んでいく。

過程的であることに向かっていく

クライアントは、過程、流動性、変化を生きるということに向かっていく。日々が同じものではないこと、自分は常に同じではないことに気づき、そうあることに混乱しなくなる。絶え間ない流れの中に身を浮かべ、この流れに身を委ね続けていることに満足するようになっていく。すぐに結論を出したり、終着点に向かおうとはしなくなっていく。

複雑さに向かっていく

自分の感情が非常に複雑であることをはっきり認識していく。ある人に対して、温かい気持ちを抱くと同時に、ときどき不満や迷惑な感じも抱き、また、同情するような気持ちも抱く。

自分の内側の体験に対して開かれるようになる

自分の内側での体験に開かれ、それと深くつながっていくようになる。自分の新しい面に触れると、はじめのうちはそれを拒否するけれども、次第にその体験の、それまで否定されていた側面を少しずつ自分の一部として受け入れていく。

あるクライアントは、セラピィの終わりの方で、今まで隠されていた気持ちのいくつかに気づき、こう言った。「そんなことはまったく知らなかった。今ちょうど私はそれを感じ始めているんです。おお、恐ろしい苦しみ……話すことがこわかった。私は話したいと思った。そして、話したくなくなった……今感じています。恐ろしいことです。私はすべてのものを内側に押し込めていたのです」。そして次第に、自分の感情が恐ろしいものではないことに気づいていく。

他者を受容することに向かっていく

クライアントは自分自身の内側の体験を受容することができるようになるにしたがって、他の人の内的な体験も受容するようになっていく。自分自身の体験も他の人の体験も、それがなんであれ、あるがままに認めるようになっていく。

自己を信頼するようになる

クライアントは自分が自分自身になっていく過程を、ますます信頼し大切にできるようになっていく。ロジャーズは画家のエル・グレコや作家のヘミングウェイの例をひく。グレコは自分の初期の頃の作品を眺めながら「よき画家というのはあんなふうには描かない。しかし私はこんなふうにする」と考えた。ヘミングウェイも「よき小説家はこんな書き方はしない」ということに気づいていたが、むしろ、ヘミングウェイである方向へ向かっていったのである。

「心理療法におけるクライアントの変容過程」へのあくなき探究

いかがだろうか。ロジャーズの提唱する生き方、人間としての在り方が、単なる思弁的・観念的なものではないことがわかっていただけたのではないだろうか。ロジャーズは、カウンセリングの中で、クライアントのこころのありようをその内側から理解しようとしてきた。すると、クライアントは、みな、同じ方向に向かって変化していった。何の指示も方向づけもしていないのに。そのことにロジャーズは驚きを覚えた。「ここに人間の真実がある！」。このような新鮮な発見の連続がロジャーズにもたらされた。

そこにはなにか普遍的なものがあると考えたロジャーズは、そこから仮説を導き出し、実証的なリサーチをおこない、理論を構築していった。

『オン・ビカミング・ア・パーソン』の第7章に所収された論文「心理療法の過程概念」(Rogers, 1958)は、その成果をまとめたものである。この冒頭箇所に、ロジャーズにとって、この「発見」とそれに基づく理論化のプロセスがどんなにエキサイティングなものであったかが生々しく記されている。


1956年の秋に、私はアメリカ心理学会から3つの優秀科学功労賞のうち一つを与えられるという大きな栄誉に浴した。しかしその賞には、受賞者は1年後に当学会に論文を提出するという条件があった。私は、過去におこなった研究をふたたび論じるようなことには興味がなかったので、パーソナリティが変化する過程についてこの1年、新たに研究することに決めた。研究を続け、秋が近づいているのに、私のまとめていた考えはまだ不確かで、暫定的で、発表できるようなものではないことに気づいた。しかし私はこのまとまりのない感じを書き留めてみようとしてみた。これは私にとって重要だった。そしてここから、私が以前考えていたことと異なる過程の概念が生まれたのである。出来上がった論文は発表するのには長すぎたため、1957年9月2日のニューヨークでのアメリカ心理学会の大会で発表できるように論文をまとめた。この章は、当初の論文ほど長くもなく、まとめ直した論文ほど短縮してもいない。

（中略）

この論文に収録された所見から「心理療法のプロセス・スケール」が作成され、面接記録の抜粋に適用できるレベルになった。これはまだ改訂と改善の途上にあるものの、現在の形でも判定者間の信頼度は十分高く、意味深い結果を得ることができる。他の判定基準で大きな成功が見られていたケースは、プロセス・スケールでも、不成功なケースよりも大きな変化が見られた。さらに驚いたことに、成功ケースは不成功ケースよりもプロセス・スケールの上でより高いレベルから始まることがわかった。初回来談時に、プロセス・スケールの第1段階及び第2段階の典型を示しているような人をどのようにすれば援助できるかについては、まだ確信を持ってわかるとはいえない。このようにこの論文の考えは、その時点ではまだ不十分で不完全に思われたが、すでに思考と研究に新しく挑戦的な領域を開きつつあるのである。

いかがだろう。このくだりを読んだだけでも、ロジャーズがいかにエキサイティングな経験をしたか、よく伝わってくるのではないだろうか。

カウンセリングの逐語記録というエビデンスの公開によって、リサーチに開かれていく

ロジャーズは、カウンセリングや心理療法についての科学的な研究（リサーチ）のパイオニアである。フロイトやユング、その弟子たちは、心理療法を言わば「密室での出来事」として、その公開を拒んできた。あくまでも、「二人だけの秘密の出来事」であるという「密室性」「秘匿性」に心理療法の本質があると考えたのである。これは、一部は真実である。「密室性」「秘匿性」があるからこそ、セラピストとクライアントは深い、深い、こころの深層へと入っていけるのである。しかし、ロジャーズはそれをあくまで「密室での出来事」にしておくことに満足できなかった。ロジャーズの「出世作」である『カウンセリングと心理療法』(1942年)には、ハーバート・ブライアンという知的なクライアントとの面接の過程の全逐語記録が収録されている。これによって心理療法というものが、実際に、どのようなものであるのか、カウンセラーとクライアントのやりとりの実際が世に示されたのである。

このことの価値は計り知れない。カウンセリングや心理療法の公的な性質が急激に高まったのである。カウンセリング全体の逐語記録史上初の公開(1938年にイェールの人間関係研究所が精神分析の面接を録音していたが出版されなかった)のために、ロジャーズは努力を惜しまなかった。1940年に大学院生のバーナード・コブナーからの協力の申し出を受け入れたことをきっかけに、1分78回転のディスクを3分ごと(!)に交換しなくてはならない2台の録音機を使って、レコード800枚、50時間の面接の録音に成功したのである。この中から「ハーバート・ブライアンの事例」を選び、『カウンセリングと心理療法』第Ⅳ部に8回の面接逐語記録のすべてを掲載することができた。

「自己概念の変化」の研究でアメリカ心理学会科学貢献賞を受賞

ロジャーズはみずからの臨床体験の中で発見したものを独自の仮説にし、実証研究をおこない、独創的な理論を構築していった。その成果が社会的に大きな評価を得たのは、ダイモンドとの共編で１９５４年に刊行された『心理療法と人格変化』（Rogers & Dymond, 1954）である。この論文は、クライアントの「自己概念」とその変化に焦点を当てたものである。シカゴ大学のカウンセリングセンターに来談した29名のクライアントを対象に、たとえば、「私は落ち着いている」「私は自分自身を信頼している」「私は希望を失ったと感じている」といった、自分に関する説明文が書かれたカードを１００枚用意し、それを「私に最も似ている」から「最も似ていない」の９段階に分類する作業をおこなってもらった。Ｑテクニックと呼ばれるこの手法を使って、カウンセリングにおいて、クライアントの自己概念が変化していくことを示したのである。

この研究は、ロックフェラー財団から17万２０００ドルの資金を得ておこなった大規模なものであった。これまで、ロジャーズのどの著作にも冷淡な反応を示していた心理学の学会誌も、この論文に対してははじめて好意的な反応を示した。『エンサイクロペディア・ブリタニカ』のこの年の版には「非指示療法の方法を科学的に検証するというロジャーズらのこうしたはじめての試みは、臨床心理学の分野における画期的な出来事である」と記してある。実際、この時期にロジャーズらがおこなったリサーチは、その後数年にわたって、この分野の研究全体に大きな影響を与えた。この論文が評価されてロジャーズは、アメリカ心理学会（ＡＰＡ）から、

1956年に第1回特別科学貢献賞を受賞したのである。ロジャーズは20年後、「この賞を受賞し表彰された時ほど、強く感動したことはない」と述懐している。

新たな研究へ――「自己概念と体験の一致・不一致」から「体験様式の変化」へ

このように世間からは高く評価された研究であったが、ロジャーズ自身は、この研究でみずからが臨床の中で発見した真実を十分に理論化しえたとは思えなかったのであろう。この研究に先立つ2冊目の主著『クライアント中心療法』（1951年）において、クライアントの変化を「自己と経験の不一致」から「自己と経験の一致」へ、という図式で理論化していた。ここで言う「自己」とは、自己概念、すなわち「私はこういう人間である」という観念やイメージの総体であり、それが構造化されたものが「自己構造」である。この「自己概念」と「経験」のズレが大きいと人間は不適応に陥る。自分についての思い込みでいっぱいで「私はこんな人間のはずだ」といった観念にとらわれて、がんじがらめになって不自由な状態にある。これが「不一致」である。クライアントの多くはこの「不一致」の状態にあった。

しかしロジャーズらのカウンセリングを受ける中でクライアントの多くは変わっていった。筆者のお会いしたクライアントの例をあげよう。「自己概念」（例：私はまじめで、責任感の強い人間である）にとらわれていたあるクライアントは、それと一致しない体験、たとえば、朝の通勤電車でいつの間にか次の駅まで乗ってしまい、ふと「このまますべてを捨てて、どこかに消えてしまいたい」といったことを思い浮かべた。とても気ままで自由に見える人に憧れの念を覚えた。こうした体験をして、自分でも驚きを覚えたり、「そんなはずはない」と、ないことにしたり（否認）、歪曲してとらえたり、といったことをしていることに気づき始める。しばらくは、そんな体験を自分の体験として認めることはとてもできない、と感じていたのが、カウンセラーが何の脅威もないような仕方で受け入れてくれるのを感じていると、だんだんとその体験を自分自身の体験として認められるようになってくる。そうした面接が重ねられていくと、次第に、かつては自己概念と矛盾するものとしてないことにされたり（否認）、歪んでとらえられたりしていた（歪曲）その体験を、そのまま体験することができるようになっていく。そして次第に、自己構造にその体験が取り入れられていって、自己概念が変化し始める。がちがちの思い込みから解放されて、より柔軟に、自己概念が変化するようになっていく。

このように、最初、カウンセリングに来た折には、がちがちの「自己」に合致する仕方で体験が歪められ、不一致の状態にあったクライアントは、自己が「体験」に合致する仕方でより柔軟に変化していくようになる。自己と体験は一致するようになる。一言で言えば、この時期のロジャーズ理論においては「自己と体験の不一致」→「自己と体験の一致」というかたちでクライアントの変化は理解されていたのである。

「自己概念」へのとらわれから自由になる

一般の方にもわかりやすく言うと、こういうことである。人間は、悩んでいる時には、がんじがらめになっている。「でも私はこうだし」「私ってこうだから」と、「自分というもの」にとらわれて、身動きがとれなくなっている。観念的な堂々巡りにとらわれて、がんじがらめ。にっちもさっちもいかなくなって、どうしたらいいか、わからない。このような時、人は、「自己概念」にとらわれた不自由な状態にある。

そこで行き詰まり、どうしていいかわからなくなって、カウンセリングセンターを訪れる。そこでカウンセラーに、何も評価されることなく、何を話しても、ただそのままを、受け止めてもらえる。ほめられるでもなく、叱られるでもなく、何を話してもただそのままを受け止めてもらえる。そうした関係の中で、人はそのとらわれから、だんだん自由になっていく。「私は責任感が強いはずだ」という思い込みから自由になって、案外いい加減なところもあったり、このままさぼってしまいたくなっている自分がいることに気づく。それを実際に行動に移すかどうかは別にして、そんな自分がいることに気づく。しかもそれを生々しい、実感をもった体験として体験していく。

最初は「それはいかん」「そんなのダメだ」と、その体験に脅威を感じ、ないことにしようと（否認）したり、たまには休養が必要だな、などとこじつけてごまかす（歪曲）けれども、カウンセリングの回を重ねていくうちに、そんな体験もたしかに自分の体験なのだ、と受け止められるようになっていく。そのことに気づいて、自分（自己概念）へのとらわれから自由になり、「自分は責任感が強い」というのは、そんなのただの思い込みだったのだ、と気づく。そのことだけでなく、さまざまな体験について、より自由に自分の体験を自分の体験として、否認したり、歪曲したりすることなしに、そのまま体験できるようになっていく。悩んでいる人がカウンセリングに来て変化していくと、ただ一つの悩みが解決されるというのではなく、そもそも悩まなくてもいいことにくよくよ悩んで不自由になっている、そんな自分自身が変わっていく。「自己概念が体験へと一致していく」——。そのような変化がクライアントに生じるのである。

ロジャーズは、ほんとうは、このことを実証的に確かめたかった。「自己概念」については先ほどのQテクニックなどを用いて測定可能であったものの、しかし、「体験」をどのように測定すればよいか、その術《すべ》を持たなかった。そのために、言わば次善の策としておこなわれたのが、「自己概念」と「理想自己」との一致・不一致を調べる、というリサーチであった。これは、ロジャーズとしても十分に満足がいくものではなかった。学界からは大きな評価を得られたものの、みずからの臨床体験の中で発見しつつあることを十分に立証しえたという実感はなかったであろう。ロジャーズの論文を読むと、1953年あたりから、その関心の焦点は「自己概念」から離れて、「体験」自体にダイレクトに迫る方向へと向かっていく。クライアントの変化についての理論構成の中心も、「自己概念と体験の不一致から一致へ」という図式から、「クライアントの体験様式の変容」へと移っていく。そのためにロジャーズは、「受賞者は1年後に当学会に論文を提出するという条件」があることに際して、「過去におこなった研究をふたたび論じるようなこと」はせずに、「パーソナリティが変化する過程についてこの一年、新たに研究することに決め」「まだ不確かで、暫定的で、発表できるようなものではない」ように感じていたことを書き留めることから始めた。心理療法におけるクライアントの変化の過程の研究に専念していく。その成果として、「心理療法の過程概念」（1958年）などがまとめられていったのである。

ジェンドリンとの相互交流から新たな考えが生まれる

なお、1953年頃のロジャーズのこうした変化には、24歳年下の教え子ユージン・T・ジェンドリンとの出会いと相互交流によってもたらされたものも少なくないだろう。ジェンドリンとロジャーズの交流は、単に「恩師ロジャーズが弟子のジェンドリンを育てた」といった一方向的なものではない。哲学専攻の研究者としてディルタイのErleben（体験すること）概念に焦点を当て、「人間のなまの体験」について独創的な研究をしていたジェンドリンは、ロジャーズのカウンセリングを見て、「まさに自分が研究している、なまの体験、ということがここで起きている」と考え懇願し、哲学専攻であったにもかかわらず異例の措置として、ロジャーズによってカウンセリングセンターのスタッフとして受け入れられた。ロジャーズに対して「あなたのカウンセリングでは、こういうことが起きているんです！」と語る若き教え子ジェンドリンの話を聞く中で、ロジャーズのほうもみずからの臨床の中で起きていることの本質をより的確かつ精緻に理論化していけるようになった。両者の間にはこのようなきわめて良質な相互影響が見られる。

私も時折経験するが、きわめて優秀な教え子が私のカウンセリングの実際を見て「こういうことが起きているんですよ！」と指摘してくれることがある。その言葉をきっかけに自分の実践で起きていることをより深く、本質的に理解していけるようになる、ということがたしかに私にもある。

50代前半で学者としてもカウンセラーとしても絶頂期にあったロジャーズと20代半ばの聡明な哲学者だったジェンドリン。両者の相互交流の中で、ロジャーズの理論は新たな展開を迎える。晩年の著書、たとえばロジャーズが78歳の時に書かれた『ア・ウェイ・オブ・ビーイング』（Rogers, 1980）でも、ロジャーズは自分の考えの展開を示す時に、必ず「ジェンドリンのおかげで」「ジェンドリンによって」といった言葉を添えている。この意味で、ロジャーズとジェンドリンの仕事は分けがたく、二人で大きな意味のある「一つのこと」をなしとげた、と言えるような関係にあるといってよいように思われる。

自分の内側の内臓感覚的な体験の流れに深く触れた時に人は変化し始める、という個人の内的な変化と、それを促進する共感的な人間関係とは、ワンセットである。「自分の内側の、内臓感覚的な体験の流れに深く触れる、という変化」と、それを促す「共感的な関係」という切り離すことのできない「ワンセット」。筆者は、人間の変化に関する最も重要な理論と方法は、つまるところここに帰着するのではないか、と考えている。それほど、人間にとって重要なワンセット。この「一つのこと」をロジャーズとジェンドリンはなしとげていったのである。こうした本質的な理解に比すれば、エンカウンターとクライアント中心療法のロジャーズ、フォーカシングのジェンドリン、といった辞書的な区別は意味を持たない。

クライアントの変化の7つの段階

さて、アメリカ心理学会科学貢献賞の受賞をきっかけに、ロジャーズは新たな探究の旅に出る。それはどんなにドキドキ、ときめくものであったか。「心理療法の過程概念」（Rogers, 1958）には、こう記されている。

過程の謎

私は皆さんをある探検の旅にお連れしたいと思う。その旅の目的、つまり研究の目標は、心理療法の過程、パーソナリティの変化が生じる過程について学ぶことである。あらかじめ断っておくが、その旅はまだ目的地に達しておらず、ほんの数マイル、ジャングルに進みだしたところである。しかし、もし私が皆さんと進んでいけば、皆さんは探検をさらに前進していくための新しく有利な道を発見したような気持ちになるだろう。

ロジャーズが、どれほどワクワクしているかが、伝わってくる。

そして、なぜ「自己概念と体験の不一致から一致へ」という理論に十分に満足しきれなかったか、その理由が記される。

最近まで大半の研究では、結果を研究することによってこの過程について何かを知ろうと試みてきた。そして、たとえば、自己知覚や他者についての知覚において起こる変化に関して多くの事実を知りえた。私たちは単に心理療法全体のプロセスについてこのような変化を測定したばかりでなく、まさに進行中の心理療法のセッション中の折々の変化をも測定してみた。しかし、それでも変化の過程については、ほとんど手がかりを得ることができなかった。断片的な結果の研究は結果の測定にすぎず、どのようにして変化が生じるのか、その在り方については、ほとんど何も知らせてくれなかった。

「自己概念の変化」に焦点を当てた研究では、「結果」の測定ができるにすぎない。たとえば、10回の心理療法をおこなう前と後でどのような違いが生まれたか。こうした「効果研究」はよくあるが、それは結果の研究にすぎない。変化をどれほど細かく追っていっても同様である。ロジャーズが知りたいのは、そこではなかった。ロジャーズが知りたかったのは、心理療法の中で、まさにその変化の瞬間に、クライアントがどのような体験をするのか、ということであった。ロジャーズは他の理論的な枠組み、コミュニケーション理論、一般システム理論、学習理論などによって心理療法の過程を説明することにも満足できなかった。

では、どのようにしてロジャーズはこの難問に挑んだのか。

その結果、すでに他の人も到達しているある結論に私は至った。すなわち、それは新たな分野でまず必要とされていることはおそらく、その事象の中に没入すること、できるだけ先入観を持たずにその現象に接近すること、これらの事象に対しては自然科学者のように観察的・記述的な方法をとること、そしてリサーチの素材について、最も素朴な、低水準の推論を描き出すにとどめる、ということである。

ロジャーズがおこなったのは「自分自身を一つの道具として使う」という方法である。

それでこの1年間、私は、録音された心理療法の面接を聴くことに多くの時間を注《つ》ぎ込んだ。できるだけ無心に聴き入ろうと試みた。この過程に関して、また変化に関してどの要因が重要かに関して、とらえうるすべての手がかりに我が身をさらそうとしてきた。それらをよく感じる（sensing）ことから、それらをよく表現していると考えられる最もシンプルな抽象化を試みた。私は多くの僚友の考えによって刺激され助けられたが、特にユージン・ジェンドリン、ウィリアム・カートナー（William Kirtner）及びフレッド・ツィムリング（Fred Zimring）の助けが大きかった。

あるクライアントは、ある感じに「とらえられる」と語り、別のあるクライアントは、ある感じに「耽《ふけ》ったり」「その中に沈みこんでいく」などと語っていた。ロジャーズは、まさにその瞬間、つまり「変化の瞬間（moments of movement）」に、クライアントの内側で何が起こっているのか、そのことに集中して取り組んでいった。すると、あるものが見えてきた。

自身を変化のなまの素材にさらしていると、私がこれまでに考えてきたのとは異なる種類のある連続体が、私の中で徐々に形をなしてきた。（中略）それは、固定性から変易性（changingness）へ、硬直した構造から流動性へ、停止から過程へ、というものである。

カウンセリングの録音テープをひたすら聴き続け、その中に無心に入り込み没入していったロジャーズの念頭に浮かんできたものは、クライアントはある連続線の上を変化していっている、ということであった。そしてこの変化を７つの段階に区分した。

①第１段階

この段階にある人は、体験が固定的でそこから隔絶されている。自分について話したがらず、外的な事柄にしか触れようとしない。親密で隠し立てのない関係は危険であると感じられている。自分の問題を意識しておらず、変わりたいとも思っていない。

例：「そうですね。特に必要な時でもない限り、自分のことを話すなんてちょっと馬鹿げた感じがしますね」

②第２段階

問題は自分の外部にあるとみなされている。感情は自分のものでないものとして、また時には過去のものとして語られる。自分の考えは、考えとしてではなく、事実として語られる。感情や意味の分化は非常に大雑把《おおざっぱ》である。
例：「私は、何一つ、正しくおこなうことができないんです」

③ 第3段階

自分自身について語られ始めるが、多くは、他の人のことを話す中で触れる程度である。現在ではなく、過去の感情が多く語られる。自分の感情を受け入れることはあまりできていない。感情の大半は恥ずかしいとか、悪い、受け入れがたいものとして表現される。自分自身についての考え（構成概念）が外的な事実としてでなく、自分の中で構成されたものとして意識され始める。感情や意味の分化が大雑把ではなくなってくる。

例：「私がみじめになるのは、不思議ではありません。私もいい人ではないことがわかってきました」

④ 第4段階

自分が構成していた考え（構成概念）が次第に緩んできて、感情が流れ出すようになっていく。さまざまな感情を語るようになるが、今、ここのものではない。時折、感情が現在のものとして語られるが、自分自身の意思に反して、それを突き破るような形で出てくる。

今ここでの感情を体験することに向かってはいるが、そうなることに恐れを抱いている。体験が構成される仕方がより緩やかになり、それが構成概念であることがはっきりと認識され、疑われ始める。親密な関係はまだ危険に感じられているが、わずかながら危険を冒して感情のレベルで人にかかわっていこうとし始める。

例：「あ、いいんです。私は、先生なんか、信じていませんから」

⑤ 第５段階

感情は現在のものとして自由に表現され、感情が「泡立って出てきたり」「にじみ出てきたり」する。自分の感情は自分のものだという気持ちが強くなり、「ほんとうの自分でいたい」という願望が生まれてくる。

体験の流れとの隔たりがなくなる。ある感情を体験し、それに直接意識を向けながらものを考えるようになる。

体験の構成のされ方がかなり緩やかに解放され、自分の構成概念を批判的に吟味し始める。自分の中でますます自由な対話が起こっている。

例：「怖いという感じがただ出てきたんです……（長い沈黙）……うーん、それがどんなものか、とらえようとしているんですけど……」

この第５段階は決定的に重要な段階である。自分の内側のある感じに対して、クライアントは、直接意識を向けながら、ものを考えるようになる。

⑥ 第６段階

今ここでの感情が、直ちに、豊かさをもって直接に体験される。それは否定されたり恐れられたりしない。それについて感じるのではなく、体験の中を主観的に生きている。この段階ではもう、内側にも外側にも「問題」は存在しない。自分の問題のある側面を主観的に生きている。対象としての自己は消え、自己はこの感情そのものになる。自分の内側でのコミュニケーションは自由で妨げられていない。まさに進行中の体験しつつある瞬間に、個人的な構成概念が消失し、かつて固定されていた枠組みから解放される。

例：「あぁ、こんな感じです……おねだりしている子どものような感じ、物乞いをしているような感じです……この感じは、これまで一度も感じたことがないような感じです……とても不思議です……自分でもよくわかりません……今まで全然知らなかったものが突如として出てくるんです……」

こうした例をあげてロジャーズは、この段階にあるクライアントは、自分に突然生じたものが何であるかわかっていないが、それは自分がもっと多くのものを見出すために、必要ならば何度も引き返すことのできる参照体（ダイレクト・レファラント）であることがわかっている、と言う。クライアントは、探索的な目的でそこに引き返すことができる。「直接の参照体である、という体験過程のこの重要な特質に、ジェンドリンは私の注意を向けてくれた」とロジャーズは感謝の意を表している。

⑦ 第7段階

新しい感情が直ちにその豊かさを伴って体験され、それは参照体として利用されている。変化しつつある感情を、受容的に所有するという感覚がますます大きくなる。自分自身のプロセスに対する基本的な信頼がある。

自己はただ、今ここで体験しつつあることの主観的で内省的な気づき（the subjective and reflexive awareness of experiencing）になる。自己は対象として認識されることがますます少なくなり、過程において信頼をもって感じられる何ものかであることがますます多くなる。自分の内側でのコミュニケーションは明瞭になり、感情とその象徴化はぴったり符合している。新たな感情に対する新鮮な言葉が見出される。個人的な構成概念は、今後の体験に照らして検証するために暫定的に再形成されるが、その時もそれに固執はしない。

例：「自分は人を喜ばせなければならない」といつも感じていた一人のクライアント。「わかります……それがどのようなものか……私は人を喜ばせなくてもかまわないんです。人を喜ばせるか喜ばせないかは、私にとって重要なことではないんです。……ただ自然に浮かんできたことを言えばいい、そしてそれが人を喜ばせても喜ばせなくてもかまわない……そう思えたら、すごい！　どんなことでも言えるでしょう」

人はみな、徹底的な自由へと変化していく

これが、ロジャーズが観察した「クライアントの変容過程」である。ここを読んで、私は、「ロジャーズの世界」にどんどん引き込まれていった。ロジャーズは何も方向づけていない。

しかし、クライアントはみな、同じ方向に向かっていった。そう、徹底的な自由へと向かっていったのだ。

上述の7段階を読んで、「違和感」を覚えた方も少なくないと思われる。多くの人は、カウンセリングや心理療法について次のようなイメージを抱いているのではないだろうか。自分に自信がない人が、もっと自信を持っていく。自分はこれでいいのだ、という安定した着地点を持つようになる。確固たる信念を持っていなかった人が「こう生きればいいのだ」という確固たる信念を持つようになる。そんなイメージである。

しかし、ロジャーズが見た「クライアントの変化」は、そのようなものではなかった。第1段階から第7段階に進んでいくにつれて、クライアントは、「頑《かたく》なな思い込みや信念」から離れ、徹底的に自由になっていく。「私は、こうあるべきだ」「人間であれば、こうするべきだ」という考えや信念（個人的構成概念：personal construct）は、最初、まったく疑われることなく、「事実」であると信じ込まれていた。しかし、カウンセリングが進むにつれて、人はそれを疑い始め、より自由になっていく。そのような「固定性」から離れていって、むしろ、自分がこれからどうなるかわからない「流動性」へと動いていく。ただひたすらに、生命の流れの中をたゆたう。徹底的な自由へと向かっていく姿がそこに描き出されている。

心理療法の過程方程式

ロジャーズはこうした変化について、共同研究者とともに開発した「プロセス・スケール

（過程尺度）」を使ってリサーチを重ねていった。その成果として、心理療法の過程方程式を考案し、それを検証していく。「心理療法の過程方程式」（１９６１年）には、次のように書かれている。

「われわれはそれを化学方程式にも匹敵しうるほどの公式にして述べることができるのである。ここに援助を求めている一人の人間があり、a, b, c という要素を持った関係をつくることのできる第二の人がいるならば、そこには、x, y, z という要素を持つ、ある変化のプロセスが生起する、と述べることができるのである」

少し素朴すぎるのでは、と心配になるほど自信に満ちている。「方程式の試案」として、方程式の左辺（セラピストの要因）と右辺（クライアントの変化）について次のように言う。

「純粋性＋クライアントに対する共感と無条件の積極的関心＝セラピィの成功」

「セラピストが純粋であり、共感的に理解しており、無条件の積極的関心を持っているとクライアントに受け取られることが深ければ深いほど、クライアントの建設的なパーソナリティの変化の度合いは、それだけ大きなものになる」

そして、先に7段階で示された「クライアントの変化」は、次の６つの観点における「より糸（strands）」で示すことができるとする。

①自分の感情とのかかわりにおける変化

最初、クライアントは、自分の感情を認識していない。それが自分のものだとも思っていない。しかしカウンセリングが進むにつれて、まず、過去のものとして表現されるようになり、次第に自分自身のものとして表現されるようになる。クライアントは、今ここでの感情についておそるおそる表現するようになり、かつては抑え込まれていた感情が苦しげに泡立ちながら、意識の中に入ってくる。そしてついには、「たえず変化してやまない感情の流れを体験する、というプロセスの中を生きる」ようになっていく。

②体験の流れの様式における変化

最初、自分自身の体験の流れから遠ざかっていたクライアントは、たとえば、「ただ、うつっぽかっただけです」といったように自分自身と自分の体験を切り離して語るが、カウンセリングの中で次第にそれに近づき始める。そして、この概念は、ジェンドリンとツィムリング(Zimring)が考案した「体験過程の様式(manner of experiencing)」という概念をもとにしたものである、と断りを入れながら、ロジャーズは以下のような「別のやり方で公式化」した。

「クライアントは、みずからの体験の流れを生きる(living in his experiencing)という方向に向かって動いていく。その体験を生活の中で自分自身を導いていく参照体として用いる方向に向かって進んでいくのである」

この記述に見られるように、ロジャーズがexperiencingという言葉を使う時、必ずジェンドリンの名前を出しながら、それを人生における参照体（レファラント）、絶えずそこに立ち戻りながら自分の人生を導いていくその手がかりとなるもの、という意味で使いながらも、ロジャーズ自身「別のやり方で公式化する」と断っているように若干異なる、より「実存的なニュアンス」を込めて使っている。上述の living in his experiencing という言い方はその典型であり、そのため、ロジャーズが少し異なるニュアンスで experiencing という言葉を使う時に、ジェンドリンの用語の訳として定着している「体験過程」とは訳さず「体験の流れ」として、両者を訳し分けることにする。

③ 個人的構成概念における変化

クライアントは最初「私は、ほんとうに、何もできないんです」とか「僕は結局、何があっても大丈夫です」というように、それを「事実」であるかのように語る。それは自分がつくり出したもの（構成したもの）であるという自覚はない。しかし次第に、それが事実であることに疑いの念を持ち始める。それはいつでも変えることができるものだ、ということに気づくようになるのである。そして変化の連続線の第６段階、第７段階では、あくまで一時的なものとして構成されるようになる。

④ 自己の伝達における変化

最初は自分のことを人に話すなんて馬鹿げたことだと思っているが、次第にそれは安全なことだし、大きな満足をもたらすものであることがわかってくる。段階が進むと、たとえそれが少し前の感情と矛盾したものであっても、その瞬間瞬間の自分の感情を持つこと、人に表現することに満足を覚え始める。

⑤自分の問題とのかかわりにおける変化

最初クライアントは自分には問題がないと思い、問題を認めない。あるいは、自分とは関係のないものと思っている。しかしカウンセリングが進むと、もっと問題を認めるようになり、問題への責任も感じるようになる。段階が進むと、他者との関係における感情の問題が大きな問題であることに気づく。そしてセラピストとの関係のなかで感情を直接体験し、それを受容することでもっと建設的に利用することができるようになる。

⑥関係の仕方における変化

クライアントは最初、他者との親密なふれあいをさまざまに合理化して避けようとする。セラピストに質問をしたり、何かの役割を演じたりする。次第にセラピストとの関係において危険を冒すことができるようになる。たとえば「私はあなたを信用していない」などとも言えるようになる。他者に深く触れる、という未知の、危険な世界に一人で入り込むことができるようになる。セラピストに対する恐怖でも、愛情でも、怒りでも自由に表現することができるようになる。自分の感情に基づいて関係を生きることができるようになる。

こうした6つの観点について、7段階のどこにいるのか、クライアントは尺度に基づいて評定される。この論文の結論として、「全体の方程式」が次のように示される。

クライアントが、このセラピストはリアル（real）である、とか、純粋（genuine）である、と思っていて、このセラピストは共感的である、と思っていて、このセラピストは無条件の関心を抱いている、と思っていればいるほど、クライアントは、よりいっそう、静止的な、無感情な、固定的で没個人的な機能の仕方（static, unfeeling, fixed impersonal type of functioning）から遠ざかる。一方、よりいっそう分化された個人的な感情を、流動的で、変化に富み、受容的な仕方で体験していく（a fluid, changing, acceptant experiencing）という特色を持つような機能の仕方に向かって変化していく。

この論文が書かれた1960年代前半以降、ロジャーズは個人カウンセリングや心理療法についての本格的なリサーチはおこなっていない。エンカウンター・グループにおける人間関係や社会の変革運動へと活動の軸足を移していく。したがって、これがロジャーズが心理療法の研究においてたどり着いた一つの到達点とみなしていいだろう。

「十分に機能する人間」——ロジャーズの見た「理想の人間像」

ロジャーズには、一つの問いが生じた。では、人がこうした方向での変化を最大化したならば、その人はどんな人間になるだろうか。ロジャーズはそのように問い、「カウンセリングにおけるクライアントの変化を最大限に達成したならば、人間はどのようになるか」と想像をめぐらした。その結果、描かれたのが「十分に機能する人間」という人間像である。

『オン・ビカミング・ア・パーソン』第9章に収められている論文、「十分に機能する人間——よき生き方についての一心理療法家としての私見」(Rogers, 1957a) の中で次のように述べる。

よき生き方 (good life) とは何か、ということに関する私の考えは、心理療法というきわめて密接な人間関係において人々にかかわってきた経験によるところが大きい。だから私の見解は、文献学的あるいは哲学的な思索によるものに比べて、経験的基盤に基づいている。私は混乱し苦悩する人々がその生き方をつくりあげようともがき苦しむ過程を観察し、またその中に参入することによって、よき生き方とはどのようなものであるかを学んできたのだ。

「十分に機能する人間」には、以下のような3つの特徴がある、という。

①「体験に開かれていく」

毎日が自分についての新たな発見の連続である。もっと自分自身に耳を傾けることができるようになる。自分の内側で進行していることをもっとよく体験することができるようになる。恐怖や、落胆や、苦痛といった自分自身の感情に開かれるようになっていく。

②「ますます実存的になる」

「自分が次の瞬間にどうなるか、何をするか、ということは、その瞬間に生まれてくるものであって、私にも他の人にも前もって予測することはできない」——多くのクライアントは、そのような言葉で自分のことを表現するという。その時、私たちは「生命体的な体験の進行中のプロセスの参加者ないし観察者となっていくのであり、それをコントロールしようとはしない」のである。

つまり、十分に機能する人間は「その瞬間を生きる」。硬さやとらわれがない。構造を体験に押しつけることがない。「私から見て、よき生き方のプロセスを歩み始めた人の中に非常にはっきりと現れてくるのが、このような実存的な生き方に向かう傾向である。この傾向は、よき生き方の最も基本的な性質であると言えるかもしれない」。その人は「今まさに進行中のことに心を開いていく」のである。

③生命体としての自分をますます信頼するようになる

人生において重要な選択をする時に、多くの人は、何かの原則に従ったり、過去のやり方に従ったりする。しかし「こうした人は、新しい状況に対する自分の生命体全体としての反応をますます信頼できるようになっていく。彼らは、自分が自分の体験に対して開かれているならば、つまり、自分が『正しいと感じる』ことをするならば、それがほんとうに満足できる行動への適切な信頼できる指標であることに気づいていくからである」。つまり、人生で正しい選択をする上で最も重要なのは、自分が「正しいと感じる」ことをすること、それがよいような「感じがする」ことをすることだ、とロジャーズは言うのである。なぜか。

自分の体験に十分に開かれている人は、その状況において自分自身の行動の基礎となるあらゆるデータ——社会からの要請、自分自身のコンプレックス、葛藤《かっとう》している欲求、過去の同じような場面の記憶、この状況の独特さについての知覚など——にアクセスすることができる。そのデータはほんとうに複雑なものであろう。しかしその人は一つ一つの刺激、欲求、要求、その相対的な重要性などを考慮するために、意識とともに自分の全生命体を用いることができるのである。この複雑な比較考量やバランスの調整から、人は、この状況において自分の欲求をできるだけ十分に満たす一連の行為を発見する。それは大型コンピューターにたとえうるかもしれない。

「より十分に機能する人間になる」

この3つの特徴を総合すると、次のような人物像が立ち上る。

この人は、自分の感情や反応のすべて、その一つ一つをより十分に生きることができるようになる。自分の内や外の実存的状況をできるだけ正確に感じ取るために、自分の生命体に装っているもののすべてをよく用いることができるようになる。（中略）その人は、自分の生命体全体のほうが意識よりも賢明かもしれないし、多くの場合そうであることがわかっている。数多くの可能性の中から、この瞬間において最も全体的かつ純粋に満足できる行動を選択する時に、この人は、自分の全生命体をその複雑さにおいて自由に機能させることができる。この人は、自分の生命体の機能をもっと信頼できるようになる。自分のそれぞれの行為の結果に対して十分に開かれているために、満足できない結果になることがわかった時は、それを訂正することができるからである。

クリエイティヴィティ（創造性）

そして、「十分に機能する人間」の特徴として、「創造性」を付け加える。

この人は、自分の世界に対して感受性豊かに開かれており、環境との新しいかかわり方をつくりあげる自分の能力を信頼しているので、創造的な成果や生き方を見出していくだろう。十分に機能する人間は、必ずしもその文化に「適応している」とは限らない。体制順応的な人間でないことは明らかであろう。（中略）ある状況においては非常に不幸せになるかもしれない。しかしそれでもその人は、自分自身になる方向に向かって変化し続けるであろう。

十分に機能する人間は、進化論的な見地からしても、変転する環境的条件にきわめてよく適応し、生き残るタイプだと考えられる、とロジャーズは言う。十分に機能する人間は、「人間進化の先駆者」と言うにふさわしいのである。

それは「幸せな人」「自己実現した人」ではない。ましてや「適応している」人ではない！興味深いのはロジャーズの次のような注釈である。

よき生き方とは、いかなる固定した状態でもない。それは徳があるとか、満たされているとか、無の境地だとか、幸福であるといった状態ではない。適応しているとか、充実しているとか、自己実現しているといった状態ではない。

もし、自分のことを「適応している人」と説明されるならば、十分に機能している人は、自分が馬鹿にされたと感じるだろう。また、「幸せだ」とか、「満たされている」とか、「自己実現している」と言われるならば、それは違うと思うだろう。

私がよき生き方と呼ぶプロセスを形容するのに、幸せ、とか、満たされている、とか、祝福された、とか、楽しい、といった言葉は、まったく不適切である。このプロセスを形容するのにぴったりなのは、豊かな、とか、エキサイティングな、とか、報いのある、とか、チャレンジングな、とか、意味深い、といった言葉である。

「十分に機能する人間」は「徳のある人格」ではない。「無の境地」や「幸福の境地」でもない。「自己実現している状態」でもない。ましてや、「適応している状態」ではない。

それはむしろ、危険や恐怖を感じながらも、より自由に、自分自身になっていく生き方である。自分にとってまだよくわからない未知の感情、奇妙であったり危険であったりさえするその感情をあえて探究していく。恐怖や、怒りや、やさしさを避けることなく、そうした感情そのものになっていく。それは怖さを伴うものだが、「十分に機能する人間」はもはや何も恐れはしない。

人の期待に応えなくてかまわない。社会に適合していなくても、かまわない。自分が変わらざるをえない恐怖におびえつつも、変化の流れの中につねに自分を投げ入れる。

自分自身であることを失うくらいならば、社会不適合者として生きることさえ選ぶであろう。

カウンセリング、傾聴が本来的に持つ反社会性・危険性

このロジャーズの指摘は、人が「自分自身になっていく」プロセスに内在している危険性、反社会性をよく言い表しているように思われる。

カウンセリングや心理療法、あるいは、傾聴というと、社会への「適応」を目指しておこなわれるものという印象が強いかもしれない。うつ病で会社に行けなくなった人を会社に行けるようにする。学校に行けなくなった子どもを学校に行けるようにする。そう、まるでこわれた機械を修理して、もとに戻すように。

「普通でない」状態になってしまった人を「普通の状態」、学校に行けたり、会社に行けたりする状態に戻していく。社会の中に収まる。社会に適合できる。みんなと仲良く調和して生きていける。そんな状態に「戻す」のが、カウンセリングというイメージをお持ちの方も少なくないかもしれない。

しかし、ロジャーズの考えは、むしろその逆である。

たとえば、上司が部下の話に、教師が生徒の話にほんとうに耳を傾けたとする。すると部下や生徒は、自分のこころの内側に意識を向け始める。自分自身のこころのほんとうの声を聴き始める。すると、変化が起き始める！　自分自身になっていく探究の旅が始まるのだ。

それは、部下や生徒自身にとっても、恐怖と危険に満ちた道であるが、上司や教師にも批判の矢が向けられるかもしれない。

部下や生徒が自分自身になっていく過程の中で、結果的に、その会社や学校そのものを否定し、やめていくことも当然ありうる。

そのような方向に進展していく可能性も含めて構えていなければ、「人の話をほんとうに聴く」などという危険な行為は、とてもできたものではないのである。

「実現傾向」——生命への信頼

これまで、ロジャーズの人間理解を見てきたが、いかがだろう。それは、危険なほどまでに、徹底的に自由を尊重する考えである。

社会への適合や、他者の期待を脇に置く。固定的な概念の枠組みに自分をはめるのをよしとしない。どこまでも自分らしくあることを求めていく。自分がどうなるか、わからない。そのような不安定な変化のプロセスの中に自分を投げ入れる。恐れと闘いながら、この瞬間瞬間を生きる。そのようなラディカルな（徹底した）生き方である。

ロジャーズの人間論が一般に言われるような「人間には成長の力が備わっているとする楽観主義」ではないことは、わかっていただけたのではないだろうか。

ロジャーズがそのような危険に満ちた生き方を推奨しうるのも、その背景に、人間に対する、否、生命そのものに対する絶対的とでもいうべき信頼があるからである。

その中心になるのは「実現傾向（actualizing tendency）」概念である。ロジャーズによれば、花であれ木であれ、虫であれ美しい蝶《ちょう》であれ、海藻であれミミズであれ、猿であれ人間であれ、ありとあらゆる生命体は、自らの可能性を実現していくようにできている。晩年の著作である『ア・ウェイ・オブ・ビーイング』の中で、ロジャーズは次のように言う。

内的な刺激があろうとなかろうと、環境が好ましかろうと好ましくなかろうと、生命体の行動は自らを維持し強化し再生産する方向に向かっている。これが、私たちがいのちと呼んでいるプロセスの本質である。(Rogers, 1980)

この世におけるすべてのいのちあるもの、すべての生命体は、自らに与えられたいのちの働きを発揮して、よりよく、より強く生きるよう定められている、というのである。

例としてロジャーズは、彼が少年時代に見た、小さな窓しかない地下室の貯蔵庫に入れられていたジャガイモを引き合いに出す。

少年時代、冬に食用とするジャガイモを入れていた地下室の貯蔵庫をよく思い出します。それは小さい窓から2メートルも地下に置かれていました。そのジャガイモは、それが置かれた条件はまったくよくないのに芽を出そうとするのです。この悲しいきゃしゃな芽は、窓からもれてくる薄日に届こうと、60センチも90センチも伸びるのです。(中略)それらは決して植物にはならないでしょうし、成熟もせず、可能性を開花させることもないでしょう。けれども、逆境にあってそれらの芽は成長しようともがいているのです。(中略)おそろしく歪んでしまった人生を生きているクライアントと面接している時、あるいは、州立病院に戻ってきた患者と面接をしている時、私はよく、あのジャガイモの芽を思い出します。あまりにひどい状況を生きてきたために、これらの人々は異常で、歪められ、人間らしくない人生を展開させてしまったひどい状況にいます。けれども、その基本的な志向性は信頼することができるのです。彼らの行動を理解する手がかりは、もちろん自分に可能なやり方に限られてはいますが、成長と生成に向かってもがいているということです。健康な人間には奇妙で無駄と思えるかもしれないけれども、その行為は、生命が自己を実現しようとする必死の試みなのです。この潜在的な建設的傾向がパーソンセンタード・アプローチの基本なのです。(Rogers, 1980)。

晩年のロジャーズと親しかった故・畠瀬稔氏は、来日時のロジャーズから、たとえば会場から会場への移動のタクシーの中で、このジャガイモの話を、耳にタコができるほど聞かされた、という。ロジャーズにとってそれほど印象深いエピソードなのである。

ロジャーズは、人間とジャガイモとを共通のまなざしでとらえる。等しく「いのちの働き＝実現傾向」を分け与えられた存在として。そこにあるのは、「いのちのプロセス＝生命の基本的な傾向」そのものへの徹底的な信頼なのである。

宇宙そのものの形成的傾向

晩年のロジャーズは、さらに「より広い視点から見た形成的傾向」として宇宙そのものについて語る。「この宇宙には、ある形成的傾向(a formative tendency)が働いていて、しかもそれはこの世界のあらゆるレベルで観察できる」という考えをより根本的な仮説として提示するのである。つまり、自らを維持し実現し強化する方向に向かっていく実現傾向は、「生命システムの傾向であるばかりでなく、私たちの宇宙に存在する強力な形成的傾向の一部であり、それはあらゆるレベルで顕現している」と考えるようになったのである。(Rogers, 1980)

後期ロジャーズでは、この「宇宙全体の形成的傾向」という考えは、「有機的生命の実現傾向」という考えと並ぶ二つの主要命題として位置づけられている。

> 私の仮説ではこの宇宙には、ある形成的な傾向が存在しています。そのことは、星に満ちた宇宙空間、水晶、微生物、より高等な生物、そして人類において確認し観察することができます。つまりこの宇宙には、さらなる秩序へ、さらなる複雑さへ、そしてさらなるつながりへと向かって、進化していく傾向が備わっているのです。人類においてこの傾向は、単細胞から始まって複雑な生命機能へ、意識下の認識と感知へ、有機体と外的世界についての意識的な覚醒へ、そして人間を含むこの宇宙の体系は調和に満ち統一されているということへの超越的な覚醒(transcendent awareness)へと向かっていく個人の変化のうちに示されています。(Rogers, 1980)

この宇宙には、絶えず進化へ向かっていくある傾向が存在している。生命体に「実現傾向」が備わっているのも、それが宇宙の自己進化過程の一部であるからだと言うのである。

さらにロジャーズは、「宇宙全体における形成的傾向」において人間の「意識」の発達が持つ意味についても論じている。ロジャーズによれば、人類という種の進化発達における最も重要な出来事は、意識的な注意の能力の発達にある。そして意識的注意の集中の能力を、「意識が関与しない生命体の機能という巨大なピラミッドの頂点に位置する覚醒や象徴化能力という小さな頂点」として位置づけている。

同じ著作においてロジャーズは、「宇宙の形成的傾向」を論じた節に続けて「変性意識状態(altered state of consciousness)」という節を設け、トランスパーソナル心理学において著名なグロフとリリーの研究をとりあげ、「これらの研究が明らかにしているのは、変性意識状態にある人は、この宇宙の進化の流れに触れて、その意味をつかむことができるということです」と述べている(なぜかウィルバーの『意識のスペクトル』は引用されていない)。

これまでロジャーズの人間論を見てきたが、いかがだろうか。ロジャーズの人間論が「楽観的」「性善説」「人間に成長の力がある」などといった平板なものではないことがわかっていただけたのではないだろうか。

自分が今の自分のままではいられなくなる不安や恐怖におびえながらも、絶えざる変化の渦の中に、あえて自分を投げ入れる。固定概念に縛られず、その時々に自分が内側の深いところで感じたこと、自分自身でいることを徹底的に大切にする。その瞬間、瞬間を生きる。そのような実存的な、エキサイティングな生き方である。そしてそのすべては、ロジャーズがクライアントの変化過程をともに体験することから生まれたものであった。

その意味でロジャーズの人間論で最も意義深いのは、本章で紹介した「クライアントの変容過程」であろう。ロジャーズが、どんなに興奮し、驚きに満ちたまなざしで、これらの論文を書いたのか、なまなましく伝わってきた。今回改めて読み直し、とてもエキサイティングであった。「クライアントの変容過程」に関する記述を中心としているからこそ、ロジャーズの50代の仕事をまとめた『オン・ビカミング・ア・パーソン』は名著たりえたのであろう。

最後に紹介した「実現傾向」や「宇宙の形成的傾向」は、70代の仕事をまとめた『ア・ウェイ・オブ・ビーイング』で示されたものである。ロジャーズの臨床における発見と驚きからは、少し距離があることは、否めない。

第3章　ロジャーズの生涯
——「自分が自分自身になっていく」一つの例として

本章では、ロジャーズの生涯をたどる。

前章で、ロジャーズの人間論を見てきた。その中心は、カウンセリングの中でクライアントがより自分自身になっていく、その生々しいプロセスであった。

ロジャーズは、このクライアントの変化を、ただただ驚きのまなざしで見つめた。自分は何も方向づけてもいないのに、どのクライアントも、おのずと、同じ方向に向かっていった。ここには、一つの真実がある、とロジャーズは考えた。一人一人のクライアントのプロセスは個別的であるが、どのクライアントも同じ方向に向かっていく、ということには、一つの「普遍的な真実」が顕現している。そう考えて、ロジャーズは、クライアントの変化過程を観察し、リサーチをおこない、仮説を検証して、理論を構築していった。

以下で、ロジャーズの人生をたどっていくが、ロジャーズ自身の人生もまた、彼がカウンセリングをしてきたクライアントたちと同様に、「自分が自分自身になっていく」変化のプロセスという普遍的真実の「一事例」である。そう、実の兄よりも自分の母親のほうが若いという複雑な家族関係の中で育ったフロイトの人生が彼の構築した理論の一事例であり、中年期危機のなかで圧倒的なイメージに襲われたユングの人生も彼の理論の一事例であるのと同じように、である。ジェンドリン哲学の基本原則の一つは、iofi (instance of itself)、つまり、一つの生き抜かれた「個」は、「普遍」が顕現した一つの「具体例」である、という考えである。キルケゴールもこれとほぼ同じことを1846年の『哲学的断片への結びとしての非学問的あとがき』に記しているが、ロジャーズの人生は、まさに、前章で紹介した「人間の自己生成プロセスの一つの具体例 (instance)」である。

後に見るように、ロジャーズが育った家庭は、キリスト教ファンダメンタリズムの厳格なルールと信念システムに縛られたガチガチの家庭であった。デートは疎《おろ》かカード遊びさえ許されない、感情を表に出すのもよしとされない「抑圧家族」であり、そのためロジャーズはその後、「楽しむことが下手」「自分の感情、特に怒りを表現することができない」「他の人との親密な関係をつくるのが不得手」といった、さまざまな硬さやとらわれ、不自由さを抱えて生きざるをえなくなった。そしてその後も、うまくいかない女性のクライアントを抱え込んで中年の危機に苦しんだり、70歳を超えて絶えず家族の問題に苛《さいな》まれ、毎日一瓶のウォッカを空けてアルコール漬けになったり、老いた妻を置き去りにしてセックス・パートナーを求め続ける日々が続いたのである。

このように、その華々しい職業生活とは裏腹に、個人的にはかなり苦渋に満ちていたロジャーズの人生。それは、自分らしくあることを許されずに幼少期を過ごした彼が、まさに血みどろで、「自分自身」を取り戻していく苦しい闘いのプロセスであった。

このようなロジャーズの人生は、自分のとらわれや不自由さに苦しみながらも、より自由に、より自分自身になっていく、という人間の自己生成における「普遍的な真実のプロセス」の「一つの例」（ジェンドリンの言葉を使えば、instance of itself）なのである。一人の人間が自己の真実を生きるならば、それは、人間というものの「普遍性」をある側面から映し出したものになる。したがって、人間についての「一般知」ではなく「普遍知」に至ろうとするならば、多くの人間を平板に調査するよりも、一人の、徹底的に真実を生きた人間の個別のケースを深く探究していくことが近道である。これは、キルケゴール著1846年『あとがき』に記されて以降、現象学や解釈学的なアプローチに引き継がれ現代では質的研究へと展開されている、普遍知に至る一つの理路である。

本章で紹介するロジャーズの人生もそのようなものとして、つまり、前章で紹介した「人がより自分らしくなっていく」プロセスの一つの例としてお読みいただきたい。

なお、ロジャーズの生涯については拙著『カール・ロジャーズ入門』（諸富　1997c）でくわしく紹介したことがある。本章ではこのような意図から、ロジャーズが一人の人間として「自分自身になっていく」プロセスに焦点を当ててよりコンパクトにまとめる。

ロジャーズ家の家系とカールの誕生

カール・ランサム・ロジャーズ（Carl Ransom Rogers）は、１９０２年1月8日、アメリカのイリノイ州シカゴ郊外にあるオークパークという町に生まれた。

ロジャーズの父親も母親も、17世紀に最初に大西洋を渡り、アメリカの発展に目ざましい貢献をして、３００年以上にわたって国家の発展に力を尽くしてきた、そんな家系の出である。

ロジャーズの父ウォルターは、米国北中部のウィスコンシン州ワウワトサに生まれた。ロジャーズ家はもともとイギリスからの移民で、ニューヨーク州グレンフォールズに定住していたが、ロジャーズの祖父で列車の車掌をしていたアレキサンダー・ハミルトン・ロジャーズが南北戦争前にこの土地を捨ててウィスコンシンへたどり着き、そこに落ちついて5人の子どもを育てた。この町には今でもロジャーズ・アベニューという通りがあり、父ウォルターが生まれたローウェル・ダモン・ハウスという家は歴史的な建造物の一つになっている。

ロジャーズの母ジュリア・マーガレット・クシングは、１６３８年にイギリスから大陸に渡ってマサチューセッツ州に定住していたクシング家の出身である。１８７７年にジェイムズ・クシング著『クシング家の系図』という本が出ていることからわかるように、ロジャーズの母の家系も、アメリカという新しい国の発展に名前を残す家系であった。その後クシング家もロジャーズ家同様にウィスコンシン州に移り住み、そこでロジャーズの母ジュリアは生まれた。

ロジャーズは言わば、カウンセリングという新しい分野の「開拓者」であるが、そこには、新しい土地を開拓し、アメリカという新しい国家に貢献してきたロジャーズ家とクシング家の血が脈々と息づいている。ロジャーズと同時代の心理学者たち、マズロー、パールズ、フロムらはいずれもヨーロッパからの移民であるが、ロジャーズは生粋《きっすい》のアメリカ生まれである。

父ウォルターと母ジュリアは幼なじみであった（後述するように、ロジャーズ自身も幼なじみと結婚した）。ロジャーズ家から1ブロック隔てたところにクシング家が住んでいた。同じ町出身で同じ大学に通い、二人とも農家の出で、宗教的背景も同じということで、二人は急速に仲を深めて結婚した。

父ウォルターはエンジニアの分野で活躍した。シカゴ鉄道に勤め、橋やトンネルや鉄道の建設のために走り回り着実に地位を築いた後、ベイツ&ロジャーズ建設を設立した。1902年1月8日、オークパーク、クリントン・アベニューにある、当時借りていた大きな家でロジャーズは生まれた。6人きょうだいの4番目。兄が2人、姉が1人、弟が2人いて、きょうだいの5人が男の子であった。

少年時代のロジャーズ
（Kirschendbaum, H., *On Becoming Carl Rogers* より）

空想癖のある少年時代——「ぼんやり教授」「ムーニーさん」

少年時代のロジャーズは病弱で、やせていて、すぐに泣く、繊細な男の子であった。学校の成績は良かったが、友だちは少なく、家にこもりがちで本ばかり読んでいる。いつもボーッと何かを空想している。そんな子どもだったようだ。おとなしくて、恥ずかしがり屋で、泣き虫だったロジャーズ少年は、きょうだいたちにとって恰好《かっこう》のからかいのターゲットになっていたようである。

父は建築技師で多忙であった、ロジャーズは母の温かい愛に包まれて育った。4歳の頃から母や兄に本を読むことを教えられ『聖書物語　創世記から啓示まで』という子ども向けの聖書をはじめから終わりまで何度も読んだ。

ロジャーズ少年が5歳の時、大きな家に越した。オークパークの外れにあるこの家で、少年期を過ごした。近くにはアーネスト・ヘミングウェイが住んでいた。

小学校入学時のロジャーズは、とても優秀で、入学2日目から2年生のクラスに移された。「飛び級」である。「校長先生のミス・フッドが——とてもやさしい人でした——2年生のクラスに連れていきました。2年生の教科書も、3年生のも、4年生のも読めました。でも校長先生は、2年生のミス・リターのクラスに入れました。この先生は魅力的な若い先生で、私は大好きになりました。すごく良い対応だったと思います。社会性の発達のためにも、勉強にやる気を出すためにも」(Rogers & Russell, 2002)

少年ロジャーズにとっての悲劇はこれだけ勉強ができたにもかかわらず、両親が「勉強なんてどうでもいい」としか思ってくれなかったことである。つまり「ロジャーズ家の中の彼のポジション」は最下位のままだったのだ。

この時同じクラスに、後に結婚するヘレンがいた。二人は小学校の同級生だった。1ブロック隔てただけのところに住んでいた二人は、一緒に通学していた。けれどもロジャーズは、親からまっすぐ家に帰るように言われていた。ニワトリの世話をするためである。子どもの頃のロジャーズの印象をヘレンは「恥ずかしがり屋で、繊細で、社交的でない子。公園で遊んだり、スポーツをしたりするより、本を読んだり空想の世界に浸っているのが好きな子」だったと語っている。

ロジャーズは「自分は孤独な子どもだった」と語っている。友だちをつくる機会がほとんど与えられなかったからである。ロジャーズの成績が良すぎたことも、孤立の一つの要因になった。

ロジャーズは、自分で物語をつくるのが好きで、兄たちを捕まえては、自分がつくった冒険物語を語り聞かせていた。このようなロジャーズの「ストーリーづくり」の資質が、後の理論構築家としての資質に影響しているかもしれない。

両親はロジャーズの読書癖、空想癖に眉をひそめた。いつも空想に耽って、何をするのか忘れてしまう癖があったロジャーズの服には、「今しなさい！」と大きな字で書かれていた。ロジャーズにきょうだいたちは、二つのあだ名をつけた。「ぼんやり教授」と「ムーニーさん（お月さまさん）」である。後者は、当時新聞に連載されていたマンガのキャラクターである。

きょうだいのからかいは、残酷なほどであった。両親が自分より、3つ上の兄ロスを可愛がっているのは明白だった。激しい嫉妬に駆られてますます内に閉じこもっていった。ロジャーズはロジャーズ家の「問題児」であった。中学1年の時には心配した父親が、学校を休ませて仕事の旅に連れ出した。

このような子ども時代の体験の影響からか、ロジャーズはずっと、基本的に「孤独好き」であったようだ。「私は今でも、一人で生活するタイプの人間です。私は友だちは多くないほうです」と言っている。

あまりに厳格な家庭

ロジャーズは、自分の育った家庭のことを、「強い絆《きずな》で結ばれてはいたけれど、あまりに厳格な宗教的・倫理的雰囲気に満ち満ちていた」と語っている（Rogers, 1961）。両親の子どもに対する支配は、少々行きすぎたものであった。一つの「型」にはめこもうとしたのである。それは「巧妙で、愛に満ちた支配」ともいうべきものであったとロジャーズはふり返っている。

ロジャーズ家の信仰の基本姿勢は、「自分たち家族は他の人たちとは違う。神に選ばれた者としてふさわしく振る舞わなくてはならない」というものであった。母親からは、炭酸水を飲むことすら禁じられていた。ダンスも劇場に行くことも、カード遊びも禁じられていた。ロジャーズ家には社交というものが存在しなかった。

自分たち家族は「神に選ばれた者」である、という信念とともに、ロジャーズ家の宗教的雰囲気を形づくったのは、どうあがいても人間は所詮《しょせん》「罪深い存在」である、という考えであった。母親が好んだ聖書の言葉は「われわれはみな汚れた人のようになり、われわれの正しいおこないは、ことごとく汚れた衣のようである」（イザヤ書　64、5。日本聖書協会訳）であった。ロジャーズ家の宗教的雰囲気をよく表している。この言葉は、ロジャーズの胸に長年「突き刺さっていた」と語っている。

ロジャーズ家のコミュニケーションについてロジャーズは言う。「感情は表さない、という雰囲気です。たとえば、父と母の間にしばしば緊張が走りましたが、喧嘩《けんか》するのを見たことがないのです。（中略）なまの感情は表さないのが当たり前、という雰囲気があって、私もなまの感情は出さなくなりました」（Rogers & Russel, 2002）

ロジャーズに一貫して批判的なまなざしを向けるコーエンの『批判的ロジャーズ伝』（Cohen, 1997）はしかし、このようなロジャーズの両親に対する否定的な述懐について、実兄のレスターと実姉のマーガレットは、快く思っていなかったと指摘する。両親の養育は、賢明かつ愛に満ちたものであり、それをこのように否定的に言うロジャーズの論述は公正さを欠いているというのである。自伝には付きものの話であるが、同じ家庭に育っても、きょうだいから常にからかいの対象にされていたロジャーズには、両親の姿も、ほかのきょうだいの目に映るのとは、まったく異なる映り方をしていたのかもしれない。ロジャーズにとって幼少期の家庭での生活が暗黒のものであったことは真実であろう。

勤労の美徳

ロジャーズ家のもう一つの信条。それは「すべては労働によって癒やされる」であった。ロジャーズの仕事は、ニワトリの世話と卵の販売だった。幼なじみのヘレンは「私たちがソフトボールをして遊んでいる時、彼だけはまっすぐ家に帰って、ニワトリの世話をしたり近所で卵を売ったりしていた」と述懐している。

1914年、ロジャーズが12歳の時に、ロジャーズ家は大農園へ引っ越した。農園は、20エーカー（約25万坪）もあり、寝室が8つ、バスルームが5つ、テニスコート付きの大邸宅であった。父ウォルターは、農園を経営したいという夢を抱いていた（86頁で紹介した「地下の貯蔵庫のジャガイモの芽の成長力に驚いた体験」は、この邸宅での出来事である）。

度重なる引っ越しでロジャーズは、友だちとの関係をその都度断ち切られた。入学したオークパーク高校でも成績は良かったが、さらにその後も転校を繰り返し（オークパーク高校からドーナーグローブ高校、そしてナパビル高校へと、高校だけでも3回転校している）、中学・高校を通じて2年以上在籍したことがなく、その上、どの学校も遠距離通学であったため、種々の学校行事にも参加することができず、持続的な友人関係がつくれなかった。ロジャーズはますます孤立した生活を余儀なくされた。親からダンスを禁じられており、クラスメイトたちのパーティにさえ出られなかった。

ロジャーズは高校時代、1回だけデートをしている。2年生の時、ロジャーズは、からかわれて学級委員に選ばれた。学級委員には、女の子同伴でディナーに行かなくてはならないという決まりがあったからである。級友たちにとっては、それが目当てであった。

意を決したロジャーズは、とび色の髪の女の子にデートを申し込んだ。後にロジャーズは「もしあの時断られていたら、僕は何をしでかしていたかわからない」と語っている。ロジャーズ少年が、いかに孤立していたかよくわかるエピソードである。


私は表面的な接触しか持てない社交性のない人間でした。この時代に抱いていた空想は奇妙でしたし、診断を受けていたら統合失調症に親和性があると分類されていたでしょう。幸運なことに、心理学者との接触はありませんでしたが。（Rogers, 1980）

高校生のロジャーズは、農園で激しい労働を課せられた。毎日12頭の牛の乳搾りをしてから学校に行く。そして、夜もまた牛の乳搾り、という毎日だった。

またこの時期ロジャーズは、ある「趣味」を持った。「夜行性の蛾の飼育」である。ロジャーズは妖《あや》しげな蛾の魅力のとりこになり、夜行性の蛾の観察を始めた。「黒い樫《かし》の木の樹皮の裂け目に、サナギから羽化したばかりの2匹の愛らしい蛾がいた。薄い緑色のこの生き物は、実に美しく、小鳥くらいの大きさで、紫色の斑点のついた長いアゲハチョウのような翅《はね》をつけている。どんな人だって、これを見れば興味をそそられるに違いない。私は魅了された。そして私の最初の独立した実験プロジェクトが始まった」

「少年生物学者」ロジャーズの評判は広まった。近所の人も、珍しい昆虫を見つけると彼のところに連絡をくれるほどであった。

この時ロジャーズは、「自然がその神秘をあらわにしていくプロセスを忍耐強く待つ」ということを身をもって体験したはずである。ここに私たちは、後の科学者ロジャーズの萌芽《ほうが》を見て取ることができる。カウンセリングの場で、クライアントがより自由になり、自分自身となっていくプロセスをロジャーズは、驚嘆のまなざしで見つめていた。夜行性の蛾を飼っていた時の少年ロジャーズは、おそらく同じような、驚嘆のまなざしで生命の神秘を目の当たりにして目を輝かせていただろう。この時培われた「生命の神秘を驚きをもって見守る」ことをベースとしたサイエンティストとしての姿勢が、後の心理療法研究の基本的な構えにつながって見えるのである。

大学入学と新たな自由の獲得

ロジャーズはウィスコンシン大学農学部に進んだ。

大学では弁論部に所属したが、これは人前で話をするトレーニングになった。「学生だった時、論客でした。闘争的ではないのですが、論争ではけっこう有能な戦い手で、それを楽しみました」。後の、行動主義心理学者スキナーとの激しい討論の素養はこの時に培われたのかもしれない。

大学1年生の時、25歳のジョージ・ハムプレイ教授がリーダーだったＹＭＣＡの農学部学生の小さなサークル「農業トライアングル」に参加し、そこで大きな影響を受けた。ハムプレイ教授はグループのメンバーに何をするか自分たちで決めさせた。後にロジャーズは、この体験について「促進的なリーダーシップの優れた一例だった」と語っている。

刺激的な大学生活を送る中で、農家になるという決意は揺らぎ始めた。入学後3ケ月経った12月、ロジャーズは日記に「僕はもっと神の近くで生きていきたい。神との対話に多くの時間と労苦とを捧げたいんだ」と書き記している。

旧約聖書の審判的で恐ろしい神の姿に代わって、生気に満ちた人間イエスの姿が彼の心を占めるようになった。

中国への旅――「家族からの自立」の大きな契機

1922年、ロジャーズは、中国・北京で開かれる世界学生キリスト教会議の12人の全米代表の一人に選ばれた。その船旅は、半年以上にわたるもので、ロジャーズの精神的な成長の分岐点となった旅の間ずっと『中国日記』を書き続け、86ページに及ぶ大作となった。

半年に及ぶ旅の間、全米から来ている優秀な学生や学者や宗教上のリーダーたちから、さまざまな考えを聞いた。「キリスト者であるとはどういうことか」深夜まで語りあった。彼らは、自分の考えが唯一のものではないと知っており、決して教条主義的ではなかった。こうした交流の中でロジャーズは「宗教的にも政治的にも急速に自由になった」。イエスの言行録の研究家ヘンリー・シャーマン博士とルナン著『イエスの生涯』について話し合ったことも大きな刺激となった。日記には、次のような一文がある。「僕はただ、『ほんとうのこと』を知りたい。その結果、たとえキリスト教徒でなくなったってかまわないから」

ロジャーズは両親にもそのような内容の手紙を書いた。しかし、両親にとって、ロジャーズが書いた「イエスは人間である」という言葉は、認めがたいもので強い怒りを買った。邪《よこしま》な神学に取りつかれたとしか思えなかった。両親はそれに反対する返事を書いたが、返事が届くまでに長い時間がかかり、その間にロジャーズは新たな考えを推し進めていった。こうしてロジャーズは、中国への旅という特殊な状況において、最小限の苦痛で家族との強い絆を断ち切ることに成功した。結果的にロジャーズは、半年ほど家族から「物理的な距離」をとることで、精神的な自立に大きく進んだことになる。

ロジャーズは言う。「この時から、僕の人生の目標、価値、目的は自分自身のものになったのだ」

しかし中国から帰った直後、ロジャーズは十二指腸潰瘍との診断を受け、5週間の入院と1年間の休学を余儀なくされている。両親との対決と自立が、どれほど苦渋と葛藤《かっとう》に満ちたストレスフルなものであったかがわかる。ロジャーズ家の6人きょうだい中、3人が潰瘍に苦しめられている。ロジャーズは「穏やかだけれど、抑圧的な家庭の雰囲気」のためと説明している。

ヘレンへのプロポーズ、結婚

小学生の時からの遊び友だちヘレンは別人のように美しくなっていた。気取らずに、率直に話をするところにも魅力を感じた。

ヘレンがシカゴ芸術学院に転学したため二人の交際は主に文通によるものになった。そんななか、ロジャーズの中国行きが決まった。ロジャーズは中国行きの直前に、ヘレンにプロポーズをした。ヘレンもロジャーズのことが好きだったが、牧師の妻になることにためらいが残り、返事は留保した。ロジャーズは中国旅行中、以前にも増して熱心に手紙を書き続けた。

新婚時代のロジャーズ夫妻（Kirschendbaum, H., *On Becoming Carl Rogers* より）

帰国後ロジャーズははじめて買った自分の車ですぐにヘレンに会いに行った。「この時、自分は疑いなく、恋に落ちていた」とロジャーズは言う。母親との宗教をめぐる葛藤に苦しんでいたのを支えてくれたのもヘレンだった。
そしてついに、ヘレンがプロポーズを受け入れてくれた。ロジャーズはこの夜の出来事を、「恍惚《こうこつ》とするほど幸せだった」と語り、彼の生涯における「至高体験」の一つに数えている。

その後の2年間で、ロジャーズ169通、ヘレン85通の手紙を交換している。この時交換された手紙はすべて保管されている。実際に結婚するまでは、一度もベッドを共にしたことはなかった。

二人は両親の反対を押し切り、1924年8月28日に結婚した。ロジャーズまだ22歳、ウィスコンシン大学を卒業してわずか2ケ月後のことであった。

神学から心理学へ

結婚後二人は、ニューヨークに住んだ。ユニオン神学校は、最もリベラルなことで知られていた。ロジャーズの両親には「悪霊の宿る嫌悪すべき学校」と映っていた。両親との関係は、ますます悪化したが、精神的な自立は急速に進んでいく。

進学したユニオン神学校は、きわめて自由な校風で、ロジャーズの神学に対する考えはリベラルになっていった。あるレポートには「キリスト教というもの自体、実は存在していない。それは、さまざまな宗教の一つに付けた名前にすぎない」とまで書いている。

ロジャーズは神学校のトレーニングの一環として、バーモント州の小さな教会で牧師としての体験を持ったこともある。教会でのロジャーズの説教は学究肌のもので、ある時は「3つの創造物語」というタイトルで、創世記には二つの創造物語が描かれているのだから、ダーウィンの進化論を3番目のストーリーとして認めてもいいのではないかと話した。

ロジャーズと友人たちは学校当局に、自分たちを信頼して、教師抜きのゼミナールを許可してほしいと申請した。何とこの申請は認められる。その場に、何の関与もしない若い教師が立ち会うという条件が付いただけだった。この「リーダーなし」のゼミナールの体験はロジャーズに多くの気づきをもたらした。参加者の多くが自らの疑問に正面から向き合っていったのである。こうした体験の積み重ねからロジャーズは、ある職業にとどまるために特定の信条を保持し続けなくてはならないのだと考えると、「身の毛のよだつ思い」を抱き始めた。

ロジャーズはついに牧師になることを断念し、コロンビア大学教育学部の正規の学生となり、心理学者の道を歩み始めた。

アドラー、ランクから影響を受ける

1927年、25歳の時、ロジャーズははじめてケースを担当している。コロンビア大学に籍を置いたまま、新設のニューヨーク児童相談研究所のインターンになったのである。

ここで、精神医学との対決、臨床心理学の自立、という、ロジャーズの後のテーマと直結する、ある出来事が起きる。奨学金を申請したところ、「月2500ドルを精神医学専攻者に対して支給しているが、あなたは心理学者だから約半分の1200ドルしか出せない」という返事が来たのである。支給元に猛烈な抗議の手紙を書いたところ、例外的に月2500ドルの奨学金の獲得に成功したという。ロジャーズの「ここ一番」という時の押しの強さ、勝負強さが表れている。この後展開される精神科医との闘いの第一歩がここに始まるのである。

児童相談研究所のオリエンテーションは、数量的研究を重んじる大学とはまったく異なるもので、ロジャーズが「折衷的フロイト派」と呼ぶように、フロイト派を中心にさまざまな立場の入り交じったものであった。ロジャーズはフロイトには敬意を抱いていたが、「フロイト理論は客観性がなく、事実を実証することに関心がない」と感じ、フロイトの後継者に批判的であった。

臨床をされている方であれば、自分の臨床スタイルが、若い頃に学んだ考えに大きな影響を受けていることに気づくことがあるだろう。ロジャーズもまたそうであった。勤務先に研修に訪れた講師から多大な影響を受けている。その一人が、アドラーである。ある時、ロジャーズが勤務していた研究所にアドラーが講師として招かれた。

事例の少年に関する50ページもの資料が用意されていたが、研修会でアドラーは、それをほとんど読まず、重要な箇所のみを読み、自分ならばどうするかを語った。こうしたアドラーの姿勢にロジャーズはインパクトを受けたようだ。

研究所のかなり厳格なフロイト派のアプローチに慣れていたので（中略）私は、アドラー博士の、子どもと親にじかにかかわる、非常に直接的でだまされたと思うほどシンプルなやり方にショックを受けた。私がアドラー博士からどれほど多くのことを学んだかを認識するまでにはしばらく時間がかかった。（ホフマン　2005）

１９３６年、34歳の時にオットー・ランク（Otto Rank）から、３日間の研修を受けその弟子のアレン（Frederick Allen）、タフト（Jessie Taft）らから大きな影響を受けた。晩年、あるインタビューで「あなたの師は誰ですか」と問われた時、ロジャーズは「オットー・ランクと私のクライアントたちです」と答えている（Rogers, 1983b）。

一般には、出産外傷説で知られるオットー・ランクであるが、ランクの心理療法論の要諦は以下のとおりである。

人間には、健康への意志と病への意志の間の葛藤、自己決定と運命の受容との間の葛藤がある。セラピィの目的はエゴに集中するエネルギーのブロックを取り除いて、肯定的な生命力が自由に発動するようにすることである。患者は自らのうちに自己創造の衝動を持っている。患者にとって真のセラピストは自分自身であり、したがって、治療過程の主人公はセラピストではなく、患者自身である。

後のクライアント中心療法の原型がここにある。

一般にはロジャーズが心理療法の分野で使い始めたとされているクライアント（Klient）という言葉もランクがすでに１９３０年代に使っており、１９３２年には「共感（Einfühlung）」という言葉もランク派の鍵概念であったという指摘もある（Kramer, 1995）（末武 2004）。ランクは、「すべての精神分析的アプローチはセラピストを中心に回っている。真のセラピィはクライアントを中心に回らなければならない」と述べている。「クライアント中心」という概念の萌芽がここにある。これらの考えの基本的な着想は、ランクのセミナーを通して34歳頃のロジャーズに取り入れられた可能性が高い。
ロジャーズはアレンとタフトから学び続けた。とりわけ、すべての解釈を放棄したタフトは魅力的に映った。ロジャーズの「臨床の恩師」を一人あげるとすれば、ジェシー・タフトになるだろう。

タフトやアレンのアプローチは「関係療法（relationship therapy）」と呼ばれた。その目標は過去の経験の分析や理解ではなく、治療関係そのものにあった。この点でもロジャーズは影響を受けている。このあたりの影響関係については、ロバート・クレイマー著『関係療法の誕生　カール・ロジャーズとオットー・ランクの出会い』（Robert Kramer, 2019, *The Birth of Relationship Therapy: Carl Rogers meets Otto Rank*）という著書にくわしい。

ロジャーズ自身も、「私は、ランク派の考えに影響を受けて個人のうちに自己指示に向かう可能性があることを理解し始めました。この考えは、前に私が吸収していたデューイやキルパトリックの考えとうまく合致しました。……ここから私の考えの核が育まれました。個人の可能性を信じるようになり、個人の威厳と権利を尊重して自分のやり方を押しつけないようにしたのです。私の考えの核にあるこの二つの側面は、この時以来、変わっていません」と述べている。神学校時代に学んだデューイの教育哲学とランク派の「関係療法」の二つが、クライアント中心療法の直接的な基盤となっている。

また、後に、ロジャーズ派の技法として頻繁に使われるようになる「リフレクション（伝え返し）」も、タフトから学んだものである。「ランク派の指導を受けたソーシャルワーカー

（注：タフトのこと）から、一番有効なのはクライアントの言葉から伝わってくる感情や情緒に耳を傾けることだと学びました。一番よい応答は、その感情をクライアントに伝え返すことだと教えてくれたのは、彼女だと思います」（Rogers & Russell, 2002）とロジャーズは述懐している。

就職と自宅の購入

１９２８年、26歳のロジャーズは、ロチェスター児童虐待防止協会の児童研究部門に職を得た。初就職である。薄給で、出世の見込みもあまりなかったが、自分がこれまで受けてきたトレーニングを最もよく生かすことができる職場のように思えたため、ためらいなくその仕事に就いた。

ロジャーズは、採用の面接を終えたその日に８５００ドルで売りに出されていた物件を気に入り、広い庭付きの小さな家をその場で即断即決で購入している。まことにロジャーズらしい。多くのものごとを「ピンとくる」かどうかで決めている。

児童臨床への没頭とロジャーズ理論の萌芽

ロジャーズは12年ほど児童相談所に勤務した。「ロジャーズのカウンセリングはシカゴ大学の学生相談の中でつくり出されたものであり、大人にしか通用しない」といった批判をする人もいるが、それは誤解である。ロジャーズのカウンセリングの基本スタイルは児童相談所の相談活動でつくられたものである。夜尿症、盗癖、虚言、性的逸脱、動物や幼児の虐待、近親相《そう》姦《かん》、緘黙《かんもく》といったさまざまなケースを担当した。

1929年、27歳の時に、ロチェスター児童虐待防止協会の児童研究部長になっている。当時の同僚であったクックは、「温和な、議論好きの、すてきな方でした。決して性急なことはなさらず、堅実で、何事も考え抜かれる方でした」と語っている。

当時のロジャーズの臨床への姿勢を物語るものとして「里親制度の重視」があげられる。興味深いのは、ロジャーズが「よい里親」の条件としてあげている4つの要因である。①子どもの行動をその性質や経験から自然に生まれたものと見る知的な理解の力があること、②躾《しつけ》や考え方に一貫性があること、③子どもに基本的な愛情と関心を注ぐ力があること、④子どもの能力の向上を喜んであげられること。そして、里親制度のような環境療法を軽視する傾向に対して、大半の子どもは、よい環境が与えられれば、おのずと健康になる力を発揮していくものだと反論を展開している。

「クライアント中心」の発見――「ここでは大人のカウンセリングはやっていないのですか」

相談所に10年ほど勤め、ロジャーズは30代半ばになっていた。その頃、ロジャーズのその後に大きな影響を与える一人のクライアントと出会っている。ある乱暴な少年のことで相談に来ていた母親の事例である。きわめて知的な女性であった。しかし、面接の回数を重ねても、ロジャーズは母親の洞察を深めることができなかった。ロジャーズは解釈を与え続けたが、母親は「いいえ、そんなことはありません」と拒み続けたのである。

12回目の面接の後、ロジャーズは断念して終結を申し出た。母親もそれに同意したが、まさに面接室を出て行こうとしたその時、くるりと振り向いてこう言った。「先生、ここでは大人のためのカウンセリングはおこなっていませんか」

やっていますよ、と言うと、母親は椅子に戻り、夫婦生活への絶望など、自分自身のさまざまな問題を話し始めた。それは、それまで話していた生気のない「ケース・ヒストリー」とはまったく違ったものであった。ほんとうのセラピィがそこから始まった。結果的に夫婦関係は改善され、少年の問題行動も消失した。この母親との関係は少年が大学に入るまで続いた。この体験からロジャーズは、「何が傷ついているか、どこに向かえばいいのか、どの問題が重要なのか、そしてどのような経験が深く隠されているのかを知っているのはクライアント自身であること、したがってセラピストは自分の賢明さを誇示する必要はなく、クライアントが進んでいくプロセスを信頼すべきであることを身をもって知った」。ロジャーズは、この体験について、後のクライアント中心療法の誕生につながる「決定的な学習体験」になった、と語っている。

デビュー作『問題児の治療』の刊行

１９３９年、ロジャーズが37歳の時、処女作『問題児の治療』が刊行された。

ロジャーズはこの本で、「すべてのよい治療的アプローチに共通のもの」は、次のようなセラピストの態度としてまとめることができると指摘した。
①客観性。適度な同情の力や、純粋で受容的な関心を注ぐ態度など。
②個の尊重。独立へ向かう個としての子ども自身に責任を委ねる。
③自己理解。セラピストが自分の情緒的なパターンや限界を理解しておくこと。
④心理学的な知識。人間の行動やその決定要因についての知識。
最初の3つはそれぞれが「共感的理解」「無条件の尊重」「一致」という後のロジャーズの考えの原型となっている。

心理療法における科学的研究の意義についても触れられている。ロジャーズはこの本で、心理療法はまったく個人的な性質のものだからそれに科学を適用するのは無理だとする考えに真っ向から反論する。そこに何らかのプロセスがある以上、記述し分析することは可能なはずだと主張したのである。しかし、セラピィのプロセスが実際に測定される日が来ると考えると、「身の毛のよだつ思いがする」とも記されている。この「身の毛のよだつこと」を後に、ロジャーズ自身が実現することになるとは知らずに。

所長職をめぐる精神科医との対決

1937年、児童研究部門を核にして児童相談センターを設立しようとしたところ、ロジャーズがそこの所長になることにストップがかかった。地域の精神科医たちが、他の地域では、相談センターの所長は精神科医がなるのが慣例になっていると、異議申し立てをしたのである。

このような場面でロジャーズは燃える。決まって頑強さを発揮する。ロジャーズ自身言うように「勝つと決めたら勝つ、やりとげると決めたらやりとげる、そんな頑強な側面」が彼にはある。かつて畠瀬稔氏にロジャーズはこう言った、という。「何しろ僕は、開拓者精神で育てられているからね。ガラガラ蛇に気をつけろ。そして、僕を踏みつけにする人を許せない。それが僕のやり方なんだ」。結果は、ロジャーズの勝ちであった。

大学教員へ

著作を出すことが次のステップにつながるのは、いつの世も同じだ。『問題児の治療』を刊行したことで、オハイオ州立大学から誘いがかかった。臨床の実際を知っていて理論も話せる人だからということであったようだ。相談所の所長に任命されていたこともあり、ロジャーズはなかなか、決意できずにいた。しかし、「何言ってるの。あなた、教えるの好きじゃない。いつか大学に行ければって前から言ってたじゃない」という妻の一言で決心はついたようである。

1939年12月、37歳の時吹雪の中、ロジャーズ家は、オハイオ州コロンバスに向かって出発した。

この時期のロジャーズは活動的だった。多くの講義、1年で18回の講演とワークショップ、7本の論文執筆という具合であった。自ら17人のクライアントと継続的なカウンセリングをおこなった。多くの短期ケースもこなした。

ロジャーズが最も楽しんでいたのが、大学院生のスーパービジョン（カウンセリングの臨床事例についての指導のこと）であった。どの学生にも最低1ケースは持たせた。そのうち2セッションをとりあげて詳細に分析していった。これが「大学のキャンパスでおこなわれた世界ではじめてのスーパービジョン」と考えられている。ロジャーズに特別な考えがあったわけではなく、大学院生がセラピィを学ぶには、実際にやってみて、それを分析したり討議したりすることが必要だと、自然と考え始めただけであった。

カウンセリングの「録音」と「逐語記録」を世界ではじめておこなう

ロジャーズの最大の功績の一つは、カウンセリングや心理療法の公開性を高めたことである。ユングやフロイトの時代までは「密室」の出来事であったカウンセリングや心理療法の実際を、世界ではじめてオープンにしたのである。

その一つは、面接の録音と逐語記録の公開。もう一つは、オープン・カウンセリング（聴衆の前でおこなうカウンセリングのデモンストレーション）の実施である。

ロジャーズは1冊目の著作『問題児の治療』でこう述べていた。「心理療法における子どもとセラピストの会話のすべてを逐語記録にできれば、新しい価値ある貢献となるだろう」。実際、1938年にまだロチェスターで児童相談に取り組んでいた頃、ロジャーズは面接の録音を試みたが失敗している。外の騒音しか入っていなかったのだ。しばらく諦めていたのだが、

1940年に大学院生のバーナード・コブナーがロジャーズの本に書いてあったことを思い出し、協力を申し出たことで事情は変わる。世界ではじめて、カウンセリングの実際の録音と逐語記録化が試みられたのである。当時の録音技術ではそれはたいへんな作業であった。

　仰々しい録音装置の前でカウンセリングをおこない、「フォノグラフ・ディスク」という盤に録音したのである。（中略）たいへんな労力を要した。当時の録音性能では、一つの盤に、最大3分の録音しか可能ではなかったのである。そこでロジャーズは数台の録音機を準備して、1分ずつの時間差で録音をおこなった。そのために、数名の盤載せ係が必要となったり、ディスク（レコード）の溝にほこりが入り込むと聞けなくなるので、数名のレコード拭き係も必要となった。さらに、レコード盤の内容を書き起こすステノグラファーやタイピストなども研究のために雇用された。（池見　1995）

ディスクを3分ごとに交換しなくてはならない2台の録音機を使って、レコード800枚、50時間の面接の録音に成功した。この中から「ハーバート・ブライアンの事例」を選び、『カウンセリングと心理療法』の第Ⅳ部にその8回の面接逐語記録のすべてを掲載した。この症例の提示はカウンセリングや心理療法に関する、ロウ・データ（なまのデータ）に基づくさまざまな実証研究への道を拓《ひら》き、この領域全体に計り知れない利益をもたらした。

後にロジャーズはこのように語っている。

実習課程のトレーニングに、この録音を使ったんです。（中略）私がセラピストになりました。あの逐語記録のコメントも私が書きました。（中略）読み返したら、面白かったし、大したものだと思いました。（中略）あのときも録音と逐語記録、その出版を誇らしく感じました。（Rogers & Russell, 2002）

つまり、大学院生の心理実習の授業の一環として、みずからのカウンセリングを録音し、逐語記録化して、コメントを付したのである。さすが、である。

チャレンジ精神旺盛なロジャーズは、後年、自分のカウンセリングの実際を精神分析の実際と比較したいと思い、精神分析の専門家に協力を求めた。しかし、回答は「実習生のものであれば録音してもかまわない」というものだった。自分のカウンセリングと、精神分析の実際をロウ・データの次元で比較する、というロジャーズの希望は絶たれた。

ロジャーズ、敵陣での決戦に挑む

誰の人生にも、その後の人生の大きな分岐点となる「決戦の日」がある。ロジャーズにとってその日は、１９４０年12月11日であった。

当時のアメリカのカウンセリングの中心は、ミネソタ大学の学生カウンセリングセンター。アメリカ中の大学の学生相談のモデルとなっており、ミネソタ大学出身者でなければカウンセラーにあらず、というほどの圧倒的な勢力を誇っていた。ウイリアムソンが指導するカウンセリングのプログラムは、特に大学の人事厚生課の職員たちの研修として人気を博していた。

ロジャーズは、臨床の師、タフトらから学んだ、感情を伝え返していくスタイルの面接をおこないながら、それがウイリアムソンの考えとは相いれないことに気づいていく。自分の考えはごく当たり前のものであり、何ら新しいものではないように思えたが、学生たちからは「先生の考えは新しい」と言われる。そこで、いつものチャレンジ精神、開拓者精神がむくむくと頭をもたげて、「一つ試してみよう」という気持ちになってきた。

その「試し方」は度肝を抜かれるほど大胆なものであった。ロジャーズは敵の本拠地にあたるミネソタ大学で、「心理療法の新しい考え」というタイトルの過激な内容の講演をあえておこなったのである。その年の9月に学会誌に発表した「セラピストは説得したりアドバイスを与えたりしないほうがいい」と論じた論文（Rogers, 1940）が目にとまって、セラピストの役割についての講演に招かれたのだ。

聴衆の大半はウイリアムソンの弟子や支持者であった。ウイリアムソン自身も聴いていた。にもかかわらず、講演では冒頭から「カウンセリングにおける古くて悪《あ》しき方法」として、ウイリアムソンの弟子であり、ロジャーズの講演の司会をおこなっていたセオドア・サービン（Theodore Sarbin）の事例を真っ向から批判した。サービンの事例には、次のように書かれていた。

私の仕事は、彼に就職準備を思いとどまらせ、その代わりに教養学部の課程を受け入れさせることであった。（中略）私は経営学部の専門科目の一覧から次のものを示した。統計学、財政学、金融・銀行論（中略）そして私は（これらの科目を担当している同僚たちに心のなかで弁解しつつ）、これらが「きわめて理論的で抽象的であり」（中略）一方、教養学部の科目は実際的で面白く、数学や経済学の専門知識を必要としないことなどを彼に話して聞かせた。（中略）彼はついに考え直すことを約束してくれた。

これに対してロジャーズは、「この種のアドバイスは自立した人間にとっては、自分は自分であるという統合性を維持する上で必然的に受け入れられない。また、決定を他人に委ねる傾向を持つ依存的な人に対しては、その依存性を助長してしまう」と真っ向から批判した。講演の中でロジャーズは何と、目の前にいるウイリアムソン自身の面接記録も引用し、それも徹底的に批判した。何と大胆不敵な態度であろうか！（聴衆には誰の面接なのかは明かさなかったがこのケースについて、ウイリアムソンはあくまで個人的にロジャーズと話し合ったことがあった。それをいきなり聴衆の前にさらされたウイリアムソンが激怒したのも無理のない話である。

１９４０年12月11日のことであった。ロジャーズは、後にこの日を、「クライアント中心療法誕生の日」と呼ぶ。ブライアン・ソーンは次のように指摘する。

私には、ロジャーズに、自分が革命的なことをしているという自覚がなかったとは思えません。ロジャーズのその後の活躍は、彼が効果的な戦略のための確かな嗅覚を持った腕のいい政治的動物であったことをはっきりと示しています。ロジャーズは自分が『静かな革命家』と呼ばれることを好んでいました。しかし、１９４０年12月ミネソタ大学へ出かけた時のロジャーズはたしかに、自分のかばんの中に時限爆弾を潜ませていたのです。
（Thorne, 1991）

誰の人生にも、何度か、人生の分かれ道となる「勝負の日」がある。ロジャーズにとって、この日がそれだった。

古いセラピィの方法を批判した後でロジャーズは、ランクやタフト、アレン、そして新フロイト派のカレン・ホルネイの仕事などを引用しながら、「新しい実践」について話した。
「この新しい心理療法の目的は、特定の問題を解決することにあるのではなく、個人の成長を援助することにあります。その結果、その人は、今直面している問題やその後の人生で直面していく問題に、より統合された仕方で対処していくことができるようになるのです。この心理療法は、人間に備わっている成長や健康や適応へと向かっていく衝動をもっと信頼します。第二にこの新しい心理療法は、情緒的な要素、状況の持つ知的な側面よりも感情的な側面を強調します。第三にこの新しい心理療法は、その人の過去よりも現在の状況を強調します。そして最後にこの新しい心理療法は、治療関係そのものを重要な成長体験として強調します」

この講演は、熱狂的な支持、怒りに満ちた批判など実にさまざまな反響を巻き起こした。その反響によってロジャーズははじめて、自分は単に他の人の仕事を要約したのではないのだ、新しいことを言っているのだという確信を得た。あとひと月で38歳になる時点でのことであった。ロジャーズは大器晩成型である。

『カウンセリングと心理療法』での「現代カウンセリングの確立」

自信を得たロジャーズは2冊目の本『カウンセリングと心理療法――治療実践における新しい考え』(Rogers, 1942) をまとめた。この著作は、「現代カウンセリングの基本的な考えのすべてがここでひととおり、示された」といっていい内容になっている。まさに「現代カウンセリングの礎を築いた一冊」である。

ロジャーズは原稿を1冊目の本と同じ出版社に持ち込んだが、いい返事は得られなかった。「どこの大学で教科書として使ってくれるのか」と訊《き》かれたという。ロジャーズが「では、よそに持っていく」と言うと、出版社はしぶしぶその本の刊行を引き受けることにした。初版は、わずか2000部だった。

ロジャーズは、大学院生の一人に自分の原稿を渡して相談した。「この本のためにお金を払ってくれる人がいるだろうか」。「信じられません。この本は僕にとってバイブルみたいなものです」という答えが返ってきた。実際この本は1年以内に1万部売れた。

『カウンセリングと心理療法』の革新的な点の一つは、「クライアント」という言葉を使ったことである。以降、この言葉は急速に広まった。

この当時ロジャーズは、テストをおこない、質問をして診断し、アドバイスを与えるという従来の方法を「カウンセラー中心療法」と呼んだ。しかし結婚の問題や職業選択の問題について、「あなたはこうすればいい」などと言うのは、本来、人間にはできないことだ。またそのような指示的なやり方は、クライアントに不必要な抵抗を生み出し、依存的にもしてしまう。自分で解決する力を奪ってしまう。一方、相手が自分で意思決定できるようにすることは、人間の力の範囲内のことだ。そう考えたロジャーズは「患者」という言葉を、もともとは法律用語で「自発的な依頼者」を意味する「クライアント」という言葉に変えた。その背景には、意思決定するのはクライアント自身であるべきだという考えがある。

また、この本の書名が示すように、ロジャーズは「心理療法」と「カウンセリング」の区別をなくすべきだと考えた。この当時、主に産業や教育の場ではカウンセリングという言葉が用いられ、ヨーロッパ由来の心理療法という言葉は主に精神医療の分野で使われていた。また、病者が受けるのが心理療法で、健常者が受けるのがカウンセリングというイメージが強かった。しかし、病者と健常者はそんなに簡単に区別できるものではない。実際に、職業選択上の問題を主訴として来談したクライアントはしばしば後に、心理的な葛藤を示し始める。「最高度に強力で効果的なカウンセリングは、強力で効果的な心理療法と区別できない」と両者の区別を取り払ったのである。

現代「カウンセリング」の創設

『カウンセリングと心理療法』で示された基本的な考えは、次のようなものである。「カウンセリング関係とは、カウンセラーの側における受容的な温かさと、強制や個人的な圧力を与えないことが、相談者の感情や態度や問題の最大限の表現を可能にするような関係である。その関係は十分に設定され構造化されたものであり（中略）はっきりと設定された枠の中での、安全な感情表現の自由というこの独特な経験において、クライアントは自分の衝動や行動様式について、その肯定的なものも否定的なものも、自由に認知し理解する。それは他の関係においては見られないものである」

時間や空間、行動などの「枠」の中で、クライアントは守られ、だからこそ、安心して自分の感情を自由に表現し、探索していくことができる。現代カウンセリングのこの基本的な輪郭がこの書で示されたのである。

また「心理療法の過程に見られる特徴的な段階」として、以下の12段階が示された。

①個人が援助を求めて来談する。
②面接場面は明確に設定される。
③カウンセラーは問題に関する感情を自由に表現するように促進する。
④カウンセラーは否定的な感情を受容し、理解し、明確化する。
⑤（かすかに、ためらいながらも）成長へと向かう肯定的な衝動が表現される。
⑥カウンセラーは否定的な感情と同様に肯定的な感情の表現も受容し理解する。

⑦クライアントに自己洞察、自己理解、自己受容が生じる。
⑧可能性のある選択や行為の方向が明確化される。
⑨意味のある肯定的な行為が始まる。
⑩より完全で正確な自己洞察と自己理解が発展する。
⑪クライアントの肯定的な行為がますます統合される。
⑫クライアントには援助を求める気持ちが減少し、関係の終結が認識される。

いかがだろうか。これが80年前、１９４０年にロジャーズが示したカウンセリングのプロセスである。私たちが現在、カウンセリングという名のもとにおこなっている「クライアントの深い自己探索の援助」という輪郭が、この著作によって明確に示されている。しかも、各段階の記述には、録音記録によるクライアントの逐語記録が観察事実として詳細に記載されている。

シカゴ大学で全盛期へ

2冊目の本も、大きな反響を呼んだ。優秀な教え子も育ち、当時のロジャーズの教え子には、人間性心理学の理論家アーサー・コームズ（Arthur Combs）、プレイセラピィで著名になるバージニア・アクスライン（Virginia Axline）、「親業《おやぎよう》」（ロジャーズ理論をもとにした、子どもへのかかわりの学習法）で有名なトマス・ゴードン（Thomas Gordon）など錚々《そうそう》たるメンバーがいる。ロジャーズは大学院生に対して自分と対等の人間として敬意を払って接した、学生たちは自信を獲得していった。ロジャーズは学生をよく家に招いていた。長男のデイヴィッド、長女のナタリーはゴードンらとよく卓球をして遊んでいたようだ。

１９４４年の夏にシカゴ大学でおこなった集中講義が好評だったため、シカゴ大学から誘いがかかった。しかも、新しくできるカウンセリングセンターの所長という条件で。妻のヘレンは戦時下にスラム街の多いシカゴに行くことを嫌がったが、しぶしぶ同意する。

シカゴ大学は、学部生よりも大学院生のほうが多い研究大学である。日本に似た大学はないが、首都圏以外にある超一流の研究大学ということであれば、強いて言えば京都大学だろうか。シカゴ大学に移ったことで、ロジャーズの研究者生活はますます充実したものになっていく。なお、自己心理学の創始者ハインツ・コフートも同時期にシカゴ大学に勤務していたが、ロジャーズは「コフートがいることを知らなかったし、高い評価を得つつあることも知りませんでした。精神医学部はカウンセリングセンターと共通語を持たない状況でした」と語っている（Rogers & Russell, 2002）。

カウンセリングセンターは、スタート当初は十分な陣容ではなかった。「私がカウンセリングセンターをスタートしたのは第二次大戦末期で、一、二の例外を除いて、みんな戦場にいました。バージニア・アクスラインは自由な立場にあったので、来てくれました。他にも何人か来てくれました。ほんとうに来てほしい人が揃ったのは2年ほどしてからです」（Rogers & Russell, 2002）

ロジャーズの全盛期は、彼が12年を過ごしたシカゴ大学時代と言われている。この時期にアメリカ心理学会の会長に就任し、多くの賞を受賞している。多くの教え子も育ち、カウンセリングセンターのスタッフとして活躍した。主な教え子として、次のような名前をあげている。ナット・ラスキン、ユージン・ジェンドリン、トマス・ゴードン、ジュリス・シーマン、ディック・ファーソン、ドン・グルモン、オリー・ボーン、ジョン・シュライン、フレッド・ツィムリン、ジャック・バトラー、ジェリー・ヘイ（Rogers & Russell, 2002）。

この時期もロジャーズは「臨床家」であることをやめず、平均して週に15時間以上のカウンセリング面接をおこない続けている。しかしこの時期の最大の功績は、研究とカウンセリングセンターの運営・発展である。シカゴ大学カウンセリングセンターは急速な発展をとげ、地域にとって大切な拠点となったばかりか、世界にその名を馳《は》せていった。

ロジャーズはセンターの「所長」という名称を拒み、「執行部幹事（Executive Secretary）」という名前を選んだ。慣習的なやり方によってではなく、自らの権威を放棄して、ほんとうの意味で民主的な雰囲気をつくるような仕方で運営していった。センターの目的から運営方法までのすべてを職員たちと一緒に決めていった。センターの運営では、しばしば衝突も生じたが、ロジャーズは決してそれを抑え込むようなことはせず、逆に、自分の思っていることを表現するように促した。そのため、センターのスタッフは、ここでは自分の声は無視されないと感じていたし、誰一人として「ロジャーズの下で働いている」という意識を持たなかった。

医学部との対決

そんな中、センターに最大の危機が訪れた。シカゴ大学医学部精神医学科長が「カウンセリングセンターは医師の資格なしに医療行為をしている」と批判して、大学理事会に閉鎖を要求した。センターの仕事は違法行為であり、精神科医との連携を義務づけているアメリカ心理学会の倫理綱要にも反している、と攻撃し、センターの閉鎖を要求してきたのである。

ロジャーズはあらゆる証拠を持ち出して徹底的に抗戦した。米国国防総省が自分をメンタルヘルス分野のトップ5に入ると言ってくれたこと、合衆国精神健康研究所が厳密な審査の結果、何百という機関の中からカウンセリングセンターを研究資金の提供先として選んだこと、心理学者のカウンセリングはすでに精神医学の世界で認められていること、カウンセリングセンターはフォード財団から総額35万ドルの助成金を受ける予定であること、これらの事実と向こうの言い分と、どちらが真実なんだ、と詰め寄ったのである（泉野　2005）。学長の公平な判断もあって、この戦いはロジャーズの勝利に終わった。ロジャーズは2度にわたる精神科との抗争にいずれも勝利を収めたのである。ロジャーズはこの勝利には「2倍の広がりを持つ効果」があった、と語っている。実際、この勝利は、後の心理臨床の地位向上にとって大きな意義を持つものであった。

ロジャーズは決して「物腰の柔らかい男」ではない。むしろ自分の自由が侵されそうな場面になると、誰にもまして「頑強な男」になる。「片隅に追いやられた時には、私は、6人きょうだいの中で揉《も》まれて育った実力に物を言わせて闘いました。私の思慮深いおだやかな面だけを知っている人は、全面戦争の場にいる私の態度や行動を見て驚きます。一言言っておくと、私は、ガラガラ蛇と『俺を踏みつけるな』というモットーで知られている入植時代の旗印のも

とに育てられた人間なのです」（Rogers, 1980）

技法から態度へ

この頃ロジャーズは、「非指示」という言葉を使わなくなり、専ら「クライアント中心」という言葉を使うようになる。ロジャーズの前著『カウンセリングと心理療法』は大きな反響を呼び、「ノンディレ（非指示）のロジャーズ」として名を馳せた。しかしその一方、彼のアプローチは「相手の言葉を繰り返すだけの技法」として誤解されることになった。色々な逸話が残っている。ロジャーズ派のカウンセラーはただ相手の言葉を繰り返すだけだから、クライアントがもし、「私は死んでしまいたい。そして今こうして、窓から飛び下りようとしている」と言っても、ただ、「あなたは死んでしまいたい。そして今、まさに窓から飛び下りようとしているんですね」と繰り返すだけだろう、などと言われたりした。日本では、「トイレはどこですか」とたずねたクライアントに、「あなたはトイレがどこにあるかを知りたいんですね」と応えた、という笑えない話を聞いたことがある。

このような悪意に満ちた誤解に嫌気がさしたロジャーズは、「非指示」という言葉を使うのをやめ、「感情のリフレクション」といった技法の説明もおこなわなくなる。それに代わって「態度」を強調し始めた。そのために、「相手のこころの内側にあるフレーム（内的準拠枠：internal frame of reference）」に立つとか、「共感（empathy）」という言葉を頻繁に使用するようになった。

この姿勢を明確に打ち出すために書かれたのが、『クライアント中心療法（*Client-Centered Therapy*）』（Rogers, 1951）である。

この時期のロジャーズの面接スタイルは、自分を消して、相手の内側の感情の流れに徹底的に添うものだった。シーマン（Seeman）の研究によれば、１９４７年から１９４８年のロジャーズの面接では、実に85％もの応答が「感情のリフレクション」に分類された。

アクティブ・リスニング

「アクティブ・リスニング（積極的傾聴）」という概念をつくったのもロジャーズである。人のこころに耳を傾けていく姿勢を産業界、特に管理職に普及させるために考案した。ロジャーズは、もっと傾聴について伝えたい、という気持ちに駆られて、教え子のファーソンと共編で経営者のための傾聴の本を書いた。

ロジャーズは言う。「私たちはそれをアクティブ・リスニング（積極的傾聴　Active Listening）と名付けました。経営者のために書いたのです。今でもこの論文を欲しいと言ってくれる人がいます。傾聴を自分のものにしようとしているのだと思います」（Rogers & Russell, 2002）

実際、今でも、たとえばAmazonでロジャーズの著書を検索すると、『オン・ビカミング・ア・パーソン』などの代表作とともに、この本が出てくる。今も売れているのだ（カール・ロジャーズ＆リチャード・ファーソン著『アクティブ・リスニング』*Active Listening*）。この本には次のように書かれている。「傾聴は、カウンセリングや、トレーニングや葛藤解決のために用いられるコミュニケーション技法である。聴き手は、自分が聴いたことを話し手にフィードバックする。自分が聴いたことを確かめたり、理解を確かめたりしていくのだ。現在もこの技術は影響力を持ち続けている」

「中年期の危機」

「中年期の危機」——それは、40代から50代にかけて多くの人が体験する。精神的な危機である。これまでの人生がすべて無意味のように感じられ、自分は何の価値もない存在のように思えてくる体験である。「人生の午前」から「人生の午後」への折り返し点とも言われる。

ロジャーズの「中年期の危機」は、彼が全盛期を迎えていた47歳から49歳の時に起こった。きっかけは、前の大学でかかわっていた重症の女性クライアントが、シカゴに引っ越してきたことに始まる。彼女は「もっと、もっと面接を増やして」と執拗《しつよう》に週に3回の面接を要求し、自宅の玄関まで押しかけてきた。彼女が温かくて真実味のある関係を求めているのはわかるけれど、もう自分は、この人とかかわるのは正直うんざりだ。そんな気持ちのままロジャーズは、ある時は温かく、ある時は相手の深い混乱に対してひどく「職業的」になったりと、一貫性を欠いたかかわりを続けていた。クライアントは依存と愛情を伴った強い敵意をロジャーズに向けた。

「その女性はおそらく、統合失調症を発症する寸前の状態にありました。私はもっとそのことを理解しておくべきでした。そうだとすれば、私のやり方はちょっと行きすぎていたのです。彼女は頻繁に来談するようになりました。統合失調症の反応だと思われたことが2度ほどありました。自分がしていることの意味、彼女がしていることの意味、それを十分にわかっていなくて、よくないセラピィになってしまったのです。私は彼女にほんとうにうんざりしていました。なのに、自分にできることをやって必要に応じて面接をしていました。彼女は絶望した人がそうするであろうような反応を示して、私をズタズタに引き裂きました。統合失調症様で、ものすごく敏感な人でした。私という人間のボタンの押し方を完全に知っていました。私は自分が壊れていき、精神病様になっていっているのがわかりました。おそらく、もうなっていたのでしょう」(Rogers & Russell, 2002)

ロジャーズは次第に最悪の状況に追い込まれていく。女性クライアントは「ロジャーズという人間のボタンの押し方」を完全に知っていて、一番傷つくところを責め立ててきた。

それは私の防衛を完全に突き破りました。彼女との接触が治療的意味を失い、自分にとってただ苦痛なものになったあとでも、私は、セラピストとして当然彼女を援助できるはずだし、またそうするべきだと信じていました。彼女の洞察は私のそれよりも健全であることを認めましたが、そのために私は自信を失い、関係の中で私の自己を放棄してしまったのです。

この時の状況は、1匹の猫が私の内臓をかきむしっているけれど、ほんとうはそうしたくないのだという彼女の夢の一つにうまく要約されています。

ロジャーズはどうしたのか。

ともかく、自分ではもうどうにもしようがない状態になってしまったので、センターで一緒に働いていたロウ・チルドレンという若い精神科医をランチに誘って、そこで何が起きているかを伝えました。困り果てていることを伝え、担当を依頼したのです。「今日でいいですか？　彼女は、今日、面接に来るんです」。チルドレン医師は、喜んで引き受けますと言ってくれました。10分もたたずに、幻覚症状などが現れてきました。私はともかくどうしようもなくなって、多分ナット・ラスキンにセラピィをしてもらい、家に戻ると妻に、すぐに遠くに行きたい、と話しました。1時間もしないうちに遠出を始めていました。(Rogers & Russell, 2002)

こうして、ロジャーズは逃亡を決意する。1時間以内に自動車で出発し、2、3ケ月家を留守にし続ける「逃走旅行」に出たのである。妻のヘレンが冷静に元気づけてくれたり、話を聴いてくれたことが助けになった、とロジャーズは言う。しかし、事は収まらなかった。

逃走旅行を終えて、私たちが家に戻った時、私はまだセラピストとしてかなり不十分な状態にあり、人間としても値打ちがないし、心理学者として、あるいはサイコセラピストとして、もうやっていけないのではないかと感じていました。(Rogers, 1967b)

すごい混乱ぶりがよく伝わってくる。すっかり自信を喪失してしまい、自分は人間として値打ちがないばかりか、心理学者やサイコセラピストとしてもうやっていけないのではないか、と廃業寸前まで追い込まれてしまった。

私のした仕事を好きな人はいても、私自身を好きになってくれる人は誰もいなかった。私は愛するに値しない人間で、実は劣っているのに前面に立たされていた。(Kirschenbaum, 1979)

自分の感情を出すことを許されず、「労働がすべてを癒やす」という信念のもと、厳しい農作業をおこない続けながら育ったロジャーズ。車が脱輪して動かなくなった時にも、「誰の助けも借りずに」一人で車を持ち上げて、腰を痛めてしまった、というエピソードも残されている。ロジャーズが「治療的な意味をすでに失っている」と感じていながらも、なおも「担当ケースなのだから何とかすべきだ」と感情を抑え込んで面接を続けたのには、こうした生い立ちも影響しているのかもしれない。

ではロジャーズはいかにしてこの危機から立ち直ることができたのか。

スタッフの一人、オリー・ボーンがある日声をかけてくれました。「問題を抱えておられるように見えます。私は喜んでお話ししたいと思っています。そのことをお伝えしたくて。私はちっともかまいませんよ」。そこで彼にセラピィをしてもらいました。とても有益で、助けになりました。私の一番深い問題点は、自分を好きになれないこと、自分を愛せないことであるということがわかりました。その頃からそれは変わっていきました。そしてその変化が、人生のいろいろなことを変えてくれました。内面の変化です。他の人も気づいてくれたと思います。(Rogers & Russell, 2002)

自分の育てたスタッフの一人からセラピィを受け、少しずつ立ち直ることができたのである。ロジャーズとスタッフとの間にはふだんから一般的な上司と部下の関係とは異った、人間同士のつながりが構築されていた。だからこうしたことも可能だったのだろう。

ロジャーズは、この変化を通して、人に愛を与えることばかりでなく、人から愛をもらうことも、以前より恐れなくなったと言う。自分の弱さを自分のものと認め、受け入れることができるようになっていったのである。

ところで、危機から立ち直った後、この最悪の時期に自分はどんなカウンセリングをしていたのか、気になって、面接の録画をあとで見直してみた、という。おそらくひどい面接をしていただろうと思って、それを確認したくなったのだ。

しかし、確認してみると、それほど悪くない面接をしていたという。「多くの人にもこういうことがあると思います。内面的には混乱していても、自分が思っている以上に外面的には、うまく機能しているということが」（Rogers & Russell, 2002）

「一致」の強調

危機から2年後、ロジャーズは次のように語っている。「この一年、私のセラピィは、かつてなくよいものになってきたように思えます。2年前、私自身が受けたセラピィによって、私のカウンセリングも変わってきたようです」。危機によってロジャーズの「内面」に変化が生まれ、それがターニング・ポイントとなって、彼の人生の多くのことを変えていく。

それはまず、面接スタイルの変化として現れた。「一致」を強調し始めたのである。「一致」というのは、カウンセラーがクライアントとの関係の中で自分の内面の動きに気づいていること。「リアルであること」と表現されることもある。たとえば、先の女性クライアントに対してであれば、「そんなふうに、もっと、もっと、と求められると、私はうんざりしてしまうんです」と伝えるのも「一致」の具体例である。

このように、感情をオープンに語ることができるようになったことが、後のエンカウンター・グループの実践、さらには、パーソンセンタード・アプローチと呼ばれる大規模グループによる世界各地での紛争解決の問題への取り組みにもつながっていく。

著作のスタイルも変わった。「筆者は」というスタイルから「私は」と語る一人称スタイルに変えたのである。それが主著『オン・ビカミング・ア・パーソン』の執筆につながっていく。

もし、40代後半の危機がなければ、ロジャーズの人生後半で展開された、これらすべてではな

かったかもしれない。

リサーチャーとして評価され、第１回特別科学貢献賞を受賞

その後、ロジャーズは華々しい活躍を見せる。ダイモンドとの共編で１９５４年に出版した『心理療法と人格変化』（Rogers & Dymond, 1954）で公表した一連の心理療法過程の研究が評価され、１９５６年、ロジャーズはアメリカ心理学会から第１回特別科学貢献賞（Scientific Contribution Award）を授与された。「自己概念」に焦点を当てたこの研究は、ロックフェラー財団から17万２０００ドルもの資金を得ておこなわれた。大規模な研究であった。これまでロジャーズに冷淡な反応を示していた心理学の諸学会も、はじめて好意的な反応を示した。この年の『エンサイクロペディア・ブリタニカ』にはこう記されている。「ロジャーズらのこうしたはじめての試みは、臨床心理学の分野における画期的な出来事である」

20年後に「この賞を受賞し表彰された時ほど、強く感動したことはない」と述懐している。ロジャーズは、１９４６年から１９５７年にかけてアメリカ心理学会で９回発表している。しかも、そのうちの１回では同時に３本の発表をおこなっている。

スキナーとの論争

ロジャーズの終生のライバルの一人が、行動主義のB・F・スキナーである。

はじめての対決は1956年9月、アメリカ心理学会大会のシンポジウムでおこなわれた。テーマは「行動のコントロールに関する諸問題」であった。議論は白熱した。人間性心理学と行動主義心理学の背景にある哲学の相違が明確になった。ロジャーズは大学時代、弁論部に所属していた。ロジャーズは、自分とスキナーは、哲学的な見解は真逆であるけれども、「似ているところ」がある、という。「二人とも論理的にギリギリまで突き進めていくところがあり、とても正直であった」。人間としては好印象を抱いていた。

論争の記録は『サイエンス』誌に掲載され、かなり多くの波紋を呼んだ。対談記録を収めた本『人間の行動の統制に関するいくつかの問題』は、心理学の世界で最も版を重ねた書籍の一つであろう。

二人の議論は、回を重ねても陳腐化せず、白熱し続けた。まさに、手の合う相手との名勝負である。

1962年にはミネソタ大学で、2日間・延べ9時間にわたって、500人以上の聴衆の前で白熱した討論をおこなった。討論の最中、ロジャーズはスキナーに語りかけた。

　私は90％は同意しています。あなたが人について語ることすべての90％にです。あなたが人について外側から語っていてもです。しかし、見逃せないのです。あなたが人を内側

から理解しようとしないことをです。（チューダー・メリー　2008）

9時間にわたるこの対談はすべて録音されており、最初それを公刊する約束になっていたにもかかわらず、スキナーがその約束を裏切って公刊を拒否したと言われている。

何年も後に、そのことを書いた論文と手紙を送ったら、公開してもいいという返事が返ってきた。しかしもう新鮮さは失われていた（Rogers & Russell, 2002）。

代表的な論文「治療的人格変化の必要十分条件」の刊行

ロジャーズの数ある論文の中でも最も有名な論文「治療的人格変化の必要十分条件」（Rogers, 1957a）が刊行された。カウンセラーが「無条件の積極的関心」「共感的理解」「一致」という3つの特質を満たした態度でクライアントにかかわっていくならば治療的人格変化は起きる。それ以外のもの、たとえば学歴、資格、知識、技術といったものは必ずしも必要ない、という大胆な理論である。そのインパクトは絶大であり、大きな反響を呼んだ。

「治療的人格変化の必要十分条件」の元論文は1956年に学内紀要で発表されており、またより包括的な1959年の論文「クライアント中心療法の枠組みにおいて発展したセラピィ、パーソナリティ及び対人関係の理論」の元論文も1955年に学内紀要にまず掲載されている。50代半ばのこの頃がみずからの理論の公式化に最も熱心であった時期であると言えるだろう。

「自己概念の変化」研究から、「変化の瞬間」研究へのシフト

ロジャーズが最も学問的に活躍していたこの時代、ロジャーズを慕って多くの優秀な教え子が集まった。共同研究も増えていき、ロジャーズ個人としてのみならず、「チーム・ロジャーズ」としての実績も華々しいものとなっていった。チームの重要な一人がジェンドリンであり、彼が提示した experiencing 概念はその後のロジャーズ理論の展開にも大きな影響を与えることになる。

また1955年に、カートライトがロジャーズの「必要十分条件」説を真っ向から否定したデータを修士論文として提出したことから、この年を分岐点として、チームの研究の流れにも変化が生じる（第6章「1955年のロジャーズとジェンドリン」参照）。

こうした中で、ロジャーズの研究や論文の着眼点も変わり、自己概念の変化に焦点を当てた旧モデル（「自己理論モデル」）から、今、まさにクライアントが変化しつつある、変化の瞬間に焦点を当てた新モデル（「体験様式モデル」）へと、ロジャーズ理論もモデル・チェンジしていく。1956年に書かれた「変化の瞬間——セラピィの本質」という学会発表用の小論には、モデル・チェンジしつつある最中のロジャーズの関心が鮮やかに描き出されている。それは「クライアントが変化するまさにこの瞬間に何が起こっているか」をテーマに書かれたものである。また1951年『クライアント中心療法』ですでに使われていた「五感と内臓感覚での体験」といった、身体感覚に着眼した記述が増えていく。本書第2章は、この時期のロジャーズの論考に特に焦点を当てたものである。

『オン・ビカミング・ア・パーソン』の大ヒット、一躍スターに

「クライアントの変化過程」「人間が変化する、自分自身になっていくプロセス」を研究テーマとしていたロジャーズは、これらの論文をこの一冊の本としてまとめた（なぜこの本に「必要十分条件」論文（Rogers, 1957a）を入れていないのか、自分でもよくわからない、とロジャーズは言う）（Rogers & Russell, 2002）。

１９６０年に妻のヘレンがエステスパークに山小屋を借りてくれて、３週間そこそこで一気に一冊の本にまとめあげた。当時、キルケゴールの著作を読んでいたこともあり、「自分にとって真実であるならば、他の人にとってそうでなくてもかまわない」というスタンスで書きあげることができたという（ロジャーズはこれを「キルケゴール・スタイル」と呼ぶ）。

最初はタイトルを「心理療法に対するセラピストの考え」にしようと思っていたが、出版社の意向で一つの章のタイトル（「オン・ビカミング・ア・パーソン」）にしていたものを、この本全体のタイトルにしてはどうか、と提案された（そもそも出版社は最初、「一体どんな人がこの本を読むんだ」と乗り気ではなかった）。結果的に学術的な面と、パーソナルな面の両方をうまく取り入れた本になった。発売後直ちに、読者から多くの反響が寄せられた。教育者が、セラピストが、哲学者が、芸術家が、科学者が、そして無数の一般の人々がこの本に注目し支持した。読者からの手紙の典型的な内容は、次のようなものであった。

こんにちは、カール。あなたのことをロジャーズ博士なんて呼びたくありません。まだお会いしたことがないのに、とても身近に感じるんです。本を読みながら私は時折、あなたが私の側にいてくれて、私が人生の現実に直面し、一人の大人として成長していくのを助けてくれているような気持ちになりました。

当時、アメリカ西海岸を中心に、学生運動、女性解放運動をはじめとした運動が起こり、人々の意識も大きく変化し始めていた。この本は発売後直ちに大きな反響を呼んで、ロジャーズは一躍、カウンター・カルチャーの英雄となった。

出版業界にも大きな変革が起こりつつあった。ペーパーバックの普及である。以前の4分の1ほどの値段で一般の人が手軽に本を読めるようになっていった。ペーパーバック版に乗り気でなかった出版社にロジャーズは、何度も怒りに満ちた手紙を送った。「ペーパーバック版にすると、以前の3倍もさばかなくてはならなくなるんだぞ」という出版社にロジャーズは、「もし3倍売れなかったら、私が差額を保証するから出してくれ」と迫った。結果的にこの本のペーパーバック版は数年のうちに60万部を突破した。専門家だけではなく、多くの一般の人々にも読まれたのである。この本でロジャーズは、スーパースターとしての地位を不動のものにした。

ロジャーズはこの本への思いを次のように語っている。「恥ずかしがり屋なので自分のことを書いたメッセージを瓶に入れて海に投げ込んだ。そうしたら、あちこちの海岸に流れ着いて驚いた。そんな感じがしています」

ロジャーズは、『オン・ビカミング・ア・パーソン』の初版を、ワークショップのために来日していた時に、日本ではじめて手に取った、という。出版社にアメリカから送ってもらったのである。筆者はこの本の初版本を１９９８年にポートランドの古書店でたまたま見つけていた。宝物である。

ウィスコンシンでの野望と挫折

ロジャーズに、ウィスコンシン大学から誘いがかかった。バージル・ヘリックが考えられないほどしつこく誘ってきた（Rogers & Russell, 2002）。どうしてもロジャーズに来てほしかったようで、「どんな条件だったらいいか」を提示するようにロジャーズに求めてきた。ロジャーズは、「普通は無理だとわかっている条件」を提示してみた。その条件とは、①精神医学、心理学、両方の学部に籍を置くこと、②心理学者と精神医学者を一緒に訓練すること、③精神病者や健常者など、自分がこれまであまり取り組んでいなかったタイプの人とのセラピィとリサーチの時間を確保すること――の3つであった。しかし何と、この条件が通ってしまった。移籍しないわけにはいかなくなったのだ。

移籍にあたってロジャーズは最初、シカゴ大学から誰も連れていくつもりはなかった。一人でやっていけると思っていたからだが、着任してみると、どんなに理解者が必要であるか、身に染みてわかった。ジェンドリン、フィリッパ・マッシュー、ジョー・ハートなどにシカゴから来てもらった（Rogers & Russell, 2002）。

なぜロジャーズは、幸福な全盛期にあったシカゴ大学から移籍したのか。決め手になったのは、「シカゴという汚い街から脱出したい」という妻ヘレンの希望だったという（Rogers, N., 1997）。しかし筆者は、最大の決め手はやはり、ロジャーズ自身の野心であったと思う。精神医学にも影響を及ぼしたいという野心が、彼を動かしたのだと思う。

しかし、この夢は結局挫折に終わる。ウィスコンシン大学時代はロジャーズの職業生活の中で最も苦痛に満ちた時期となった。心理学と精神医学を融合させるという夢は実現されなかった。心理学部では同僚たちから孤立していた。大学院生たちはおとなしく飼い馴《な》らされ、単位を落とす恐怖におびえていた。改革しようとしてもなしえず、ロジャーズは１９６３年4月、心理学部をやめ、精神医学研究所でのみ活動を続けることになる。あまりの惨状を仲間に知らせようと、ロジャーズは『アメリカン・サイコロジスト』誌に論文を投稿した。掲載は拒否された。それでもロジャーズは、50セント支払えば論文のコピーを送る旨を掲載するように、との手紙を編集者に送った。

ウィスコンシン大学精神医学研究所でロジャーズは大規模なリサーチに取り組んだ。自分のアプローチが統合失調症に通用するかどうかを確かめる挑戦に出たのである。この研究は50万ドルの予算を使い、２００名以上の研究者が参加した大規模なものであった。

メンドタ州立病院から慢性統合失調症患者、急性統合失調症患者各16人、地域からボランティア16人を選んだ。どちらのグループの人も、自発的に来談する通常のクライアントとは違う難しさがあった。地域のボランティアの人は悩みがなく、カウンセリングに来る必要を感じておらず、ただの雑談に終始しがちだった。統合失調症患者とは、治療関係を持つこと自体が難しかった。話をすることすら嫌がった。第5章で紹介する「沈黙する青年」ジム・ブラウンのような人が主たる対象ではなかった。

これらの人々とのかかわりの中で、ロジャーズらはより積極的にかかわることを学んだ。相手に関心を抱いていることを伝えるために、自分の感情を積極的に表現していった。「もし私が何か役に立てるのであれば、ここにいたいのです」「あなたは沈黙することで、出ていきたくないと思っているんですね。それでかまいません。ただ、私がここにいることを知ってほしいんです」といったような仕方でかかわっていったのだ。

臨床実践の面でロジャーズたちが学んだことは少なくなかった。しかし肝心の大規模リサーチの結果は、パッとしなかった。治療群と統制群の間には有意差は見出《みいだ》せなかった。セラピストの共感性が高いとクライアントの変化が促進されるというロジャーズの基本仮説は支持されたが、病院での投薬治療や入院治療に加えて心理療法をおこなってもあまり大きな違いは見出せなかった。

研究の失敗について「がむしゃらに研究を進めようとしすぎて、いくつか大きな誤りを犯したと思います」とロジャーズは言い、次の点をあげている。一つ目は、良好な信頼関係に基づいたチームづくりに十分な時間をかけなかったこと。二つ目は、あまりにも完璧を目指しすぎて、膨大な研究になってしまったこと。三つ目は、それまで病院で統合失調症患者のセラピィをした経験がなかったにもかかわらず、研究資金をすでにもらっているためにすぐに研究に着手しないわけにはいかなかったこと。「1、2年は、研究せずに病院の仕事に専念して、その後で研究を始めればよかった、と今になって思います」(Rogers & Russell, 2002)

また、このプロジェクトの間、2分間の面接のサンプルをつくり、外部の人にコメントを加えてもらう、という新たな試みもおこなっている。その中には、ロロ・メイら著名人もいた。コメントはいずれも厳しいものばかりであった。「一人の人間として十分にかかわっていない」とか、「怒りの感情を効果的に表現できていない」といったように。しかし意味のあるチャレンジだった、とロジャーズは考えている。

そうした中でも、キースラーやトゥルアックスによる「一致」「共感」「無条件の積極的関心」を測定するスケール、ジェンドリンによる体験過程を測定するスケールの開発など、研究面での成果も多くなされた。特にジェンドリンは、ロジャーズの「心理療法の過程研究」の進展にも大きな影響を与え、ロジャーズはその成果を1957年の特別科学貢献賞受賞記念講演で披露している(本書第2章・第6章参照)。

この研究プロジェクトが痛ましい思い出となった理由はいくつかあるが、その最大のものは、人間関係で悲惨なトラブルが続発したことである。ロジャーズは、十分な時間を取って、この研究グループを見守ることができなかった。1961年の日本でのワークショップをはじめ、ロジャーズは講演旅行などで大学を留守にしがちであった。

また、さまざまな家族内のトラブルに巻き込まれていた。義理の妹ルースや長男の妻コーキーが共に精神的に錯乱し、それに振り回された。特にコーキーはひどいうつ状態で、ロジャーズは電話で彼女の話を聞かされ続けた。ロジャーズ自身も高血圧で苦しんだ。研究プロジェクトに集中できる精神状態ではなかったのだ。

悲劇は、そんな時に起こるものである。ロジャーズは振り返る。

（ウィスコンシン大学での研究成果を出版するまでに）何年もかかってしまった原因は、トゥルアックス、ジェンドリン、私、キースラーの言い争いです。ほんとうに悲劇的と言えるほど大きくなったのですが、手短かに話しておきたいと思います。チャーリー・トゥルアックスは聡明《そうめい》な人物で、それまでに会ったことがないくらい有能な研究者でした。切れ者でした。しかし不幸なことに、内面的な理由で、自分が出した以上の成果を彼は求めました。そして倫理的に疑念が抱かれるようなことをやってしまったのです。彼を研究から外そうと思ったほどです。私がカリフォルニアにいて、そこに彼が来たので話し合いをしました。彼は、私が話しているようなことはしていない、と言いました。研究を続けたいと懇談しました。彼を外すことはできませんでした。しかし、最終的に私たちは、彼の研究を全部やり直さなくてはならなくなりました。その時、私の中で真剣な問いが生まれました。トゥルアックスが正しくて、私が間違っているのか。しかし、その後も彼の状態は悪くなるばかりで、ついに自殺してしまったのです。

私は、チャーリーをほんとうに知ったと感じたことが一度だけ、あります。ウィスコンシン大学の入学試験の時――それがおそろしくて――死ぬほどおそろしくて、私を訪ねてきたことがあるのです。あれがほんとうの彼だったのだと思います。――恐怖を抱えているのに、それを外面で隠していたのです。彼がありのままの自分を受容していたならば……彼には、能力があったし、人生に立ち向かう力があったし、それなのに、固い固い殻をつくり続けていたのです。ほんとうに悲劇です。(Rogers & Russell, 2002)

いったい、何が起きたのか。ロジャーズは1962年の夏から翌年の春にかけて大学を留守にした。この間に、トゥルアックスの行動に疑惑がかかった。トゥルアックスが自分の目的のためにプロジェクトを転覆させようとしているというのである。トゥルアックスが自分の研究データを他の人に見せるのを拒んで研究の推進を妨げたばかりか、自分一人の名前でリサーチの成果全部を出版しようとしていたのである。自分が研究で重要な役割を果たしたことを記さなければデータは返さないと脅迫した末についにデータは返さなかった。そのため、かなりの部分、やり直しせざるをえなくなった。

ロジャーズの対応は遅かった。トゥルアックスは大学内の反ロジャーズ派勢力と結託し、自分を外すなら訴訟を起こすと訴えた。大きな騒動になるのを嫌ったロジャーズは、トゥルアックスの残留を許してしまう。しかしこれが最大の過ちだった、と後に考えることになる。

研究成果をまとめた本の編者を誰にするかが問題になった。ジェンドリンやキースラーが当然トゥルアックスを外すべきだと考えたのに対し、ロジャーズは以前に交わした覚書を気にして異を唱え続けた。その結果、ジェンドリンからは弁護士を立てられ、キースラーからは絶縁状に近い手紙を送りつけられた。

結局、4人が編者となった。著作『治療的関係とそのインパクト―統合失調症患者との心理療法の研究』は、1967年にようやく刊行された。ロジャーズは1958年あたりから学会などでこの研究についてすでに話をしていたが、ほぼ忘れられてしまった。序文には、トゥルアックスのデータが紛失して、その部分は掲載されていないと記されている。

筆者が残念でならないのは、この一件で、「チーム・ロジャーズ」が粉々に砕かれてしまったことである。ロジャーズの仕事の最大の理解者であるジェンドリンとの間にも、亀裂が入ってしまった。ロジャーズの口述の伝記の「序文」の中でジェンドリンは、ロジャーズの仕事の本質的な意義を解き明かした上で、「最後にどうしてもこれだけは言いたい」と言わんばかりに、たった一段落だけ、批判を加えている。

ロジャーズにも批判すべき点は、わずかだが、あった。ロジャーズが怒りを表現しないので、そのため結局、彼の周囲にいる人が怒りを表現しないわけにはいかなくなり、お互いに言い争うことになる。そう言う人もいた。そうした争い事が起きた時、ロジャーズは役割を果たすよりも、身を引きがちだった。統制しない方針でい続けたのである。ロジャーズだけが決断を下せることが明らかな場合でも、ロジャーズは決断することを拒んだ。そのために、ロジャーズの周りにいる人は、お互いに言い争いをせざるをえなくなった。ロジャーズの態度が実際にそうさせたのだ。ロジャーズには、多くの貢献があり、斬新さがあり、誠実さと勇気がある。ここに述べたのは、それに付け加えるべき、ほんのわずかな批判すべき点である。

自分の恩師の口述の伝記の「序文」にこのような批判を記すことは普通はしない。やはり、どうしても許せない心のしこりが、ジェンドリンにはあったのだろう。かえすがえすも残念なのは、もしもこの痛ましい出来事がなかったならば、もしもジェンドリンの言うようにロジャーズがもっと決断力を発揮して事態を収めてくれていたなら……ロジャーズとジェンドリンは、終生にわたって、もっと親密な関係を維持することができたのではないだろうか、ということである。

ロジャーズは著書でジェンドリンにつねに謝辞を述べ続けている。ジェンドリンも著書でロジャーズに謝辞を述べている。決して、お互いに批判はしない。しかし、どこか距離がある。この出来事以来、ロジャーズとジェンドリンががっちりスクラムを組んで、何か大きな課題に取り組む、ということは、なされていない。

もしもこの出来事さえなければ、あるいは、もしもロジャーズが決断力を発揮して事態を早期に収めてくれていれば、ロジャーズとジェンドリンは、この世界のためにもっと大きな何かを共同でおこなうことができたかもしれないのである。

アカデミズムに別れを告げ、エンカウンター・グループ運動へ

このあまりに痛ましい出来事をきっかけに、ロジャーズは大学を辞している。1963年、61歳の時のことである。ロジャーズは辞意を伝える際、緊張して教授会で発言できなくなり、録音テープを使って聞いてもらっている（村山・田畑 1998）。研究の失敗が辞職の主たる原因であった（Cohen, 1997）（金原 2013）。

ロジャーズはそれ以降、ベーシック・エンカウンター・グループの活動に没頭し始める。活動の拠点は西部行動科学研究所（Western Behavioral Sciences Institute）である。かつての教え子のファーソンに誘われてのことである。

その後、世界をまたにかけてエンカウンター・グループをおこなうが、海外の最初のワークショップは1961年に日本でおこなったものであった。来日中、最初は上機嫌だったロジャーズだったが、あまりの多忙なスケジュールに次第にうんざりさせられたようである。禅の久松真一との対談もあまり実りあるものにはならなかった。

1962年にアメリカ人間性心理学会を創設した。マズロー、ロロ・メイと並んでロジャーズは、この学会の「建国の父」と呼ばれている

エンカウンター・グループ運動の「グランドマスター」としてロジャーズは世界中で大活躍した。ではロジャーズはなぜ、エンカウンター・グループに惹《ひ》かれたのか。最も大きな理由は、「もっと親密になりたい、人とふれあいたい」というロジャーズ自身の欲求にあったようである。「感情を出してはならない」という雰囲気の家庭で育ち、少年時代、家族以外の同世代と

のつきあいをほぼ完全に断たれて育ったロジャーズには、「もっと親密になりたい、ふれあいたい」という欲求がつねに潜在していた。アカデミズムから自由になった今、「ほんとうにやりたいことをしたい」という気持ちが高まったのだろう。ましてや、あのような悲惨な大学の辞め方をしていれば、心機一転を図りたくなるのも当然である。カリフォルニア州ラホヤの美しい海を一望できる邸宅に移り住んでの、文字どおりの「再スタート」であった。

ロジャーズは、個人カウンセリングの場では中年期の危機を脱した後、50歳くらいから徐々に、(理論上でも「一致」を強調していたように)クライアントと、深い、親密な関係を持つことができるようになっていた。しかし日常生活では、相変わらず他者との深い関係に入っていくことに困難を感じていた。ロジャーズは、単に職業上の関心からばかりでなく、「もっと自分の感情を信頼し表現できるようになりたい」「もっと関係の中に入っていけるようになりたい」という自分自身の人間としての気持ちからもエンカウンター・グループにのめり込んでいったのである。

エンカウンター・グループで、ロジャーズは、よりリアルな自分自身であることの喜びを学んでいった。一人でいるのが好きで、自分をあらわにしていくのを好まないタイプの人間だったのが、エンカウンター・グループを経験していく中で、人への愛情や、もっと愛されたいという気持ちを表現していくようになった。「グループの誰からも愛されていない夢を見た」といって泣く女性のメンバーがいたとしよう。ロジャーズは、キスをしたり、抱擁をしたりして慰めた。「こんな身体表現をするなんて、以前の父には考えられないことだった」と娘のナタ

エンカウンター・グループの記録映画『自分自身への旅』のワンカット（ロジャーズ66歳、Getty Images提供）

リーは言っている。

1968年、エンカウンター運動がピークに達したこの頃、66歳のロジャーズのエンカウンター・グループの実際を、『自分自身への旅（Journey Into Self）』（日本語字幕版『出会いへの道』）という記録映画で見ることができる。ハリウッドの著名プロデューサー、スタンリー・クレイマーが関心を注いだことによって注目を呼び、同年のアカデミー賞長編ドキュメンタリー映画部門の最優秀作品賞を受賞した。同年のアカデミー賞作品賞は『オリバー！』、撮影賞は『ロミオとジュリエット』、視覚効果賞は『2001年宇宙の旅』だった（金原 2013）。

「人間研究センター」

1968年にファーソンが西部行動科学

研究所を辞めると、組織内に問題が生じ始めた。エンカウンター部門だけが大きくなりすぎたのである。ロジャーズは、既成の組織の問題を解決するために時間とエネルギーを費やすより、新しいものをつくることにエネルギーを注ぐほうを選んだ。25人のスタッフを引き連れて、人間研究センター（Center for Studies of the Person）を設立した。ロジャーズは「住み込み研究員（Resident Fellow）」を名乗って、残りの生涯をここでの活動に捧げた。

ロジャーズは大規模なエンカウンター・グループを次々とおこなっていった。主義・思想・人種・慣習などの違いを超えて集まった何百人もの参加者の宿泊制のワークショップにはある種の共同体感覚があったため、その名称として「パーソンセンタード・ワークショップ」という名前を用いるようになった。

１９７２年にはアメリカ心理学会から特別職業貢献賞（Distinguished Professional Contribution Award）が贈られた。科学貢献賞と特別職業貢献賞の両方を受賞した史上はじめての心理学者となった。この受賞記念の講演でロジャーズは、心理学の「資格制度」に明確に反対の姿勢を表明している。

教育改革にも取り組み、単に教室内の変革にとどまらない教育組織そのもののラディカルな変革に取り組んでいった（本書第9章）。エンカウンター・グループ運動の中心となり、教育改革の主導的人物となったことで、カール・ロジャーズの名前は一気に広がっていった。知らず知らずのうちに彼はいわゆる「ビッグネーム」になったのである。

60代、70代の苦渋

華々しい活躍をしていたロジャーズであったが、その反面、60代、70代の私生活は苦渋に満ちたものだった。

二人の子どもの配偶者との関係は険悪になった。娘の夫ラリーとは馬が合わなかった。ラリーから「あなたは自分と合わない考えやスタイルを持った人に対しては、実に排他的だ」と非難の手紙を何度も送り付けられた。ラリーが何か大切な話をしようとしても、ロジャーズは耳を貸さず新聞を読み続けるような有り様だった。父を尊敬する娘ナタリーとロジャーズは急に仲を深めていった。ラリーは嫉妬心をかきたてられた。ラリーとナタリーは離婚した。また長男デイヴィッドの妻コーキーは1973年に離婚しその翌月自殺している。

1972年に妻ヘレンが持病の悪化から車椅子の生活になると、二人の関係は急激に悪化した。社会的な責任の重い仕事をいくつも引き受けている重圧に、妻の看病も加わり、ロジャーズは苛立《いらだ》ちや落ち込みを覚えた。ヘレンがある日、「あなたのために生きているだけなの。私には他に何もないの」と言った時には、ロジャーズは深い絶望に襲われたという。

こんなエピソードもある。娘のナタリーと一緒にワークショップをおこなっていると、その最中に、ヘレンが危険な状態になったという連絡があり、自宅に呼び戻されることが何回もあったという。「私が家に戻ると、妻は回復するのです。夫婦関係の危機でした——彼女もつらくて、私もつらかった。私たちは素晴らしい時を分かち合い、共通の友人がいっぱいいて、多くの感動を分かち合いました。けれどもこの時期は昔とは同じではありませんでした」

（Rogers & Russell, 2002）

ロジャーズは、こうした苦しみから逃れるようにウォッカを浴びるほど飲んだ。毎日一瓶、12オンスを空け続けた。かなりの量である。老化から目が悪くなり、高血圧に苦しんでいた。からだの震えを覚え、声も嗄《か》れ、同じ話を何度も繰り返す傾向が強くなってきた。医師である息子のデイヴィッドは、すべて、ウォッカの飲みすぎによるものと父親に警告している。（Cohen, 1997）

72歳で恋に落ちる

ロジャーズは60歳を過ぎた頃から「結婚」という制度にきわめて懐疑的になった。お互いを役割で縛り合うだけの夫婦生活を維持することに疑問を抱いた。一方、他の異性にどうしようもなく惹かれる気持ちさえをも、夫婦間で語り合い認め合うことがもしできるならば、それぞれが独立した人間として成長できる上に、夫婦関係も豊かになっていくと考えた。『ビカミング・パートナーズ』はこのようなロジャーズの「夫婦論」「恋愛論」をまとめたものである（Rogers, 1972a）（本書第8章参照）。

ロジャーズは性の自由を自ら実践していった。70歳近くなってロジャーズは、かつてないほどセックスに興味を覚え始めた。72歳の時、エンカウンター・グループで知り合った離婚経験のある女性バニースと一夜を共にした。数日にわたる情事の様子をキスの感触に至るまで8ページにわたって詳細に記した記録が残されている（Cohen, 1997）。二人の関係はその後4年にわたって続いた。バニースがセックスを拒み始めたあたりから二人の関係は悪化し、痛々しい恋の終わりを迎えた。その後も幾人かの女性と恋愛している。

妻のヘレンは、自分がもう重荷でしかないことに苦しんだ。「私が死んでもあなたには何も失うものはないわね」と責め立てた。１９７７年くらいには「自分はもうセックスできないから」と他の女性との性交渉を認め始める。この頃からロジャーズはヘレンに再び温かい気持ちで接することができるようになった。そうした幾人かの女性との恋愛も、１９７９年、ロジャーズ77歳の時に終わりを迎える。

ところで、こうした70代のロジャーズの恋愛事情について、「それはほんとうだろうか」と疑念を持たれたり、驚かれたりする方も多いようである。老いたロジャーズの恋愛事情について詳細な記述がなされているのは、デイヴィッド・コーエン著『カール・ロジャーズ―批判的な伝記』(Cohen, 1997) においてである。タイトルに示されているように、この本は、一貫してロジャーズに対して「批判」的なスタンスでその人物像を紹介している。序章でいきなり「無条件に非人格的な無関心」というタイトルで、相手次第では時に冷淡で尊大だったロジャーズの態度を批判したコーエンは、その後、次々と「ロジャーズが語らなかった事実」を暴露していく。そういう内容である。関心があり英語力もある方にぜひ翻訳・刊行してほしい本である。

筆者は、著者のコーエンはおそらく何か個人的な恨みがロジャーズに対してあり、それが動機となってロジャーズの評判を落とすような資料を丹念に調べ上げたのではないか、という印象を持った。しかし、「ロジャーズと3人の女性たち」という言葉は何度かほかのところでも聞いたことがあったし、何しろ『ビカミング・パートナーズ』では「衛星関係」といって、パートナーのそれぞれが婚外関係を持ち、お互いの歓《よろこ》びを分かちあい喜びあうような夫婦関係において二人は成長していく、そうした新たな夫婦の在り方を説いているのである。ロジャーズ自身も、それなりに異性との関係があると思うのが自然ではないだろうか。

畠瀬稔氏が、2001年に娘のナタリーに会った折、コーエンの本を見せて「これを知っているか」と訊《き》くと、「知らない」と言ったので、ワークショップ中の2、3日ナタリーに貸したという。すると「忙しくて全部は読めなかった」と言った後、「こんなことをどうして知ったんだろう。父はセイント（聖人）ではない」と言っていたという。畠瀬氏はその様子から「全部が真実ではないとしても、大筋は事実かもしれないと思うようになりました」と語っている（畠瀬・諸富 2003）。

また、1983年81歳の時に日本でワークショップをおこなった折に、ある参加者が個人的に「今取り組みたいテーマは何ですか」とたずねたところ、「80代の恋愛」という本を書きたいと思っている、と答えたとのことであった。

筆者は、70代以降のロジャーズの恋愛が多少活発であったにせよ、「よかったな」と素直に思う。それだけである。子どもの頃から厳しすぎる母親に育てられ、女性恐怖の傾向を噂され、小学校の同級生と学生結婚し、70歳すぎまで妻一筋で通してきたのである。妻が病の床に臥《ふ》してセックスができなくなった折に、幾人かの女性と恋に落ちて、70代にしてようやく性の歓びを知った、とはしゃいでいるとして、いったい何を責め立てる必要があろうか。人生の後半に少し愉《たの》しいことがあってよかったね、とロジャーズの歓びを喜びとして受け止めてあげたい。娘のナタリーもそういうスタンスだったようだ。

ピース・プロジェクト

セラピストを生業としたロジャーズは、それまで家族、学校、職場といった比較的狭い範囲の対象に関心を絞ってきた。しかし70代に入ったころから人口問題、結婚制度の問題、教育制度の問題、人種差別やマイノリティの問題など、社会問題に本格的に関心を持つようになった。

１９８２年ロジャーズ80歳の時に、人間研究センターに「ピース・プロジェクト（Peace Project）」を設立した。晩年は、世界の紛争解決、葛藤解決のための大規模エンカウンター・グループをおこない、世界中を駆け巡っていった。北アイルランドのベルファストにおけるプロテスタントとカトリックの対話（１９７３年）、南アフリカの人種差別をめぐる黒人と白人の対話（１９８６年）などに取り組んでいった。１９８５年11月、オーストリアのルストにおいておこなわれた何人もの副大統領クラスの要人を招いての中央アメリカ諸国の緊張緩和をテーマとしたワークショップがその頂点に位置するものだろう（本書第7章参照）。

ワークショップに参加した一人一人が、それぞれの持ち場で、もっと人間を信頼し個々人により大きな決定権を与える方向へと改革運動を起こしていく。それが自然発生的かつ連鎖反応的に広がっていくことから、ロジャーズの活動は「静かなる革命」と呼ばれた。

80代になってもロジャーズのバイタリティは衰えなかった。世界を旅しながら自分の考えを広め続けた。核の脅威についても積極的に発言をおこなった。

リチャード・ファーソンはロジャーズを「今世紀の最も重要な社会革命家の一人」であると言う。ロジャーズは実際、彼が1987年2月に亡くなった時、世界各地での紛争解決の活動が評価され、ノーベル平和賞にノミネートされていた。ロジャーズ自身はそのことを知らないままであった。

スピリチュアルな次元への目覚め――残された最後の課題

ロジャーズにはあと一つ、大きな課題が残されていた。牧師になるのをやめる決断をして後、彼が自分の意識から排除し続けてきたスピリチュアルな次元とのかかわりである。シカゴ大学時代に同僚だったシーラー（Elizabeth Sheerer）はあるインタビューで次のように語っている。「私たちは皆、カールと宗教の話はしないようにしていました。タブーだったんです。宗教の話をするとカールが不快な顔をするものですから。（中略）カールの仕事は、彼のキリスト教的な背景に大きく影響されています。私には、キリスト教の影響なしに、カールが自分の考えを発展させることができたとは思えません」（Thorne, 1992）

ロジャーズの仕事には、彼が青年期に目指した牧師の影が落ちている。しかし牧師になるのをやめる決断をして以降、ロジャーズは、キリスト教に背を向け続けた。最後の仕事である1986年12月の「心理療法の発展に関する会議」での講演でも、自らの人間観と相いれないものとして、精神分析とキリスト教の原罪説をあげている。

ロジャーズは１９７０年代前半、70歳を超えたあたりから臨死体験に関するキューブラ・ロスの研究や、「個人の意識は宇宙意識の一片にすぎず、死後再び全宇宙に吸収されていく」というアーサー・ケストラーの考えなどに関心を抱き始めた。

78才の時に刊行された『ア・ウェイ・オブ・ビーイング（*A Way of Being*）』（Rogers, 1980）ではこう言っている。「明らかに私の経験は、超越的なもの、記述不可能なもの、スピリチュアルなものを含んでいます。他の多くの人々同様に私もこれまで、この神秘的でスピリチュアルな次元の持つ意義を過少評価してしまっていたと言わざるをえません」

死の前年に公刊されたある論文では、「一致」「共感」「無条件の積極的関心」と並ぶ「第四の条件」として、「プレゼンス（presence）」を超越的でスピリチュアルな次元の概念として提示している。クライアントとの関係の中でセラピストが「変性意識状態（altered state of consciousness）」にある時、セラピストのするどんな振る舞いも、癒やしの力に満ちてくると述べている（Rogers, 1986a）（本書第5章参照）。

晩年のロジャーズのこうした変化には、二つの出来事が大きく影響している。

一つは大規模エンカウンター・グループで、参加者全員が「一つ」となり、宇宙意識の一部であると感じられた体験である。晩年の同僚ボウエン（Maria V. Bowen）は言う。


カールとお嬢さんのナタリーは、１９７４年から１９７９年にかけて毎夏、少人数のスタッフを集めて、2週間のパーソンセンタード・ワークショップをおこなっていました。その時のスタッフには全体的に強いスピリチュアルな志向性を持った人が多かったので、そのことがカールに影響を与えたんだと思います。目の前の現象を今までとは少し違った観点からとらえるようになってきたんです。グループがその方向性を模索した後で一体となっていく、その時に生み出されるスピリットの力に、カールは感動していたようです。グループには「荘厳な知恵」が潜んでいるのだ、と彼は言っていました。

もう一つは、妻ヘレンとの死別の際の神秘体験である。ヘレンの死の1年半ほど前から、ロジャーズ夫妻は、いくつかの不思議な経験を重ねた。ヘレンはある人に誘われて風変わりな霊媒師のもとを訪れた。そこで亡くなった姉とコンタクトをとった。霊媒師が机や手紙に触れるだけでメッセージが届けられてきた。内容はきわめて説得力のあるものだった。その霊媒師はロジャーズ家も訪れている。ロジャーズの机からメッセージが届けられた。ロジャーズは「信じられない、それでいて少しも欺瞞《ぎまん》的でない経験を、ただ見つめるしかなかった」と言っている。

ヘレンの死が間近に迫ったある晩、ロジャーズは突然仕事が手につかなくなった。夕食を食べさせるために病院に行った折に、自分でも不思議なくらい唐突に、「どれほどあなたを愛してきたか、あなたの存在はどれほど大きな意味を持っていたか、あなたがどれほど自分を支えてくれたか」語り続けた。そして言った。「自分の望みどおりに、はやく楽になるか、もっと生き長らえるかを自分で決めればいい。僕や子どものために生き続けようとする必要はないからね。あの白い光が、もう一度やってきてくれればいいね」

ロジャーズが病院を去った後、ヘレンは看護師に「私はもうすぐ逝くわ」と言った。明くる日の朝、ヘレンは安らかな最期を迎えた。

晩年のロジャーズ（Kirschendbaum, H., *On Becoming Carl Rogers* より）

この体験により、ロジャーズの死生観は大きく変わった。不死の魂や霊魂再来説もありうることだと思うようになった。

スピリチュアリティの深まりと「新しい宇宙観」

この二つの出来事からロジャーズは神秘の世界への関心を深めた。それはセラピィの考えにも影響を与えた。１９８３年、あるインタビューでロジャーズは、セラピィが深まった時の体験について、こう語っている。

その時、私のうちなる自己が、クライアントのうちなる自己とふれあいます。私の意識的な心が決して知ることのないような仕方で。これは、ある種の神秘体験なんでしょうかね。

こうしてロジャーズは最晩年にスピリチュアルな次元に再び接近したのである。

1986年12月の「心理療法の発展会議」での招待講演が最後の仕事になった。年が明け1月末に自宅で転んで腰を手術した。手術は成功したが、心臓発作で意識不明に陥った。全米から教え子たちが駆けつけ別れを告げるのをすべて見届けた上で息をひきとった。その異名「静かな革命家」にふさわしい静かな最期であった。

1987年2月4日、85歳だった。遺言によって墓は設けず、海に散骨された。

本章「ロジャーズの人生」に記した情報については、特に、以下の文献を参照した。

Cohen, D. (1997) *Carl Rogers: A Critical Biography*, Constable.

Gendlin, E. T. (2002) Foreword. In C. R. Rogers & D. E. Russell (2002) *Carl Rogers: The Quiet Revolutionary*. Roseville, California; Penmarin Books. pp.xi-xxi.（畠瀬直子訳（2006）カール・ロジャーズ 静かなる革命 誠信書房 i-xii 頁）

Kirschenbaum, H. (1979), *On Becoming Carl Rogers*, Delacorte Press:New York.

金原俊輔（2013）カール・ロジャーズの生涯 長崎ウエスレヤン大学地域総合研究所紀要 11-1, 21-52.

Rogers, C. R. & Russell, D. E.（2002）*Carl Rogers: The Quiet Revolutionary*. Roseville, California; Penmarin Books.（畠瀬直子訳（2006）カール・ロジャーズ 静かなる革命　誠信書房）

Thorne, B.（1992）, *Carl Rogers*, Sage Publications.:London,（諸富祥彦監訳（2003）カール・ロジャーズ　コスモス・ライブラリー）

なお、24年前に書かれた拙著、『カール・ロジャーズ入門』（諸富　1997c）の「第1章　ロジャーズの生涯と思想形成過程」は、Kirschenbaum, H.（1979）、Thorne, B.（1992）の2冊の内容を中心的な素材としながらCohen, D.（1997）から得られた情報も加えて、当時の筆者（34歳）の観点からロジャーズの生涯に流れているテーマを読み解いたものであった。24年後に書かれた本章は、前著の内容をもとにしながらも、その後に出版されたロジャーズ自身の口述伝記というきわめて貴重な資料、Rogers, C. R. & Russell, D. E.（2002）から、ロジャーズ自身によって語られた情報を数多く取り入れ、またロジャーズの最もよい理解者であったGendlin, E. T.（2002）の本質的な理解やロジャーズとのエピソード、金原俊輔（2013）その他の新たな文献（それらについては巻末の文献リストに記した）などから多くの新たな情報を加えながら、筆者自身の現在（57歳）の視点から、「ロジャーズの生涯の底流に流れる物語の本質」を描き出し、新たに書き改めたものである。前著に入っていた些《さ》末《まつ》な情報は大幅に削除し、ロジャーズの人生にとって本質的な意味を持つと思われる情報だけに絞って、ぐっと凝縮した。

第4章　傾聴は何のために——ロジャーズから改めて学び直す

ただ聴いているだけなのか

ロジャーズのカウンセリングは、「このような問題に対してはこのように扱う」といったマニュアルがあって、それに即して動いていくようなものではない。その意味では、何もしていないようであるし、何かをしているようでもある。

ロジャーズが指摘していたように、カウンセリング、心理療法の本質というのは、「体験を十分に体験しつくすこと」「本人が暗黙のうちに体験しているような体験を、一人では到底不可能な仕方で、より深く、より広く探索しながら、みずからの体験を十分に体験しつくす」というプロセスにある。

カウンセラーは、クライアントがみずからの言葉にならない曖昧なぼんやりした体験を、より深く、より広く探索しながら体験しつくすことができるような仕方で、聴いていく。そのためにクライアントの内側に立ち、クライアントになりきったかのような仕方でその体験をより深く、より広く共に体験していく。この姿勢がクライアントに伝わるので、クライアント自身も、みずからの体験に深く没入することができるようになる。その意味でカウンセラーとは、まさに、クライアントの内的な自己探究の旅の「同行者」である。

最近、ロジャーズに対する風当たりが強いと感じることがある。次のような声が耳に入ってくる。

「聴いているだけでは治らない」「聴いているだけでは、問題解決にはつながらない」「カウンセリングは、もっと能動的かつ積極的にかかわっていくべきだ」「ロジャーズの方法では、時間が長くかかりすぎる」「ロジャーズは古い」。もっともだと思うものもあるし、それは誤解だ、と言いたくなるものもある。

ロジャーズ自身、特に40代後半に中年期の危機を乗り越えて、理論的にも「一致」を強調するようになって以降は、自分の感じていることをクライアントにかなり話すようになっている。『グロリアと3人のセラピスト』という有名なビデオ教材を見て、ロジャーズがかなりおしゃべりだったことに驚かれた方もいるだろう。

さらに言えば、ロジャーズ派も、フロイト派やユング派と同じように、いくつかの流派に分かれていて、それぞれが発展をとげている。中には、ほとんど傾聴のみ、という姿勢でかかわる流派もあれば、そうではなく、より積極的にあれこれとかかわっていく流派もある。重い統合失調症のようなケースにリフレクション、つまり、クライアントの内的な世界をカウンセラーが鏡になって「映し出し」「伝え返す」という方法が、クライアントとの「つながり」を強くし、クライアント自身や外的世界への自覚（awareness）を高める、という点で見直されてもいる。

筆者としてはこうした動向を興味深く見ておきたいと思っているが、ここで言いたいのは、そのようなことではない。「傾聴」とその意味をもう一度見直そう。その一点である。

というのも、最近、「傾聴がまともにできないカウンセラー」が増えているように思われるからである。やたらと多くの技法や理論を詰め込んでいても、基礎である傾聴ができない、傾聴のトレーニングを本格的に受けたことすらない、そういうカウンセラーが多くなってきたように思う。たとえば20年前のカウンセラーと今のカウンセラーを比べると、どうだろう。理論や技法の知識量は増えていても、傾聴の力は落ちているのではないだろうか。

これでは困る、と言っておきたい。これはたとえば、柔道にたとえると、ろくに受身の練習すらしないまま、受身をまともにできていない人が、一本背負いや腕挫十字固《うでひしぎじゅうじがため》などの派手な技ばかり覚えようとしているようなものだ。基礎基本ができていないとどうなるか。たまたま自分が勉強した理論や技法が相性よく通じる相手には有効だけれども、そうではない人とはまったく手が合わない。クライアントにしてみれば、いくら話してもわかってもらえない。わかってもらえたように思えない。そういうカウンセラーが増えてきているようである。

また、カウンセラー以外の方、たとえば学校の教師や、幼稚園、保育園の先生、看護師、医師、福祉関係者など、人の話をその内面まで含めて「深く聴く」ことができるようになりたいと思っている方は少なくないだろう。今では「傾聴」は、多くの方が学ぶべき対人関係の基本スキルとして広く認められつつあるように思われる。

「傾聴の意味」――何のために傾聴するのかを考えることの大切さ

傾聴を学んできた方にお願いしたいのが、「ロジャーズに帰れ！」ということである。傾聴が大切、相手の話をていねいに聴くことが大切である、ということは、わかる。しかしでは、それが「何のために」と問われると、よくわからない、となる方が少なくないだろう。何のための傾聴か――これをロジャーズに立ち返って、考えてほしいのである。

では、ロジャーズ自身は傾聴にはどのような意味があると言っているのだろうか。カウンセラーは何のために傾聴することが必要だと言っているのだろうか。

ロジャーズの代表作といってよい『オン・ビカミング・ア・パーソン』「第4章　心理療法について何を知りえたか」（Rogers, 1961c）は、ロジャーズが観察してきたクライアントの変化について、客観的見地、主観的見地の両方から「何を知りえたか」を述べた面白い論文である。ここで実にストレートに「傾聴は何のために」おこなうのかが書かれている。

私がこれまで述べてきたような治療的な関係をしばらくの間経験したクライアントの変化は、セラピストの態度を反映したものになっていく。まずはじめに、クライアントは相手が自分の感情に受容的に傾聴していることに気づくにつれて、少しずつ自分自身に耳を傾けるようになっていく。彼は自分の中から伝えられるものを受け取り始める。たとえば、自分が怒っていることに気づいたり、どのような時に自分が脅威を感じるのかを認めたり、どのような時に自分が勇気を感じるのかを理解したり、というように。自分のなかで進行しつつあるものに対してより開かれるようになるにつれて、彼はいつも否認し抑圧してきた感情に耳を傾けることができるようになる。とてもおそろしく、無秩序で、正常ではなく、恥ずかしいと思ってきたので、それまでは自分の中に存在するとは認められなかった感情に対して、耳を傾けることができるようになるのである。

自分を傾聴することを学習すると、彼は自分自身に対してより受容的になることができる。自分が隠してきた恐ろしい部分をより多く表現するにつれて、彼はセラピストが自分や自分の感情に一貫した無条件の積極的関心を向けていることに気づくのである。彼は少しずつ自分に対して同じような態度をとるようになっていく。つまり、ありのままの自分を受容するようになり、そして生成のプロセスの中で前進しようとするのである。

さらに彼は、自分の中の感情をより正確に傾聴するようになり、自分に対して評価的でなくなり、より受容的になるにつれて、より自分自身と一致する方向へと向かうようになる。彼は、自分が身に着けてきた仮面を脱ぎ捨て、防衛的な行動をやめ、そしてほんとうのあるがままの姿に開かれることができるのを見出《みいだ》す。こうした変化が生じるにつれて、つまり彼がより自分に気づく（self-aware）ようになり、より自己受容的になり、防衛的でなくなり開かれていくにつれて、彼はついに、人間生命体（human organism）にとって自然な方向へと自由に変化し成長することができるようになっている自分を見出すのであ

る。(Rogers, 1961c)

いかがだろう。ずいぶんはっきりと傾聴の意味についてロジャーズが書いているので、驚かれた方もいるのではないだろうか。

「治療的な関係をしばらくの間経験したクライアントの変化は、セラピストの態度を反映したものになっていく。クライアントは相手が自分の感情を受容的に傾聴していることに気づくにつれて、少しずつ自分自身に耳を傾けるようになっていく」。一言で言えば、ここに傾聴の意味があるのである。

カウンセラーがクライアントのこころの動きに寄り添いながら、こころを込めて傾聴していく。すると、そのカウンセラーの姿勢を、今度はクライアントが反映するようになっていく。カウンセラーに自分の気持ちを聴いてもらっているうちに、クライアントは「自分の気持ちを聴く」ということを学ぶようになっていく。クライアントは「自分自身への傾聴」を学習する。そのことが、クライアントの変化を引き起こしていく。傾聴することの意味はここにあるのだ、とロジャーズは言うわけである。

クライアントは、カウンセラーに傾聴してもらっているうちに、「自分自身への傾聴」を学んでいく。それまで自分に対して否定的であったクライアントが、あたかもカウンセラーが自分に接してくれるような仕方で、自分自身にかかわっていけるようになる。一言で言えば、自分自身へのかかわり方が変わる。ここに傾聴の意味があるとロジャーズは言っている。

言われてみれば、当然のことであるが、ここが核心なのだということを、私たちはつい忘れてしまいがちではないだろうか。それを忘れて、つまり、「クライアントが自分自身を聴けるようになるため」の傾聴だ、ということを忘れて、ただひたすらにクライアントを受け止めよう、理解しよう、聴いていこう、とする。聴いてもらっているうちに、自分でもそれまで気づかなかった自分の気持ちに気づいていけるのがほんとうの傾聴なのだけれども、そういったことはまったく起きず、ただ受け止めてほしい、わかってほしい、聴いてほしいと何度も何度もカウンセラーのところにやってくる。何度来ても、自分と向き合わず、自分から目を背けて、むしろ、カウンセラーに話を聴いてもらっていることを自分自身からの逃げの言い訳にしているようなところすらある。いつもポイントに差しかかると話をすり替えて、ただただカウンセラーに依存するばかりでまったく変化が起きない。これでは、傾聴はカウンセラーへの依存を増長させるばかりで意味がない。意味がないばかりか害悪でさえあるのである。

一般に、他の学派の人がロジャーズを批判する時に、たとえばアルバート・エリスは、ロジャーズの方法はとにかく傾聴するけれど、それはクライアントの依存性を助長するからよくない、と言う。しかしこうした現象、つまり、クライアントの依存を助長するばかりの傾聴は、ロジャーズの理論から見てもよくない。失敗事例である。繰り返すが、ロジャーズは傾聴の意味は、クライアントが「わかってもらうこと」にあるのでも、「聴いてもらうこと」にあるのでもない。傾聴してもらうことでクライアントが「自分自身の内側への傾聴を学習する」ことにある。「自己への傾聴」を学び、自分自身のこころの声を聴いていける、自立した人間へと成長していくのを援助することに傾聴の意味はある、とロジャーズは言っている。そう考えると、エリスの批判は、ロジャーズ流のカウンセリングの失敗例をイメージして語っていることになる。つまり、ロジャーズのカウンセリング、傾聴のカウンセリングは下手すればこうなるよ、と。そうならないように、留意しなくてはならない。

先ほど引用した論文の後半では、カウンセラーに傾聴してもらうことで「自分自身への傾聴」を学んだクライアントがどのような経験をするようになるか、「主観的な観点」でも書かれている。そこも紹介しよう。

　この瞬間に私が感じていることをそのまま分かち合うことは、しばしば苦痛を伴うけれども、大きな充足感をもたらしてくれることがわかり始めている。自分自身に耳を傾け、自分の中で起こっていることを聴いていこうとすることは、まさに援助的なことだから。私はもう、自分の中で起こっていることがそれほど恐ろしいものとは思わない。それはかなり信頼できるもののようだ。私は、セラピストと共にいて、自分が何を感じているのかを知ろうと、自分の中を深く掘り下げるのに時間を費やすこともある。それは怖いことであるが、私は知りたいのだ。（中略）自分の中をどんどん掘り下げていくにつれて、自分の中で起きていることを感じ取り、その意味に気づくことができれば、自分が何者であり、何をすべきかわかるだろう、と思うことがある。（Rogers, 1961c）

「自分自身への傾聴」を学習したクライアントの経験が、とても生々しくリアルに描かれている。最初、クライアントは、「自分自身を聴く」のが、怖い。けれども、自分が深いところで何を感じているか、どうしても知りたくて、それでもおそるおそる自分自身を深く掘り下げていく。自分自身に耳を傾けていく。それはとてもおそろしいことだけれども、同時に少しずつ大丈夫だと感じられるようになっていく。なぜならば、そこにはカウンセラーという信頼できる同行者がいるからである。

「自分自身への傾聴」にはじまる「内的な自己探索の旅」の同行者。それがカウンセラーである。そして、こうした体験が深まってくると、私が「一人でいるような、二人でいるような感じ」になってくる。

もちろんカウンセリングがこうしたことだけで可能になると言っているわけではない。しかし、たとえ、企業内の人間関係や家族の問題を扱うにせよ、キャリアの問題を扱うにせよ、それがカウンセリングである限り、こうした体験がその核心にあるはずだ。こうした「自己の深みへ触れていく」という体験なくしてカウンセリングとは言いがたい。そして、それは他ならない傾聴によってもたらされるものなのだ、ということをここでは確認しておきたい。

第5章　ロジャーズのカウンセリング／心理療法

深い、ほんものの傾聴

本章では、ロジャーズのカウンセリング／心理療法について論じる。

最初に、筆者自身が、ロジャーズのアプローチの本質をどのようにとらえているかを説明する。ロジャーズの概念の説明は、その後でおこなう。そのほうが、このアプローチの本質を端的に伝えることができるように思うからである。

「優れたロジャーズ派のカウンセラーがおこなっているカウンセリング」の「本質」。それは、一言で言えば、「より深い、ほんものの傾聴」である。言わば「ディープ・オーセンティック・リスニング」。これが、このアプローチの本質である。

「深い、ほんものの傾聴」とは、ロジャーズが、「クライアントが、自己と経験の、内側の最も深いところを探究していく、その同行者となること（being a companion to the client in the client's search for the innermost aspects of self and experience）」（Rogers & Russell, 2002）と言っ

ている、そんな仕方でクライアントの内面世界に深く入っていく傾聴である。ロジャーズは言う。

セラピストの役割は、クライアントが、自己と経験の、内側の最も深いところを探究していく、その同行者となることであると私は考えています。誰かが共にいてくれると、それまで否定していた問題に向かい合うことができやすくなるのです。「暗闇に向かって歩いている感じがしています」とあるクライアントが言いました。「誰か、同行者がそばにいてくれると、一人でいるのに比べて、とても楽になれるんです」

いいセラピストは、クライアントとしっかりそこに一緒にいることができます（the good therapist is right with the client）――ある時は少し前を、ある時は少し後を、でも先に行きすぎたり遅れすぎたりはせずに。だからクライアントは「私とちゃんと一緒にいてくれるんですね。私が今どこにいるか、わかってくれているんですね。この瞬間に感じている恐怖を理解してくれるんですね。今この瞬間に気づいたことをわかってくれるんですね」――そう感じるのです。

この在り方は、とても安全です。セラピストの役割は、安心感があり、理解してくれる、同行者でいてくれる、そうした真実の関係（a safe, understanding, companionable relationship which is real）を提供することにあります。セラピストは見せかけで行動しません。セラピストはクライアントとともに、体験のただ中にいるのです。（Rogers & Russell,

2002)

ロジャーズの言う「受容、共感、一致」は、あくまでこの「深い、ほんものの傾聴」「クライアントが自己の最深部を訪ねてゆく同行者になること」という在り方が体現できている時、セラピスト自身がそこで体現されている自らの在り方を見つめた時、ある側面から見ればそれは「受容」に見え、ある側面から見ればそれは「共感」に見え、ある側面から見ればそれは「一致」に見える、ということである。それら３つを足し合わせれば「ほんものの傾聴」を体現できる、というわけではない。順序は逆で、「受容、共感、一致」は、ロジャーズが「深い、ほんものの傾聴」をセラピストとして体現できている時、その自らの在り方を三つの異なる角度から表現したものなのである。

では、「深いほんものの傾聴」とは、何か。それは他学派、たとえば認知行動療法のセラピストが、「私たちも温かくていねいに傾聴していますよ」と言う時の傾聴とは、何が違うのか。ロジャーズのアプローチの傾聴と、他のアプローチの傾聴は何が違うのか。

私は、それはまず「意識のモードの違い」である、と思う。

「意識のモード」を深める

具体的に説明しよう。

私はカウンセリングのセッションを始める時、まず「日常の意識モード」を止める。意識を鎮める。日常の、世間の時間と連動した、浅い、表層的な時間の流れを止める。時間の流れを止め、意識の中に「スペース」をつくる。そしてその「スペース」の中でより深い時間の流れへと入っていく。ゆっくり、ゆっくりと意識を深めていって、深い時間の流れに入っていく。

「自分の内側の、深いところに入っていくことができるこころの構え」をつくる。

「相手の内側の、深いところに入っていくことができるこころの構え」をつくる。

このような「脱日常的な深い意識のモード」「脱日常的な深いこころの構え」をつくり、そうした「意識モード」「こころの構え」でクライアントの話を聴いていく。

そうした「深い意識モード」「こころの構え」がセットされたカウンセリング・ルームの中ではじめて、クライアントも安心して、自分の内側の深いところに入っていくことができる。内側の深いところに触れながら、自分のことを語ることができる。セラピスト自身も安心して、自分の内側の深いところに入っていき、クライアントの話を内側の深いところで聴くことができる。深いところに触れながら、そこから言葉を発することができる。

この「内側の深いところに入っていく、意識のモードでの傾聴」。クライアントも、カウンセラーも、「内側の深いところに触れながら語ったり聴いたりできている意識のモードでの傾聴」。一言で言えば、これが「ほんものの、深い傾聴」であり、ロジャーズのカウンセリングの本質である、と私は思う。

そしてそれが、「相手の話を聴くだけ」と揶揄《やゆ》されるような、浅い表層的な傾聴（日常モードでの傾聴）や、認知行動療法などの他学派でおこなわれている類《たぐい》の温かくていねいな傾聴と、ロジャーズ流の傾聴との決定的な違いである、と私は考えている。

あえて言うならば、このような「深い意識モードでの傾聴」ができていないならば、その人は、ロジャーズ的なカウンセリングはできていないのだと思う。いくら「受容」「共感」「一致」などの言葉を並べていても、その人は、ロジャーズ流のカウンセリングをおこなえているとは言えない。逆に、他学派の人が違う言葉で説明していても、この「深い意識モードでの傾聴」がなされているならば、それは、ロジャーズ流の傾聴であると言えるだろう。

面接室で生じているすべての出来事に開かれた態度

カウンセラーもクライアントも安心して、自分の深いところに触れながら語り、聴くことができている。そうした「意識のモード」でカウンセリングをおこなっているとおのずと生まれてくるのは、面接室の中で起きてくるすべての出来事に開かれているこころの構えである。

クライアントの話をクライアントの心の内側に立って、自分があたかもクライアント自身になりきったかのような姿勢で（クライアントの内側のフレームで）ありありと理解し感じ取っていくこと（共感的理解）はもちろん重要である。クライアントの心の奥から発せられてくる心の声に耳を澄まして、二人があたかも一体になったかのような姿勢で聴いていくのである。

それればかりではない。「深い、ほんものの傾聴」ができるカウンセラーは、自分を消し、自分のこころを無にして、クライアントになりきってこころのひだをていねいに聴いていく時に、同時にまた、自分自身のこころの深いところで発せられてくるさまざまな声や動きにもていねいに耳を澄ませていく。クライアントの心の内側から発せられてくる声に虚心に耳を傾けながらも、同時に、自分自身の内側深くにていねいに触れながら、自分自身の内側から発せられてくる心の声にもていねいに意識を向けていく。

そしてさらには、カウンセリング空間に漂っているすべてのもの——カウンセラー自身の「身体感覚」、「ふと生じてきたイメージ」、「突然見えてきたイメージ」や聞こえてきた「音」、突然わいてきた「直観や衝動」、なぜかふとしたくなった「動作」、理由もなく生じてきた「違和感」や「なぜかその場に漂う、空気や雰囲気、違和感」、あるいはまた「カウンセリング・ルームに向かう道すがら、なぜか妙に気になった看板」や、「面接中に突然部屋の中に入ってきたトンボ」や「昨晩の夢の中に出てきた、得体の知れない男」——こうした「すべてのもの」に、ただ等しく、無条件に、意識を向けていく。そこで立ち現れ浮上してくるすべてのものに開かれた態度を保持するのである。

これは「○○の意味がある」とか「○○が原因だ」といった解釈を加えることをせず、これらのすべてに、ただていねいに意識を向けていき……そこから何かが（連想やらイメージやらが）おのずと生まれ開かれてくるのを「待つ」。そこで生じるすべてのことに開かれた態度を保つのである（このようにして、起きているすべてのことにただ意識を向け、自覚の目を向けていく姿勢を「現象学的アプローチ」と言う）。

「無条件の積極的関心」の本来的意義とは、「生じるすべてのことにていねいに意識を向け、そこに存在しているすべての声に等しく耳を傾けていく姿勢」のことであろう。

この「すべてのことに開かれた態度」「現象学的な姿勢」を保ちつつ深い意識モードでクライアントの話が聴けていること。すべてのことをただ、そのまま受け止める。ロジャーズ派の「受容」というのは、このようなレベルの受容、すべての現象をただそのまま受け止める「徹底された受容」である。これも、ロジャーズ流のカウンセリングの極意であろう。

プレゼンス（ただ、そこに「いる」ことに全力を注ぐ）

優れたロジャーズ流のカウンセリングの本質の３つめは「プレゼンス」。ただ、そこに「いる」ことに全力を注ぐことである。カウンセリングや心理療法の本質を語る時に、「何もしない、ということを本気でする」とか、「ただそこにいる、ということに全力を注ぐ」などと語られることがある。これは逆説的な言葉遊びではない。カウンセリングや心理療法、特に、ロジャーズ流のカウンセリングの本質をきわめてよく突いている。何かをするとかしないとかに、カウンセリングの本質があるのではない。重要なのは、「カウンセラーの在り方」「いかた」であり、それ以外は、何ら本質的なことではない。そう言っているのである。私もそう思う。

ただそこに「いる」ということに、全力を注ぐこと。このこと以上に、重要なカウンセリングの本質は何もない。そこをうまく突いたロジャーズの言葉が「プレゼンス（presence）」である。

「プレゼンス」について、ロジャーズは、次のように言っている。オープン・カウンセリング（聴衆の面前でおこなうカウンセリングのデモンストレーション）をおこなう時の心境について語った言葉である。

セラピィの間は、自分がセラピストであることに集中しました——自分を見つめる場合も、他者からの視線に対しても。最も重要なのは、クライアントと心を込めてただそこにいること（present to the client）です。伝わっているかどうか確信はありませんが、私の内面で進行している中心は、クライアントへの関心、注目、耳を傾けていることです。私は、ただ、こころをこめてそこにいる（I'm very much present）。ただ、このことに集中します。それ以外のことは、さほど重要ではありません。聴衆の前でデモンストレーションのカウンセリングができるのも、そうしているからです。

——どんなに多くの人がいても関係ありません。私には、ただ一人の人しか、いないのです。そこで生まれてくるのは、つながっている感じ（a feeling of connectedness）です。これは私だけでなくクライアントも強く感じています。二人の間にほんとうに、ある種の絆《きずな》が生まれるのです。それは、私がクライアントの内側の世界に完全に入っていく、没入することから生まれてきます。（Rogers & Russell, 2002）

「プレゼンス」については、ロジャーズが1983年に来日した際のワークショップにおいてもいくつか逸話が残っている。ロジャーズのカウンセリングのデモンストレーションを見て、その参加者がロジャーズの眼光の鋭さについて、驚いて質問した。ロジャーズは「私は、クライアントの眼をとおして、口から出ることばにはならないが、その人のこころのなかで動いてることをよく知りたいと思うから、一生懸命眼を見ているのです」と答えたという（都留 1987）。

またこの際、埼玉県嵐山《らんざん》町の国立婦人教育会館（現・国立女性教育会館）で公開講演会が開かれた。この講演には、まだ19歳だった私も何とか参加できた。講演が終わり、いくつかの理論的な質問の後、最後に一人の女性が質問した。それは「質問」というより、自身の実存にかかわる問いかけであった。ロジャーズの耳元で通訳の人がその女性の言葉を通訳しようとすると、ロジャーズは通訳を手のしぐさで断り、その女性に全神経を研ぎ澄ませるかのように向き合い、英語でこう語りかけた。「今私にとって存在するのは、目の前のあなた一人です。そこで生まれてくるのは、あなたと私の間の、つながった感じです」（上嶋　2014）

こころを込めて、ただ、そこにいること。クライアントとつながっていること。「プレゼンス」が大きな意味を持つ場面の一つが、統合失調症のような困難なケースである。念頭に浮かぶのは、１９６２年、ロジャーズが統合失調症の入院患者ジム・ブラウンとおこなったケースである。「沈黙する青年のケース」として有名な事例である。

ロジャーズが28歳の「沈黙する青年」、ジムと１６６回の面接をおこなった事例である。そのうちの２回の逐語記録が公刊されている（Rogers, 1967a）。

ジムは３度目の入院で、ロジャーズとの面接は入院19ケ月後に開始された。ジムについての資料はかなり手に入ったはずであるが、ロジャーズはあえてジムの事例記録をまったく読まずに面接に臨んでいる。「この瞬間に全力でジムとつながっていく」上で、事例記録を読んで彼の過去にとらわれてしまうことは、むしろ妨げになると考えたのであろう。

ここに紹介する二つの面接は開始後11ケ月目のものである。一つめの面接では50分、3日後におこなわれた二つめの面接では53分が沈黙である。このタイプのクライアントが166回もの面接を自分の意思で続けるのは、なかなかないことだろう。関係を成立させるためにロジャーズは、クライアントにタバコを渡したり、雑誌を探したり、お金を貸したりと、あらゆる努力を試みている。統合失調症の患者と何とか治療的接触を試みようとするロジャーズの懸命な姿が見て取れる。

一つめの面接から最初のほうを紹介する。

ロジャーズ　引出しの中にタバコがありますよ。あれっ。そうか、なくなってたんだ。（沈黙25秒）
ロジャーズ　今朝は怒ってるように見えるんですけど。そういうわけではないですか（ジムはかすかに首を振る）。怒ってはいないんですね。（沈黙1分26秒）
ロジャーズ　何が起こってるんでしょう。そこに入っていっていいですか。（沈黙12分52秒）
ロジャーズ　（ソフトに）「もし少しでも、お役に立てるなら、入っていきたいんですけれど」と、言ってみたい感じがあります。でももし、そうではなくて、あなたが自分の中にいて、自分の感じることを感じていたいのでしたら、それでもかまいません。そして私がほんとうに言いたいのはもう一つ、こんなことです。「私はあなたのことを思っていますよ。ただここに棒のように立っているのではないですよ」（沈黙1分11秒）

ロジャーズ　あなたは沈黙していますけど、そうすることで、今は出ていきたくないし、またそうすることもできないんだと言っているんでしょうね。いいですよ。邪魔しないでいましょう。でもただ、私がここにいるっていうことは、覚えておいてください。（沈黙17分41秒）

タバコを渡す、ジムの感情を共感的に推測する、侵入的にならない仕方で自分の感情を伝える――考えうるあらゆる試みを尽くしている。

その3日後におこなわれた面接の後半部分を紹介する。前半でジムは、昨日から「死にたい」「死ねれば」と思い続けていたことを語っている。

ジム　今日、行こうと思うんです。どこに行くのかわかりませんが、どこでもかまいません。

ロジャーズ　もう決心はできている。あとは行くだけだ。どこか決まった場所へ行くのではなく、ただただどこかへ行ってしまいたい。そうですね。（沈黙53秒）

ジム　（しょげ返った調子で）だから行ってしまいたいんです。何が起こってもかまいませんから。

ロジャーズ　ええ？

ジム　だからもう、行ってしまいたいんです。何が起こってもかまいませんから。

ロジャーズ　あなたは行ってしまいたい。なぜなら、自分がどうなってもかまわないから。何がどうなってもかまわないから。

でも私はこう言いたいんです。「私は、あなたがどうなるかが気になります。何が起こるのか、とても気になるんです。かまわなくなんて、ない」と。

（30秒後、ジムはすすり泣きを始める）

ロジャーズ　（やさしく）ただただ気持ちが溢《あふ》れだしてくるのですね。（沈黙35秒）

ロジャーズ　ただ、泣いて泣いて泣き続けていたい。とてもひどい気持ちなんですね。（すすり泣いていたジムが、鼻を鳴らして、大きな息をする）

ロジャーズ　あなたがどんなにひどい気持ちでいるのか、わかる気がします――ただただ泣き続けていたい。（ジムは頭を机にのせ、息をのみ、喘《あえ》ぐようにして泣き始める）

ロジャーズ　ここ何日か、感じていて、たまっていた気持ちがただただ噴き出してくるんですね。（沈黙32秒。ジムはすすり泣きを続けている）

ロジャーズ　ティッシュがありますよ。何か引き裂かれるような気持ちなんでしょうね。

（沈黙1分56秒）

ジム　死んでしまえれば、って思うんです。（すすり泣く）

ロジャーズ　死んでしまえれば、って思うんですね。あまりにひどい気持ちなんで、この世から消えてしまいたい。
（ロジャーズは、ジムの腕にやさしく手を置いている。ジムははっきりした反応を示さない。けれど嵐はいく分かおさまっている。とても重い呼吸）。（沈黙1分10秒）

ロジャーズ　とてもひどい、内面が引き裂かれているような感じ。それでもう、消えてしまえればって思ってしまうんですね。（沈黙3分29秒）

ロジャーズ　生きていることがほんとうに大変なんですね。胸が張り裂けるほど泣きたいし、死んでしまえたらって思うんですね（重い呼吸が続く）。（沈黙6分14秒）

ロジャーズはこの後、すでに次のクライアントとの面接時間になっているからもう行かなくてはならない、できれば次の火曜日にまた会いたい、必要ならその前でも会えるから電話をしてほしいと伝えた。ジムが洗面所で顔を洗って帰ってくるのを待って、面接を終えている。最後にジムはタバコを1本ねだっている。

このケースでロジャーズは、「私はあなたに関心がある」「あなたのことを気にかけている」「あなたがどうなろうと、かまわなくない」「あなたの世界を少しでも理解できたらと思っている私がここにいる」――ひたすらこれらのことを伝えようとしている。

この面接を転機として、ジムは徐々に変化をとげていく。直後の面接では再び沈黙が支配して落胆させられた。しかしその後数ケ月のうちに生きる姿勢が変わり始めた。退院して部屋を見つけ、パートタイムの仕事についた。2年後には、「半分くらい戻ってきた」と思うし、「あなたとはまた会いたい」という旨の手紙を送られている。

この面接は、ロジャーズにとっても印象深い面接となった。25年後のあるインタビューでロジャーズは、このケースがセラピィにおける「プレゼンス」の意義を理解するきっかけになったと語っている。

私は、自分がしっかりクライアントに集中できている時には、ただ私が心を込めてそこにいるだけで（my presence）、癒やしにつながることを知っています。このことはおそらく、よいセラピスト全員に当てはまることです。

私はかつてウィスコンシンで、ある統合失調症の患者と1、2年かかわっていたことがあります。かなり長期の中断もありましたが。重要なターニング・ポイントが訪れ、彼はすべてを諦《あきら》め、生きても死んでもかまわないと言いだし、まさに病院から飛び出そうとしていました。私は言いました。「自分なんかどうなってもかまわないって思ってるんだろう。でも、私はかまう（care）。かまわなくなんか、ない。私は、あなたに何が起こるのか心配している」

彼は10分か15分、すすり泣いていました。これがセラピィの転機となりました。私はそれまで、彼の感情に応答し、それを受け入れてはいました。けれどこの時はじめて、私は彼に人間として近づくことができましたし、私自身の感情が彼に届いたと感じたんです。

(Baldwin, 1987)

ジムとのこのカウンセリングは、ロジャーズに「ただ心を込めてそこにいること（プレゼンス）が、相手を癒やしていく」ということを知らしめたのである。

ロジャーズ流の「傾聴」と他学派の「一般的な傾聴」の違い

しばしば、こう言われることがある。もはや傾聴は、カウンセリングや心理療法の多くの学派に取り入れられた。それは、カウンセリングの基本技能であり、ロジャーズの傾聴はすでにどの学派のセラピストもやっていることである。ロジャーズの言う受容や共感、一致などは、すべての学派のカウンセリングに共通の基盤となった。それは、ロジャーズ派に独自のものでも、固有のものでもない。そもそも、ただ聴くだけ、傾聴するだけなのであれば、素人でも少し練習すれば誰でもできる。特段の専門的トレーニングを必要とするものではない。

このような言説がなされるたびに、ロジャーズ派の心理療法家やカウンセラーはいかんともしがたい違和感を覚えてきたのではないだろうか。その傾聴と、ロジャーズの傾聴とは違う。一緒にされては困る、と。ロジャーズ自身も、自分の提案した傾聴がこのように軽く受け止められてしまっていることに強い違和感や怒り、苛立《いらだ》ちを覚えていたようである。

一番誤解されやすいのは、共感的傾聴というものが濃密なものである、ということ、共感的理解の濃密性（the intencity of empathic understanding）がまったく理解されていない、という点です。どうも傾聴は受け身的なことだと思われているようです。まったく理解されていない。ひどく誤解されていると思います。無条件の積極的関心も誤解されています。クライアントを大切に思う（care）ということ、クライアントを尊重する（prize）ということは、クライアントの行為を何でも、それでいいですよ、と承認する（approve）こととは違います。クライアントのエッセンスをほんとうに心を込めて大切にする（a real caring for the essence of the client）ということを意味しています。これも誤解されています。リアルである（being real）ということは、したいことを何でもする、ということではありません。これは、厳しいトレーニングによって磨かれてはじめて可能になるアプローチなのです。私はこのことを十分に強調していたとは言えなかったと思います。そのために、こうした浅はかな誤解を見過ごしてしまったのだと思います。私は自分に厳しい人間なので、他の人もそうなのだろうと自然と考えたのです。しかし、そうではありませんでした。パーソンセンタード・アプローチが理解されにくい点の一つは、それが多くの点で非常に厳しい鍛錬を必要とする方法である、ということです。（Rogers & Russell, 2002）

いかがだろう。自分が提案した傾聴が浅はかに誤解されていることに、強い怒りと深い後悔の念を抱いていることが、伝わってこないだろうか。

ロジャーズのアプローチは、厳しい専門的な訓練を必要とする方法である。諸学派の「前提」に解消されていいものではないし、ましてや、少し練習すれば誰にでもできるものなどではない。「ただ聴くだけ」の方法ではない。実際、私の見るところ、臨床心理士、公認心理師など、多くの心理学の専門家がいるが、ロジャーズ流の「ほんものの、深い傾聴」が多少なりともできている人は、１割もいないだろう。

では、認知行動療法などの他流派に前提として取り入れられている傾聴と、ロジャーズ流の傾聴はどこが違うのか。「ロジャーズ派のカウンセリングのアイデンティティ、他の流派のカウンセリングや心理療法の前提として解消されえない本質的なものは、どこにあるのか。それを明確にしなくてはならない」。これは、言わばロジャーズ派カウンセリングの学派としての存続理由をかけた問いである。

筆者は、自分自身のカウンセリングの体験、とりわけ、「よく聴けている」と思えるさまざまな体験を思い起こし、それに現象学的な省察を加えた。本質直観、自由変更といった作業をみずからの体験に対しておこない現象学的分析をして、そこから、ロジャーズ流の傾聴の「本質」と言えるものをつかみ出そうと試みたのである。その結果抽出されたのが、次の４つの要素であった。

①セラピストが「より深い意識のモード」にみずからの意識モードを変容させた上で傾聴をおこなっていること。それにより、クライアントもカウンセラーも、「内側の深いところに触れながら、語ったり、聴いたりできる意識のモードでの傾聴」が可能になる。

「相手の話を聴くだけ」と揶揄されるような、浅い、表層的な傾聴（日常モードでの傾聴）や、認知行動療法その他の他学派でおこなわれている類の傾聴と、ロジャーズ流の深い傾聴との決定的な違いがここにある。「深い傾聴」は、セラピスト、カウンセラー自身の「意識の変性（脱日常モードへの意識の変性）」においてはじめて可能になるのである。

このような「深い意識モードでの傾聴」ができていないならば、そのカウンセラーは、ロジャーズ流のカウンセリングをおこなえているとは、言えない。

②カウンセリング空間に漂っているすべてのもの——カウンセラー自身の「身体感覚」「ふと生じてきたイメージ」「突然見えてきたイメージ」や聞こえてきた「音」、突然わいてきた「直観や衝動」、なぜかふとしたくなった「動作」、理由もなく生じてきた「違和感」や「空気や雰囲気、違和感」など——こうした「すべてのもの」に、ただ等しく、無条件に意識を向け、そこで立ち現れ浮上してくるすべてのものに開かれた態度を保持していること。（クライアントという人間だけでなく）こうした「すべての現象への無条件の尊重」、すべての現象を等しく尊重し大切にする態度が保持されていること（無条件の尊重）。現象学的な志向性のカウンセラー、セラピストは、一見、あまり意味がないように思える現象や出来事からこそ、セラピィの大きな展開が生まれることを知っている。

③セラピストやカウンセラーの「プレゼンス」、ただそこに、こころを込めて「いる」ことに全力を注ぐ。こうしたセラピストの姿勢、「クライアントと深くつながっている感覚」こそ、セラピィの命綱である。それは決して、諸技法の前提などとして解消されるもの

ではない。

④セラピスト、カウンセラーが自分を消して（無人格・インパーソナリティ）、クライアントの内側の世界に自分を投げ入れ（自己投入）、そこに没入し、融合して、あたかもクライアント自身に「なりきっている」かのような姿勢で、クライアントの話を聴けていること（「自己投入的理解」ないし「自己没入的理解」）。

この４点がロジャーズ流の「深い傾聴」とそれ以外の「普通の傾聴」との決定的な違いである。真正のロジャーズ流のカウンセラー、セラピストによって、「ほんものの深い傾聴」が体現される時、これらがその本質的な側面として立ち現れるのである。問題の解決や症状の除去を志向する諸流派において、そこに直結する一部の現象だけを意味のあるものとしてピックアップする聴き方とは大きな違いがある。

ロジャーズのカウンセリングの５つのステージ

ロジャーズのカウンセリングは、主に次の５つのステージを経て、発展・生成していったと考えられている。

①非指示（non directive）療法のステージ

主として１９４０年代　ロジャーズ30代後半から40代後半

②クライアント中心療法のステージ
主として1940年代後半から1953年頃　ロジャーズ40代半ばから50代前半
③クライアントの変化の瞬間とそれに続くプロセスに焦点を当てたステージ
主として1953年頃から1963年頃　ロジャーズ50代前半から60代前半
④パーソンセンタード・アプローチのステージ
主として1963年から1970年代　ロジャーズ60代から70代半ば頃
⑤直観や変性意識を重視したステージ
主として1970年代後半からの晩年　ロジャーズ70代後半から80代半ば

本書は、特に第2章と第8章を中心に、右記の③のステージのロジャーズ、つまり最も魅力的なステージにあった50代のロジャーズに焦点を当てクローズアップした。

それぞれのステージのロジャーズには、それぞれの魅力がある。その時代のロジャーズのカウンセリングの姿勢には、先ほど述べたロジャーズ流のカウンセリングの異なる側面が、色濃く発揮されている。

興味深いのは、一般に、人間の成長・発達やその理論の発展には、後の時代のものが前の時代のそれを包摂しながら超えていく、という特質が見られるものであろうが、ロジャーズの場合には、そのような側面も一方ではありながら、必ずしもそうとは言えない面があるところである。

セラピストとして研究者として、いつの時代のロジャーズがピークであったか、見解は分かれるであろう。筆者は、第３ステージのロジャーズ、50代のロジャーズだと考える。だからこそ、本書もそのステージのロジャーズの理論や実践に焦点を当てたのである。しかし他のステージのロジャーズにも代えがたい魅力がある。

異なるステージのロジャーズは、先に述べた「ロジャーズ派カウンセリングの本質」の異なる側面をそれぞれ極限化したような面接をおこなっている。以下では、各ステージにおけるロジャーズのカウンセリングの魅力をクローズアップして紹介したい。

第1ステージ、第2ステージのロジャーズ――「リフレクティブ心理療法」

第１ステージの非指示療法時代は、「技法中心モデル」の時代（１９４０年代）、第２ステージのクライアント中心時代は「態度中心モデル」の時代、と一般的には区分されうる。「リフレクション」をはじめとした「非指示技法」を形式的に模倣されたことに嫌気がさしたロジャーズは、「態度中心モデル」へと転換したのである。

しかしこれは、理論上の転換であって、ロジャーズのカウンセリングの実際からすると、この二つの時代は、区別する必要はないように思われる。１９３０年代後半から１９４０年代後半頃までのロジャーズ（30代後半から40代後半）のカウンセリングの実際は、一言で言えば、「リフレクティブ心理療法」と言っていいスタイルを一貫してとっていたからである。この時代のロジャーズから、二つの面接をとりあげてみよう。

ハーバート・ブライアンのケース

世界最初の逐語記録と言われるハーバート・ブライアンの事例の初回面接から一部を紹介する。39歳頃のロジャーズが大学院生の心理実習の授業の資料として、自分の面接を録音し、逐語記録化したものである。

ロジャーズ　もっとくわしくお話しいただけませんか。なぜ、どんなふうに、ほんとうにもう死んでしまったほうがいいと思うほど、追いつめられてしまうのか。

ブライアン　ええ。その感覚をもっと正確に言葉にできるかどうかわかりませんが、それは、とても強烈な痛々しい重さで、まるで斧《おの》が腹部全体を押しているというか、押しつけているような感じなんです。だいたいどの場所かもわかるんですけど、それが急激にぼくを圧迫してくるような感じなんです。そしてそれは、ぼくのダイナミックなエネルギーの源のところまで下りてくるので、どんな分野でどんな努力をしても、いつもそこでブロックされてしまうんです。

ロジャーズ　何につけても力を根こそぎ奪われてしまうんですね。

ブライアン　ええ、そうなんです。そして身体でも同じことが起きるんです。歩いていて、その悪い感じが襲ってきた時、ぼくは背中を曲げて、お腹が痛い時のような感じで歩くんです。ぼくは実際腹痛をよく起こすんですが、この時は心理的にそ

ん な感じになってしまうんです。

ロジャーズ　そうですか。そしてそのために、あなたは何というか、半分くらいの人間になってしまう。半分くらいの力しか出せなくなってしまう。

ブライアン　そうなんです。それはちょうど自分の中に文字どおり、斧を持っているような感じです。ぼくのエネルギーの核になるところに斧があるような感じ。そのためにぼくのエネルギーは、痛々しいばかりにブロックされ、抑え込まれているんです。それは、ぼくの深いところに突き刺さっている。けれど、だからこそ逆に、それから解き放たれると、深いエネルギーの流れを感じることができるわけなんですが。

ロジャーズ　いい感じの時は、ほんとうにいい感じなわけですね。

ブライアン　ええ、そうなんです。とってもダイナミックです。頭の回転も速くなるし、すべてが調子よくいきます。やることなすこと、うまくいくっていうか。

ロジャーズ　そしてあなたは、どうすればそういうダイナミックな自己を持っている時間を増やすことができるか、それを考えている。

ブライアン　はい、そうなんです。いつもそんなふうでいたいんです。でも、なぜだかわからないんですが、そんなふうではいられないんです。すべて心理的なことだっていうことはわかっているから、それを突き止めたいんですけど。

これが、いわゆる「非指示療法」時代、30代後半のロジャーズのカウンセリングの実際である。どの応答もクライアントが語っていることを「リフレクト」する（映し出す）応答である。けれど、「単に相手の言葉を繰り返すだけ」でもなければ、「オウム返し」でもない。「ぼくは背中を曲げて、お腹が痛い時のような感じで歩くんです。ぼくは実際腹痛をよく起こすんですが、この時は心理的にそんな感じになってしまうんです」というクライアントに、「そうですか。あなたは何というか、半分くらいの人間になってしまう。半分くらいの力しか出せなくなってしまう」と返している。「クライアントが言わんとしていることのエッセンス」をとらえて、短く的確にリフレクトしている。さすがである。

「インパーソナリティ」――自分を消し、クライアントを映し出す「鏡」になる

30代後半から40代後半の「リフレクティブ心理療法」の時代のロジャーズの面接は、整っていて、美しい。セラピストとして、自分を消し、クライアントを映し出す「鏡」となることに徹している。ある仕事のために自分を消し去っている人間の美しさ、潔さが立ち現れている。『クライアント中心療法』（Rogers, 1951）の中で紹介されているエット夫人のケースもそうしたケース（面接事例）の一つである。この時期のロジャーズは名称を「クライアント中心療法」に変え、理論は「技法モデル」から「態度モデル」へと変わっていた。実践的には、ますます自分を消し、クライアントを映し出す「鏡」となることに徹している。職人的な美しさが光っていた時代である。

カウンセラーの理想像についてロジャーズは次のように語っている。

「あなたの役に立つために、私は自分を排除するでしょう。普通のやりとりをおこなっている時の自分を排除するのです。そしてできる限り、完全にあなたの知覚の世界に入っていきます。私は、あなたにとって、もう一人の自分になっていくんです」。自分を排して、相手の「もう一人の自分」になること。そこに、ロジャーズはカウンセラーの理想像を見ていた。

全盛期にあったシカゴ大学でのロジャーズの面接時の写真（ロジャーズ 48 歳、Kirschenbaum, H., *On Becoming Carl Rogers* より）

そしてこのような、自分を消すカウンセラーとしての在り方を指すためにロジャーズは「インパーソナリティ」(impersonality)（強引に訳すなら「無人格」ないし「非人称性」）という言葉を使っている。面白いことに、この「インパーソナリティ」という言葉は、もともとはエット夫人と呼ばれる若い女性クライアントが面接の中で発したものである。クライアントの言葉の中に、ロジャーズは、自分の面接スタイルの本質を見出《みいだ》したのである。

12回目の面接記録から該当箇所を紹介する。

エット夫人　（中略）つまり先生は――そう、ほとんど無人格なんです。（中略）これまでに誰ともこんな関係は持ったことがなかったので、そのことを時々考えていたんです。

ロジャーズ　たしかに、たいていの関係とはまったく違ったものですよね。

エット夫人　ええ、そうですね――でも、私の関係――私たちの関係、とは言えませんね。なぜって、たしかに先生は私に何も与えてくださらないですから。だから私たちの関係、とは言えませんけど――先生との私の関係は、とても魅力的です。私がそれを楽しめるのは、とても純粋なものだからです。ええと、インパーソナルで、性的でなくて、すべてが穏やかで。先生はまるで、救命ブイのような存在ですね。

ビューティフル！　そう叫びたくなる。ロジャーズのコメントによれば、エット夫人は、セラピィ終了後、驚くほど何度も「インパーソナル（無人格）」という言葉を使って治療関係の特質を言い表そうとしたという。エット夫人は、ふだんの人間関係においては、自分のことを話していくと、次第に相手に恐れを感じるような傾向があった。けれども、ロジャーズとのカウンセリングにおいては、そのような感情はまったく起こらない。ロジャーズとのカウンセリング関係のこの特殊性を言い表そうとして、エット夫人は「インパーソナル」という言葉を使ったのである。

ロジャーズも、エット夫人の用いたこの「インパーソナル」という言葉は、自分のカウンセリングの本質を言い当てていると思ったのだろう。コメントの中でロジャーズは、ここでエット夫人は、「カウンセラーという一人の人間（person）が——自分自身の欲求を持ち、評価したり反応したりする一人の人間としてのカウンセラーが——消えている、というユニークな体験」を言い表したのだと指摘している。この時、ロジャーズは、クライアントのこころの内側に入り込み、それを正確に映し出す「鏡」となることに徹している。クライアントになりきっている。一人の人間としてのカウンセラーは排除され、「死に体」となっているのである（森岡 1991）。

もう一つ注目すべきは、エット夫人がロジャーズとの関係について、「先生との私の関係」とは言えても、「私たちの関係」と言うことはできない、と言っている点である。ロジャーズもこの点にコメントを加えて、これは、カウンセリング関係がこのクライアントにおいて「きわめてユニークな意味において一方通行的な事柄」として経験されていることを示していると言っている。そしてそれは、「この関係全体がクライアントの自己によって構成されていて、一方カウンセラーのほうは『クライアントのもう一人の自分』になるというセラピィの目的のために脱人格化（depersonalize）されているから」こそ起こることなのだ、と言うのである。

ロジャーズが、カウンセラーとクライアントの関係は、ある意味で「一方通行的な関係」である、と言っていることに意外な感じを持たれる方もいると思う。一般的には、カウンセリングは「相互関係である」とされているからである。

筆者がここで夢想するのは、もし、ロジャーズとマルティン・ブーバーとの対談が、ロジャーズが55歳になり、より自己一致を重んじるようになっていた1957年にでなく、この「自分を消すスタイル」の面接をおこなっていた時期、つまり、40代であった1940年代におこなわれていたら、どうなっていただろう、ということである。

1957年のブーバーとの対談でロジャーズは「カウンセリングやセラピィの最中に『我と汝《なんじ》の出会い』が可能になる瞬間があるんです」と繰り返し訴える。カウンセラーとクライアントが一人の人間と一人の人間という対等な関係において「実存的な出会い」を体験する瞬間がある、と訴えるのである。それに対してブーバーは終始、カウンセラーとクライアントという役割がある以上、両者は対等ではありえない、と治療構造の存在を指摘し続ける。治療構造、現代カウンセリングの面接の「枠」設定の必要を明確に論じたのはロジャーズその人自身(『カウンセリングと心理療法』)である。ブーバーにそのようなことを言われる筋合いはなく、不毛なすれ違いに終わったこの対談であったが、もしもこの対談が10年から15年ほど早くおこなわれていたら、どうだろう。ロジャーズはすんなり、ブーバーの言い分を認めたのではないか。

「自分を消し、クライアントの鏡になることに徹する」スタイルのカウンセリングにおいて、カウンセラーはクライアントの意識から消える。そしてその瞬間にクライアントは自分自身と出会う。カウンセリングとは本来、このような仕方でクライアントの自分自身との出会いの瞬間をもたらす、特殊な逆説的関係なのである。

「カウンセラーが消える体験」、「二人でいるけれど一人でいるような体験」

ロジャーズのこうした考えは、カウンセリングというものの本質をよく突いている。エット夫人が言うように、それは、クライアントにおいて、「私たちの」関係（他者との二人の関係）としてでなく、「私の」関係（私一人の自己関係）として体験されるのである。

『クライアント中心療法』（１９５１年）に登場するキャム夫人というクライアントも同様の発言をおこなっている。「カウンセラーと自分との関係において、二人の自己は二人のまま存在しながらどこか一人となっている」「私たちは私である（We are Me）」「一人の人間としての彼（カウンセラー）に対してではなくて、彼を通して私自身にはっきりさせたいという、ある一つの欲求に気づくのでした」

キャム夫人の言う「二人の自己は二人のまま存在しながらどこか一人となっている」「私たちは私である」という言葉は、カウンセリングという特殊な人間関係の本質をよく表している。カウンセラーは、自分を消す。クライアントを映し出す鏡となる。そのための道具となることに徹する。ここには職人の美学がある。だからこそ、クライアントには「二人は二人でありながら、どこか一人である」「私たちは、私である」と感じられるのである。

このことは、「自分を消すスタイル」に徹していた40代のロジャーズに影響を受けた日本人、友田《ともだ》不二男《ふじお》らにも、大きな影響を与えている。クライアントが面接中に体験する「飛躍」について論じたある論文（友田　1974）では、友田の面接におけるクライアントの次の言葉が引き合いに出されている。

「おっかしいなあ。私が話していると、いつの間にか先生が消えていなくなっちゃう」「ああいるんだなあ、と思って話してるとまた、先生がいなくなっちゃう」

友田によれば、カウンセリング面接の中ではしばしば「クライアントが、カウンセラーはもちろんのこと、クライアント自身をもまったく意識しないような状態にまでなる」。そして「人格変化」と呼ばれるような「飛躍」的現象は、おおむねこのような状態において、つまり外から見れば「二人の人が話し合っている場面」のようでありながら、「体験のレベル」ではそこには「一人の人間しかいない」と思える、そういった状態において起こると言うのである。そして、後に現実の関係に戻った後、クライアントはそこで、「ひとり」ないし「真空」の状態において体験した自らの「飛躍」や「成長」の意味を徐々に確認し体認していくのだと言う。『カウンセリングと心理療法』（Rogers, 1942）の「ハーバート・ブライアンの事例」の部分の初の邦訳である『ロージァズ全集第9巻　カウンセリングの技術』の中で編訳者の友田は詳細な注釈を付して、クライアントのブライアン（仮名）が吐いた「真空（vacuum）」という言葉の意味を論じている。

面接の6回目で、クライアントのブライアンは「成長は環境の中では起こったことがな」く、それは「何かしらひとりぼっちの黙想のようなもの」だと言う。「宗教的な神秘主義者は長い間ひとりで黙想する」が、そこには「何かしら力を強化するようなことがあるに違いない」と言う。また7回目の面接でも、人間の決心そのものは真空中で可能だけれど、その決心は外的状況で養われる必要がある、という趣旨の発言をおこなっている。これに対し、「そんなふうに成長が起こるとは思えない」カウンセラー（明記されてはいないがおそらくロジャーズであると思われる）はこれに否定的に応答している。またその論評の箇所でロジャーズも、このクライアントの成長について、彼は「真空中で自分を治す」という「ごまかし」に気づき、真空中においてでなく、実際に生きている状況において問題を解決するようになったのだと説明している。

これに対して訳本の編訳者の友田は、成長は「真空」ないし「ひとり」の状態で起こるというブライアンの発言を支持し、これは「まことに重大な意味を持つ洞察的な表現もしくは提言であり」、「人間の真相」はそうでしかありえないと言う。それぱかりか、「真空」においてこそ飛躍的な成長や人格変化は起こる、というブライアンの考えについて、「カウンセリングもしくはサイコセラピィに関し、さらに一般的に言って〝人間の成長〟に関して、まことに絶大な洞察を含んでいる」と指摘している。

また『ロージァズ全集』第18巻所収の対談でも次のように言う。

ハーバート・ブライアンと名付けられたクライアントが、人間が変化するのは、わかりやすく言うと〝ひとりぽつんといるとき〟である、人間と人間の接触があったり、現実の状況のなかでは、人間は変化しない、と言いだすんですよ。カウンセラーはこの意見に反対で、〝人間関係において人間は変化し成長してゆく〟という。このところがわたくしのキイ・ポイントになるので注釈をたくさんつけたんですけれど、わたくしは確かにクライアントに軍配をあげているんですよ。人間はひとりでぽつんといるときに飛躍したり成長したりしてゆく。その飛躍や成長を確かめてゆくのが人間のつながり、具体の世界、であるけれど、その現実の世界、現実の人間関係において成長が起こるのではない、と思うんです。……これをカウンセリングにもってくると、ロージァズのテクニックが意味を持ちうるのは、クライアントがひとりでぽつんと置かれた状態になることにある。（友田ら1968）

「自分を消して鏡になる」スタイルの面接に徹していた40代のロジャーズに影響を受けた友田は、それを忠実に実践していった。その中で、ロジャーズのクライアントと同じように、友田のクライアントも「カウンセラーが消える体験」「二人でいるけれど一人でいるような、一人でいるけれど二人でいるような」そんな体験をした。そしてその体験をもとに、ロジャーズの著作を深読みした友田は、その体験の視点から、ロジャーズの出世作、『カウンセリングと心理療法』に訳者でありながら詳細な注を付してロジャーズに徹底的に反論し自説を唱えている。これはある意味、友田が、ロジャーズ以上に40代ロジャーズの「自分を消すスタイル」を忠実に実践しえたがゆえに起こったことであろう。

いずれにせよ、これらは、「カウンセラーは自分を消す。相手の鏡となることに徹する」、すると、クライアントの側に「二人でいるような、一人でいるような」「一人でいるような、二人でいるような」体験が生じて、その後に治癒や変化が生じる、という、この時期のロジャーズの面接スタイルの本質をよく表している。それはまた、とりも直さず、カウンセリングという特殊な関係そのものの本質をよく物語ってもいるのである。カウンセリングをおこなっていて、「今日は、ほんとうによく聴けているなぁ」と感じる時、いずれ、次のような体験が訪れる。カウンセラーとクライアントが溶け合って「一つ」になっていくような瞬間が訪れるのである。カウンセラーとクライアントとが、「一人でいるようでいて「一人でいるようでいて、でも二人で、二人でいるようでいて、でも一人で……」と感じられる「一人でいるような、二人でいるような体験」が訪れる。そしてそんな雰囲気がさらに濃厚になっていくと、終《しま》いには、クライアントは「自分さえ、いない」「ここには、誰もいない」とさえ感じられるようになってくる。こうした体験においては両者の意識が変性してくる。その時、「相手を理解しよう」などという意図的な姿勢は消える。ただボーッとしながら、お互いに深いところに意識がとどまっている。そんな雰囲気になっていく。

相手の内面世界に深く入っても、いつでも自分に戻ってくることができるという確信

自分を消して、相手の内面世界に、深く、深く入っていく。このスタイルの面接をおこなうことに、多くの人は恐れを抱く。「自分がおかしくなるのではないか。戻ってくることができなくなるのではないか」

そんな恐れを抱くのである。

これは、きわめて正常な反応である。しかしここで恐れを感じていると、まだ相手の内面世界に深く入っていくことができない。相手の内面世界に完全に没入したとしても、いつでも「自分」に戻ってこられる力を養っておく必要がある。

ロジャーズは言う。「私は自分が誰であるのかを知っている。その感覚があるから、私は目の前にいる他者の世界に自分を入り込ませていくことができるのだ。それが、どんなに恐怖を感じるような、狂ったような、奇妙な世界であったとしても。なぜなら、私は、どれほど相手の内面世界に深く没入していったとしても、いつでも、自分の世界に戻ってくることができる。自分自身に戻ってくることができる。そんな確信があるからである。自分自身についてこういう確信が持てないと、相手の世界に搦《から》め捕られてしまって、自分が誰であるか、わからなくなってしまう。これはとても苦痛に満ちた状況である」(Rogers & Russell, 2002)。そして、そんな確信を得て、安心して相手の内面世界に深く深く入っていくことができる時、私は「クライアントの人生」という「一本のほんとうにいい映画」を観させていただいているような気持ちになることがある。「いい面接をできている時」に共通する実感である。

「クライアント中心」という言葉の真の意味

ロジャーズは言う。「クライアント中心(クライアントセンタード)という言葉は、しばしば誤解されてきました。多くの人は、クライアントセンタードという言葉を、クライアントに豊かな関心を向けているといった程度の意味で使っているのです。私たちは、もっと深い意味でこの言葉を使っていました」（Rogers, 2002）

これは「クライアント中心」についての典型的な誤解である。クライアント中心療法の本質をまったくわかっていない。

筆者の周囲でも、ある温かみのある認知行動療法家をさして、「あの人は認知行動だけど、クライアントセンタードだから」などという言葉を耳にしたことがある。つまり、温かみがある、とか、雰囲気が受容的な感じである、とか、その程度のことをさして「あの人はクライアントセンタードだから」と言っていたのである。悪気なく言ったのであろうし、その認知行動療法のセラピストがダメなセラピストだ、というわけでもない。ただ、「クライアントセンタード」の本質が多くの臨床心理士、公認心理師にその程度にしか理解されていないことを思い知った次第である。

では、「クライアントセンタード」とは、何か。「クライアント中心療法」における「クライアント中心」とは、どのような意味か。ロジャーズは言う。

私たちは、もっと深い意味でこの言葉を使っていました。クライアントセンタードとは、クライアントの内側の内的なフレーム・オブ・レファランスを中心とする、という意味、もしくは、クライアントの内的な世界を中心とする、という意味で言っていたのです。どんな用語も、そのアプローチを完璧に定義することはできません。絶対に取り違えられる

と思います。（Rogers & Russell, 2002）

「クライアント中心療法」における「クライアント中心」とは、「クライアントの内的な世界」「クライアントの内側の世界」を中心にする、という意味である。

セラピストは自分を消して、クライアントの内側の世界に完全に没入する。自分を消して、クライアントの内側、クライアントのフレーム（ものの見方、感じ方、考え方の枠組み）の内側に入り込んで、そこを立ち位置として、内側からその人の住んでいるこころの世界を見る。感じる。味わう。ありありと想像して、その人そのものに、なりきる。こうした徹底度において、「クライアント中心療法」における「クライアント中心」という言葉は使われているのであり、そうでなければ一つの学派を名乗る資格はないだろう。

「クライアント中心」ということが先述した程度の意味（あの人は温かくて、受容的だ、といった程度の意味）で受け取られているのであれば、それはすべてのセラピィの共通要素として解消された、などと思われても仕方ない。温かくて受容的な人なんて、一般人にもゴロゴロいて、何の特別なトレーニングをしなくても、身につくものだからだ。今の日本で私たちが感じている、この学派の「誤解されている感」を40年前のロジャーズもほぼ同じように感じていたのである。

リフレクション（伝え返し／映し出し）

「自分を消して、相手の鏡になる」ことに徹していた40代のロジャーズ。日本で「ノンディレ」などと呼ばれた「非指示技法」の中心が「リフレクション（reflection）」である。「リフレクション」は、しばしば、「相手の言葉を繰り返すだけ」「オウム返し」などと揶揄されて、評判がよろしくない。しかし私は本格的な「リフレクション」こそ、カウンセリングの最強の技法である、と今でも思っている。

さまざまな中傷を受けて、技法に関する言及を50代以降は一切しなくなり、ただカウンセラーの「態度」にのみ言及するようになったロジャーズ。それは表面的な模倣と誤解にほとほと嫌気がさしたゆえのことであった。にもかかわらず、何十年もの間、この技法はやはり形式的な技術として誤解されたまま使われ続けている。そのことに業を煮やしたのであろうか。死の前年になって、ロジャーズははじめて、ほぼ40年ぶりに「リフレクション」に言及している。

セラピストとしての私の見解を言えば、私は「感情をリフレクト」しようとはしていません。クライアントの内的世界についての私の理解が正しいかどうかを確かめようとしているのです。クライアントがそれを今体験しているとおりに私がそれを見ているか、確かめようとしているのです。私の応答には、次のような無言の問いが含まれています。「あなたの中でそれはこんなふうになっていますか」「私は、あなたが今体験している個人的な意味の色合いとか肌合いとか味わいを、ちゃんとキャッチできていますか」「もしそうできていなかったら、私は自分の知覚をあなたのそれに一致させたいのです」。一方、クライアントの側から見れば、私たちはクライアントが現在体験しつつあることの鏡を提供しているのです。その鏡に映し出され、別の人の目を通して見られた感情や個人的意味は、よりシャープになっていくようです。だから私は、「感情のリフレクション」ではなく、「こちらの理解をクライアントに確かめてもらう（Testing Understandings）」とか「こちらの受け取りをクライアントにチェックしてもらう（Checking Perceptions）」という言葉を使うことを提案します。こういった言葉のほうが、より正確であると思えるからです。

セラピストのトレーニングにも有益です。「リフレクト」しようとするのに比べると、相手の内的世界についての自分の理解や受け取りを確かめようとすることのほうが、応答したり質問したりする際の健全な動機となるようにも思います。（Rogers, 1986c）

このようにロジャーズは死の前年、一般に「感情のリフレクション」と呼ばれ、ただの言葉の繰り返し、オウム返しとして誤解されたまま流布している技法の内実は、クライアントの体験世界の「鏡」になることであり、その「鏡」に映し出された相手の内的世界についてのこちらの理解や受け取りをクライアントに確かめてもらうことにある、と言っているのである。

ロジャーズ84歳の時に収録された口伝『カール・ロジャーズ―静かなる革命』（Rogers & Russell, 2002）では、リフレクションについて、それは「クライアントにとっては、自分を映す鏡を持っているような体験と言えるでしょう」「自分を映す正確な鏡を手に入れて、はじめに話していたときよりも、自分をはっきり見つめることができるようになるのです」「鏡に映し出された自分自身を見つめることができるのです。これが、セラピィというものが、非常に役に立つところです」と言い、リフレクションの持つ大きな価値をしっかりと再肯定している。

このロジャーズの指摘は、きわめて重要である。今でも、「リフレクション」は、カウンセリングの最も重要な技法である。しかしその本質はあまり理解されていない。

「リフレクション」とは、「私は、あなたがお話しされていることのエッセンスを、あなたの内側に入って、あなたになったつもりで内側から感じてみて、あぁこんなことかなぁと、受け止めたり理解したりしているんですけれど、それでよろしいでしょうか。それがしっくりぴったりくるかどうか、あなたの内側で響かせて、確かめてみてください。もしずれていたり、足りなかったりしたら、教えてほしいんです……」といった姿勢でなされていく応答のことである。

大切なことは、クライアントがカウンセラーの言葉を自分の内側で響かせて吟味し、修正したり微調整したりできることである。そうしたことをカウンセラーの機嫌などを気にせずにおこなうことができる雰囲気が、カウンセリングの中にあるかどうかである。「ぴたっと当てる」応答をすることではない。

リフレクションをした時にクライアントから返ってくる「……というよりも……」というのは、悪い反応ではない。むしろ、微修正しながら「きちんとわかってもらいながら、一緒に進んでいきたい」という積極的な姿勢の表れとして歓迎すべきである。ロジャーズは言う。

私のセラピィのもう一つの大きな特徴は、クライアントのリードに喜んでついていく点です。私の応答には質問がたくさん含まれています。「あなたの内側は今、こんなふうですか」。この時クライアントが「いいえ」と言ってくれるのは、とてもいいことなのです。私はクレバーな人間でありたいとは思っていないので、取り下げます。私はクライアントと共にいたいのです（I want to be with the client）。（Rogers & Russell, 2002）

「リフレクション」は従来、「感情の反射」「反射」などと訳されてきた。しかしこれでは、反射神経、という言葉に連想されるように、間髪《い》を容れず、素早く相手の言葉を繰り返す、といった作業を連想してしまう。その誤解を防ぐために、２００５年の『ロジャーズ主要著作集』の翻訳の時点から、筆者は、「リフレクション」を「伝え返し」と訳してきた。しかし今となってみれば、これも「リフレクション」の本質をまだ今ひとつとらえきれていない。「伝え返し」では、言語的な作業の印象が強すぎるからである。今であれば「リフレクション」とそのままカタカナ表記にするか、「映し出し」と訳し直すかもしれない。

カウンセリングの実際においては、クライアントの言葉を虚心に聴きながら、ああいうことであろうか、こういうことであろうか、とクライアントの言わんとしていることのエッセンスをありありと推測し想像しながら、つかもう、感じ取ろうとする。さまざまな言葉だけでなく、イメージなども思い浮かべながら、しっくりくるものが見つかった時に、「こういうことでしょうか」と返していく。それは「クライアントによって言わんとされていることのエッセンスを、クライアント自身以上に鮮明に、その場に映し出していこうとする作業」である。それゆえ「リフレクション」の内実は「映し出し」というのが、最も適切ではないかと現時点では考えている。

中年期の危機から、面接スタイルが変わる

「自分を消して、相手の鏡になる」ことに徹していた40代のロジャーズ。その面接スタイルを大きく変えるきっかけになったのは、第3章でも紹介した40代後半の「中年期の危機」体験であった。50歳に廃業寸前まで追い込まれたあの体験をきっかけに、ロジャーズは、「もっと自分を出そう」と思い始めた。自分の教え子にカウンセリングを受けるなどして、危機を切り抜けた50歳手前のロジャーズは、「次第に、自分を価値ある人間、自分を好きな人間だと思えるところまで回復していったのです。以前に比べて、人に愛を注いだり、愛を受けたりするのをあまり恐れなくなりました。クライアントとのセラピィも、その時から一貫して自由になり、自然になっていきました」（Rogers, 1967b）。

これが、この後のロジャーズの仕事の方向性を大きく変えていく。「自分を消して、相手の鏡になることに徹する」ことをよしとしていた40代までのロジャーズの禁欲主義的職人気質から抜け出し、もっと自分をオープンにしよう、と変わっていく。それが、理論的には「一致」の強調、実践的には60代以降のエンカウンター・グループの実践へと展開していく。

筆者が最も惹《ひ》かれ、本書で焦点を当てている50代のロジャーズは、まさにこの変化の途上に

あるロジャーズである。私たちが映像で目にすることのできるDVD『ミス・マンとの面接』のロジャーズは、1953年頃と言われているので、51歳あたり。まさに自分を解き放ち始めた、そんな時期の面接である。面接そのものはまだ崩れが見えず、40代の頃と変わらない美しく整った面接スタイルを見せてくれている。しかし後に収録された解説のところでは、少し自由への渇望が顔を見せている。

彼女は自分がちょうどいま経験している恐怖と孤独の中を、一緒に歩いてくれる人がいてくれたらという願いに気づき（中略）私が彼女と一緒にこうした感情の中を歩いていることを経験したのですが（中略）それをもっと一般的な用語で表現してみると（中略）そのセラピーで、その個人が経験することは（中略）愛されているという経験だと言ってもよいと思います。彼女はその瞬間、まぎれもなくそれを経験していたのです。それは、ある種の、所有欲のない愛です。（カール・ロジャーズ　畠瀬稔・監修『ロジャーズのカウンセリング（個人セラピー）の実際』コスモス・ライブラリー）

「ある種の、所有欲のない愛」という表現でセラピィの本質を語ったのである。

中年期の危機を経て、より自由になったロジャーズは「一致」を強調し始める。それにより「受容」「共感」「一致」と「三条件」がすべて出揃うことになる。1956年、54歳の時に学内紀要に掲載され、1957年に学会誌において公刊された、ロジャーズの生涯で最も著名な論文「治療的人格変化の必要十分条件」は、こうして書かれることになる。

「治療的人格変化の必要十分条件」（１９５７年）

「治療的人格変化の必要十分条件」は、１９５６年にアメリカ心理学会から第１回特別科学貢献賞（Award for Distinguished Scientific Contributions）を授与され、研究者として絶頂期にあったロジャーズが満を持して発表した論文である。

それにしても、「治療的人格変化の必要十分な条件」とは、いかにも大胆不敵なタイトルである。これさえあれば他には何もいらない、というのである。

ロジャーズは基本的には温厚な人柄であるが、時として、このようなドキリとするほどの大胆さを、そのセラピィにおいても、研究においても、私生活においても垣間見《かいまみ》せる。しかも、自分の流儀は何があっても変えない頑固さを持ち合わせていた。繊細であるが、大胆で、屈強であった。

さてこの論文「治療的人格変化の必要十分条件」であるが、その後30年にわたってしばしば自分の理論を変えていったロジャーズであるがこの「必要十分条件」論には本質的な変更は加えられていない。

この論文の最も肝心な箇所は以下のとおりである。

建設的な方向にパーソナリティの変化が生じるのに必要なのは、次のような条件（状態）が存在しており、かつ、それらが然《しか》るべき間、存在し続けていることである。

①二人の人が心理的に接触している。

②一方の人（クライアント）は、不一致の状態、すなわち傷つきやすい不安な状態にいる。

③もう一方の人（セラピスト）は、この関係の中で一致している（あるいは統合されている）。

④セラピストは、自分が無条件の積極的関心をクライアントに対して持っていることを体験している。

⑤セラピストは、自分がクライアントの内側のフレームに立って、クライアントをその内側の視点から、共感的に理解していることを体験している。またクライアントにこの体験を伝えようとしている。

⑥クライアントには、セラピストが共感的理解と無条件の積極的関心を体験していることが、必要最低限は伝わっている。

これ以外の条件は、必要ない。もしこれら6つの条件が存在していて、またそれらが然るべき間存在し続けるのなら、それだけで十分である。その結果、建設的な方向でのパーソナリティ変化が生じるであろう。

引用は以上である。このうち①はいわゆるカウンセリングの前提条件で、②⑥はクライアント側の条件である。③④⑤がそれぞれ「一致」「受容」「共感的理解」にあたる。

「必要十分条件」説への「ただし書き」

ある意味では、上記の「態度条件」の内容以上に重要なのが、これら「６つの条件」の直後に述べられている次の５つの「ただし書き」である。

①これらの条件は、ある種のクライアントには用いられるけれど、他のタイプのクライアントには別の条件が必要であるとは述べられていない。
②これら６つの条件は、クライアント中心療法の本質的な条件であるけれど、他のタイプの心理療法には別の条件が必要であるとは述べられていない。
③心理療法は特殊な種類の人間関係であって、日常生活で起こる他のすべての人間関係と違った種類のものであるとは述べられていない。
④セラピストには、特殊な専門的な知識——心理学的、精神医学的、医学的、または宗教的な——が求められる、とも述べられていない。
⑤セラピストがクライアントについて、正確な心理診断をおこなうことが心理療法には必要である、とも述べられていない。

ロジャーズの提言が、いかに大胆なものであったか、驚かれる人も少なくないであろう。一般的には、たとえば不安障害のクライアントには、精神病水準のクライアントに対するのとは異なるアプローチが必要だと考えられている。病態水準が違えば、とるべきアプローチも違ってくる。これが、常識的かつ一般的な考えであろう。

クライアントがどの病態水準にあるか（不安障害圏にあって、考えても仕方がないことにこだわり、くよくよと考えてしまっているのか。精神病水準にあって、その人のこころの成り立ちの基底の部分がなにか不調をきたしているのか。発達の偏りがあって、コミュニケーションがうまくいかないタイプのクライアントなのか）を見極めていくことは、もちろん重要である。しかし、その反面、どの病態水準のクライアントであれ、カウンセラーとしてやるべきことに共通しているものがあるのも、たしかである。ロジャーズは、この側面に着目した。

ロジャーズは、どんな問題を持ついかなるタイプのクライアントに対しても、この条件を満たすことが重要だという。また、先の「条件」は心理療法の学派の違いを超えて当てはまるし、さらにそれは、心理療法のみならず、親子関係、友人関係、夫婦関係、恋人関係など、さまざまな日常の人間関係にも当てはまるというのである。

さらにロジャーズによれば、クライアントに変化をもたらすのは、あくまで「関係の質」そのものであって、そのためには特殊な専門知識は必ずしも有用ではないし、時には逆に妨げにさえなってしまう、と言う。

また、クライアントをあまりに正確かつ客観的に診断しようとしすぎることは、かえってクライアントを防衛的にしてしまうとも言う。

この最後の点などは、しばしば「診断無用論」として誤解されている点であるが、ロジャーズにあっても、「関係の質」を壊さない仕方でクライアントの病態を的確に見立てることは、当然必要と考えられている。

いずれにせよ、この「必要十分条件」説は、いかなる問題を持ったすべてのクライアントにも通じるものであると同時に、学派の相違を超えてあらゆる心理療法、さらには、日常生活におけるあらゆる人間関係にも当てはまる普遍理論であると考えられている。この大胆さにこそ、ロジャーズの「態度条件」説の真骨頂があると言っていいだろう。

「心理的な接触」をつくる

六つの「必要十分条件」のそれぞれについて、説明を加えよう。まず、第１条件「心理的な接触」についてである。

ロジャーズは言う。

「第１の条件は最低限の関係、すなわち心理的な接触が存在しなければならないことを特定するものである。意味深い肯定的なパーソナリティ変化は、関係の中でなければ起こらない、という仮説を私は立てている。このことはもちろん仮説であって、その仮説は否定されるかもしれない」

筆者はスクールカウンセラーを長年やっているが、中には、まったく来談意欲がないのに、教師から言われて来談する生徒もたまにいる。今はほとんどいないが、日本でスクールカウンセラー制度が始まった1990年代には少なからずいた。「おまえ、諸富先生に話をしてもらってこい」と言われて来ました、というのである。この場合、生徒にカウンセリングを受ける意欲はまったくない。私との間の「心理的接触」もない。「もう帰っていいですか」と、すぐに言い始める。ここにいる意味はない、というわけである。たしかにそうである。

このような場合、しかし、こちらから「心理的接触」を試みることで、雰囲気が変わることがある。

私　「どうしてここに来たの？」
生徒「山田先生が行けって言ったから」
私　「そうか……山田先生は、いつもそんな強引な感じなの？」
生徒「そうなんです。やってられないですよ、まったく」
私　「そうか、やってられないか」
生徒「そうですよ。聴いてくれますか？　この前も、山田先生は、ぼくたちに無理やり、こんなこと言い始めて……」

こんなふうにして、カウンセリングが始まることが少なくなかった。

本章で紹介した「沈黙の青年」のケースにおけるロジャーズのかかわりも、「心理的接触」をつくろうと試みたものである。重い精神病水準の患者は、みずからカウンセリングを受けて自分を見つめたい、という意欲などない。こちらからかかわりかけて、「心理的接触」を試みなければはじまらない。ここに着眼して開発されたのが、ゲリー・プラウティの「プリセラピィ」である。

そうしたモチベーションのない患者を前にして、たとえば、

セラピスト「あなたと私の間には、150センチくらいの距離がありますね。（中略）そしてその間には、白い、大きな机が、ありますね」

このように、あたかも実況中継をするかのようにしてその場面を描写し、映し出すことで患者と心理的につながろうとするのである。「場面の映し出し（situational reflection：「状況反射」などと訳されている）」の技法である。

ほかにも、「表情のリフレクション（例：ニコニコされていますね）」「動作のリフレクション（例「手が挙がっていますね」）」「逐語リフレクション（例：一般には理解できない言葉でも、クライアントには意味がありそうな言葉を繰り返す）」「反復リフレクション（効果があったリフレクションを繰り返す。例「さっき『床』って言ったら、こちらを見てくれましたね」）」などのさまざまな技法がある。その場で起きていることを「実況中継」するようにして、クライアントの意

識との接触を図っていく。

通常のカウンセリングでは「前提条件」となるこの第1の条件「心理的接触」が、重篤な患者とのセラピィにおいては、中心作業となる。

第2の条件は、「クライアントが不一致の状態になり傷つきやすく不安定な状態にあること が必要だと特定されている」。援助を必要とするクライアントがいなければ、そもそも、カウンセリングや心理療法は始まらない。

第3の条件「セラピストの一致」については、第4条件「受容」・第5条件「共感」の説明の後で解説したほうがわかりやすい（本書236頁）。第4条件に先に進もう。

無条件の積極的関心

次に、第4条件、「無条件の積極的関心」について説明しよう。これは一般に「受容」と呼ばれているものである。「必要十分条件」論文におけるロジャーズの説明は以下のとおりである。

セラピストがクライアントの体験しているあらゆる側面を、そのクライアントの一部として温かく受容しているという体験をしているならば、その受容している程度においてその人は、無条件の積極的関心を体験しているのである。（中略）それは「あなたはこんな時にはよいがこんな時には悪い」というように、選択的に評価する態度とは正反対のものである。その人の「よい」、肯定的な、成熟した、信頼できる、社会的な感情の表現に対するのと同じくらいに、クライアントの「悪い」、苦痛に満ちた、恐れている、防衛的な、異常な感情の表現を受容するという感じを含むものである。

それはまた、次のような項目に該当するものだということである。

「クライアントがどんなことを言っても嫌な気持ちにはなりません」

「クライアントについても、その話すことについても、肯定したり否定したりする気持ちは起こりません。ただ受容するだけです」

「私はクライアントに対して、ただ温かな気持ちを持っています。その人の可能性についても、その人の弱点や問題についても温かい気持ちを抱いています」

「クライアントが話すことについて、判断を下そうという気はありません」

「受容」についてまず説明すべきは、多くの初学者が、「受容」と「同感」「賛同」「賞賛」とを混同してしまっている、という点であろう。クライアント中心療法では、「同感」もしないし「賛同」もしない。「ほめ」もしないし、「叱り」もしない。

クライアントに対して「そうですよね」などと「同意」もしないし「同感」もしない。「そうですよね」という言葉は、クライアント中心療法では、基本的には使わない。特に初回面接では、まず使わない。なぜか。「そうですよね」と言われ「同感」されたクライアントは、カウンセラーに「同感」されそうなことしか、言えなくなるからである。また、「そうですよね」

と「同感」されることで、クライアントは、無自覚のうちに、「日常会話に流れること」を強要されてしまう。せっかく自分を見つめに来たのに、貴重な機会を台無しにされてしまう。

なぜ、ほめないのか。カウンセラーがほめてしまうとクライアントは、カウンセラーにほめられそうなことしか、言えなくなってしまうからである。つまり、「無条件に、そのまま受け止められた体験」をできなくなってしまうのである。

「そうですよね」と同感されたり、「いいですね」とほめられたりすることで、クライアントは、カウンセラーに同感されたりほめられたりしそうなことしか、話せなくなってしまう。これらは「評価」であり、「条件付きの受容」になってしまう。

「私なんか、ダメです」と言っているクライアントに、「そんなことないですよ。あなたは、今のままで、そのままでいいんですよ」というのも、受容とは、異なる。これは単なる賞賛(価値評価)であり、「私なんか、ダメだ」というクライアントの気持ちの「拒絶」である。

「そんなことないですよ。あなたは、今のままで、そのままでいいんですよ」とカウンセラーに言われることで、「私なんかダメだ」と思っているクライアントは、「やっぱり、こんな、今のままでいいと思えない私は、ダメ人間なんだ」と、さらなる自己否定に追いやられてしまう。カウンセラーの「そんなことないですよ。あなたは、今のままで、そのままでいいんですよ」という言葉によって、クライアントは、落ち込んでばかりの自分をカウンセラーに否定され拒絶されたという気持ちになって、さらなる自己否定の悪循環に追いやられてしまう。

では、「受容」とは何か。カウンセラーは、クライアントの言わんとしていることをいい悪いで評価せず、ただそのまま、受け止めていく。たとえば、「もう私なんかダメだ」というクライアントに対して、「そんなことないですよ」と励ましたり、「もっとこんなふうに、考えてみては」とアドバイスしたり、といったことはしない。「なるほど……どうしても、自分のなかに、私なんかもうダメだ、という気持ちがある。そんな気持ちがつねに、自分のなかにあると思っておられる……」と、ただ「そのまま」受け止めていく。クライアントの話の「内容」ではなく、「感情（気持ち）」でもなく、そこで「言わんとされていること」をつかんで、可能な限り短い言葉で、しかも、（カウンセラーが勝手に評価・判断して）どの部分が重要でどの部分は不要だと決めつけることはせず（無選択の姿勢）、クライアントの言わんとしていることのどの部分も、一つ一つていねいに受け止めていく（無選択の尊重）。

カウンセラーに自分の言わんとしていることのどの部分も、ただそのままに受け止めてもらったクライアントは、自分自身でも、自分の言わんとしていることのどの部分をも、ただそのままに受け止めていくようになる。「あぁ、私のなかには○○なところもあるし、○○なところもあって、それで○○なんだなぁ」といったように。

「カウンセラーがクライアントの言わんとしていることを、ただそのままに（無選択・無条件に）受容していく」（カウンセラーによるクライアントの「無選択・無条件の受容」）→「クライアントは自分自身の内側のどの部分をも、自分の意味ある大切な一部として、ただそのままに（無選択・無条件に）受容していく」（クライアントによるクライアント自身の「無選択・無条件の自己受容」）。このようにつながっていくのである。

ロジャーズも言うように、クライアントは、カウンセラーがクライアント（自分）に対してとるのと同じ態度（無選択・無条件の受容）を自分自身に対してもとるようになるのである（無選択・無条件の自己受容）。

きわめて重要な点なので、別の説明もしてみよう。

「受容」とは、カウンセラーの価値観や好みによって取捨選択せず、クライアントのどの側面にも、偏りなく積極的かつ肯定的な関心を向けることである。実践的には、カウンセラーが自分のこころの中に「空間」をつくり、その「空間」の中を、あたかもクライアントに自由に漂ってもらうことができているような、そんな心理的態度のことだと考えてもいいだろう。

大切なのは、「無条件の」ということの重要な意味の一つは、「選ばない」こと、カウンセラーの価値観によって「この部分は大切、この部分はそうでもない」などと取捨選択せず、クライアントから表現されたこころの全体性の「どの部分も」大切にしていく姿勢にある、ということである。相手の「全体性」を大切にする、といった曖昧《あいまい》な理解にとどまらないことが重要である。

私自身は、「無条件の積極的関心」とは、先述のように、それがクライアントの側から発されたものであれ、カウンセラーの側から発されたものであれ、あるいは、カウンセリング空間に漂っている「空気」「雰囲気」のような、そのどちらとも言えないもの（どちらでもあるようなもの）であれ、「カウンセリングの場に存在しているものであれば、どんなものでも、ていねいに意識を向けていく態度」のことである、と考えている。面接過程で生じてきた「すべてのもの」に、ただ等しく、無条件に意識を向けていく。そこで立ち現れ浮上してくるすべてのものに開かれた態度を保持するのである。

面接空間に立ち現れてくるすべての現象をただ、そのまま受け止める。ロジャーズ派の「受容」というのは、突きつめれば、このようなレベルの受容、すべての現象をただそのまま受け止めるという「徹底された受容」になるのではないか。フロイトの言う「平等に漂う注意」に近いかもしれない。それは、セラピィの場に存在しているもの、漂っているすべてのものに等しく意識を向けていく姿勢である。

ロジャーズ派の立場（パーソンセンタードの立場）で最も熱心にカウンセラー養成に取り組んできた人物の一人、デイブ・メァーンズは、ロジャーズの言う「無条件の積極的関心」の「無条件」性の本質は「無選択」性、つまり、カウンセラー側の判断で取捨選択せず、クライアントから表現されているすべてのことに等しく意識を向けていく姿勢のこととして理解したほうが、臨床的に（あるいは臨床家養成の上で）より有効であると言っている（クライアントを一人の人間として丸ごと受容する、といった抽象的な理解では、あまり役に立たないということだ）（Mearns 1994）。

共感的理解

次に、第5条件、「共感的理解」について説明しよう。第5条件は、「セラピストは、自分がクライアントの内側のフレームに立って（internal frame of reference）、クライアントを内側の視点から、共感的に理解していることを体験している。またクライアントにこの自分の体験を伝えようとしている」というものである。

「必要十分条件」論文においてロジャーズはこう言う。

「第5の条件は、クライアントの気づきについて、そして自分自身の体験について、正確で共感的な理解を体験しているということである。クライアントの私的世界をそれが自分自身の世界であるかのように感じ取り、しかも『あたかも……のごとく』という性質（"as if" quality）を決して失わない――これが共感なのであって、これこそセラピィの本質的なものであると思われる。クライアントの怒り、恐れ、あるいは混乱を、あたかも自分自身のものであるかのように感じ、しかもその中に自分自身の怒り、恐れ、混乱を巻き込ませていないということが、私たちが述べようとしている条件なのである。

クライアントの世界がこのようにセラピストにはっきりと映り、セラピストがクライアントの世界の中を自由に歩き回るとき、セラピストはクライアントに、はっきり映っている点について、自分が理解していることを伝えることができるばかりでなく、クライアントはほとんど気づいていない体験の意味を言葉にして述べることもできるのである」

それは、次のような項目に該当するものであるという。

「セラピストは、患者の感情をよく理解することができる」
「セラピストは、患者の述べている意味について決して疑いを持たない」

「セラピストの言葉は、患者の気分やその述べている内容にぴったり適合している」
「セラピストの声の調子は、患者の感情を理解する完璧な力を持っていることを示している」

クライアント中心療法のクライアント理解の方法は、「内側からの理解」である。クライアントの内側に入り、クライアント自身になったかのようなつもりで、クライアントが語っていることをその内側の視点から理解する。

このように、クライアント中心療法における「クライアント理解」の特徴は、クライアントの「内面の動き」を、その内側に立って、「内側から」理解する点にある。

精神分析では、クライアントの現在の「心の内側の動き」を、「外側での出来事（生育史、過去の出来事、幼少期からの両親との関係のパターン等）」から理解する。認知行動療法では、クライアントの思考や行動（外側の動き）を、数値化されたデータをもとに「外側から」理解する。これに対して、クライアント中心療法ではクライアントの語ったことや、絵などで表現されていることを「そのまま」その内側から理解するのである。クライアントの言葉の意味などについて、あれこれ邪推せず、解釈せずに、「そのまま」受け止める。「真に受ける」のである。

相手が言っていることを、そのまま、「相手自身の内側の視点」に立って、その「内面」を、その「内側から」、相手になりきったかのような姿勢で理解しようとするのである。

「インターナル・フレーム・オブ・レファランス」とは、その人が自分の内側に持っている、ものの見方、感じ方、考え方、価値観などの枠組み（フレーム）のことである。人がそれを通して世界を見て人生を生きている「内側のフレーム」のことである。

ロジャーズのカウンセリングでは、カウンセラーは、自分を消す。自分を消して、クライアントの内側の世界に自分を投げ入れる（自己投入）。クライアントの内側の視点に立ってクライアント自身になりきったかのようにして、クライアントが生きている内的な世界を共に体験する。クライアントを本人の内側から理解していく。「もし私がこのクライアントで、このクライアントと同じ価値観、感じ方、考え方をしているとしたならば……」と仮定して、そのクライアントの心の内側をありありと想像し、その人自身になりきったかのような姿勢で、クライアントの心の世界をその内側から理解しようとしていく。そしてそこで得た理解を「このように理解しているのですが、それでよろしいでしょうか」と、クライアント自身に確認し吟味し修正してもらうような姿勢で聴いていくのである。

では、共感的理解とは、具体的にはどうすることなのか。クライアントの言わんとしていることの意味（エッセンス）を、クライアントのこころの「内側」に立って、クライアント自身になりきったかのような姿勢で、パッとつかんで、的確に伝え返していく。その理解が正しいかどうかをクライアント自身に確かめてもらい、微妙なニュアンスに至るまでぴったりくる表現を探していく。クライアントからしてみれば、カウンセラーは、自分の言わんとしていることの意味（エッセンス）のみをつかんで（余計なところは捨象して）映し出してくれる「優れものの鏡」である。「自分がほんとうに言いたいことのエッセンスを自分以上にわかってくれて、表現してくれる存在」である。

違う言い方をしてみよう。共感的理解とは、クライアントの私的な世界を、その微妙なニュアンスに至るまで、あたかもその人自身になりきったかのような姿勢で感じ取り、そこで感じ取ったことをていねいに相手に「伝え返していく」（リフレクション）ことである。ここで重要なのは、「あたかも」という性質を見失わないようにすることである。これを見失ってしまうと、クライアントとの間に必要な心理的距離を失い、相手を受け止められなくなってしまう。

実践的には、クライアントがまさに言わんとしているその「感じ」の「エッセンス」を、「あなたのおっしゃっていることは……ということでしょうか」と、クライアントの感じているまさにその同じ次元に踏みとどまりながら、ていねいに、ていねいに、クライアント自身の側に身を置きつつ、「確かめつつ、確かめつつ、暗闇の中をともに歩んでいくような姿勢」のことである。

このように共感的理解では、クライアントに、こちらはこのように理解していますがそれでよろしいでしょうか、それはあなたの感じている意味合いとかニュアンスにぴったりくるでしょうか、とつねに確かめながら進めていく。ニュアンスが異なっていたら微修正してもらいながら、よりぴったりしっくりくる理解に少しずつ接近していく。そんな営みである。

ロジャーズも、１９７０年代半ば、ロジャーズが70歳を超えた頃、「現時点の定義」とした上で、「現在、私が満足できる共感の定義を試みたいと思います。今ではそれを「共感という状態（state）」と定義しません。それはプロセス（process）であって状態ではないと思うからです」（Rogers, 1975）と述べている。

共感的な理解においては、クライアントとセラピストの協働作業のなかで、より正確でぴったりした理解に徐々に徐々に近づいていく、という意味合いを強く持たせたかったのだと思う。その箇所を紹介する。

共感的と表現できるようなありようで、他者とともにいることには、いくつかの側面がある。共感的であるとは、他者の私的な知覚的世界に入り込み、完全にくつろいでいることを意味している。共感的であるとは、この瞬間瞬間、他者の内側に流れる感じられた意味を感じ取ることである。それが、恐れであれ、怒りであれ、やさしさであれ、困惑であれ、何であれ、その他者が体験しつつあることを感じ取ろうとするのである。

共感的であるとは、一時的にこの他者の人生を生きることである。評価を下すことをせずにその人生の中を繊細に動き回ることである。他者がほとんど気づいていない意味を感じること、しかしその人の気づきにまったくのぼっていない感じは明るみに出さないことを意味する。なぜならそれはあまりに脅威でありうるからである。

共感的であることには、この他者の世界を、自分が新鮮な恐れのない目で、どのように感じ取っているのかを伝えることが含まれる。

共感的であるとは、自分の感じ取ったことの正しさについて、この他者とともにつねに検証すること、他者から受け取った反応につねに導かれていくことを意味する。

共感的であるとは、他者の内側の experiencing の流れに含まれる、可能な意味を指し示すことである。それによって、その他者自身が、experiencing というこの便利で有益な参照体に意識の焦点を当てるように助け、その意味を十分に体験すること、そして前進していくことができるようにするのである。

共感的に生きるとは、しばらくの間自分の視点や価値観を脇に置いて、偏見を持たずに他者の世界に入り込むことを意味している（Rogers, 1975）。（訳出においては、小林（2004）を参照した）

筆者は、２００５年刊行の『ロジャーズ主要著作集』全3巻の訳者の一人である。今であれば、違った訳をすると思う主要なタームがいくつかある。一つが、reflection であり、もう一つが、この empathic understanding である。

ロジャーズの言う empathy の深さが十分に理解されない原因の一つは、この言葉を「共感」と訳してしまったことに一因があるかもしれない。日常用語での「共感」は、「いや、ほんとう、わかります」「私も同じように感じます」といったことであり、これは「同感」とそう違いない。

ロジャーズの言う empathy は、自分をいったん捨てて、相手の内側の世界に完全に入り込み、そこに立脚点をシフトさせて、相手自身にいったん完全になりきり、そこから世界や人生を眺め直してみるような、かなりダイナミックな行為である。これは「共感」という言葉のニュアンスとはかなり遠い。かつて（『ロージァズ全集』などで用いられていた）「感情移入的理解」というのとも、異なる。自分をいったん捨て去って、相手の内側の世界に完全に入り込む、というニュアンスが伝わらない。今であれば、ロジャーズの empathic understanding を「自己投入的理解」とか「自己没入的理解」などと訳すかもしれない。少なくとも、「共感」などという、わかったつもりになりやすい平易すぎる言葉で訳すよりは、まだこちらのほうがいいだろう。

一致

ロジャーズは言う。

第三の条件は、セラピストはこの関係において、一致して（congruent）おり、純粋（genuine）であり、統合されている（integrated）人間でなければならないということである。その関係の中で彼は、自由にかつ深く自分自身であり、現実に内側で体験していることが自分自身の気づきとして正確に表現されていなければならないということである。それは、意識的であれ無意識的であれ、仮面を被《かぶ》ることの正反対である。

だからといってセラピストは、その生活の全局面において同じ程度の統合性や全体性を示すような模範である必要はない（それは不可能なことである）。セラピストは、この関係のこの時間において正確に自分自身であり、こうした基本的な意味でセラピィのこの瞬間においてありのままの自分であれば、それで十分なのである。

これに続く説明では、セラピストの中に「自分はこのクライアントを怖がっている」「私の注意は今、自分自身のことでいっぱいになっていて精神的な余裕がなく、クライアントに耳を傾けることはできない」といった感情がわいてきた時に、こうした感情を自分の意識に否定しないで、自由にその感情のままでいることができるということだ、と述べられている。

また、「必要十分条件」論文の４年後に書かれ、『オン・ビカミング・ア・パーソン』第18章に収録されたある論文（Rogers, 1961e）では、こう説明されている。

一致とは、体験していることと意識していることが正確に合致していることを示すために用いられる用語である。さらにそれを、体験と意識及びコミュニケーションが合致している、という意味に広げてもいいかもしれない。おそらくその最もシンプルな例は、幼児に見ることができるだろう。幼児が生理的かつ内臓感覚的なレベルで空腹を体験する時には、その意識は体験に合致しており、さらにそのコミュニケーションも体験と一致している。その子は空腹で満たされていない。そのことはどのレベルにおいても真実である。この子はこの瞬間、空腹であるという現実の中に統合され、統一されている。この子がおなかがいっぱいで満たされている時も、この子は内臓感覚的なレベルでも意識的なレベルでも、またコミュニケーションのレベルでも、同様に統一された一致の状態にある。ほとんどの人が幼児に反応する一つの理由は、おそらく幼児が純粋で統合されており一致しているからである。

「一致」の説明をすると、なんだか難しい、高級なことのように受け取られる方が少なくない。しかし、幼児でもおこなっているとわかれば、そんな難しいことではないとわかるだろう。「一致」とは、「リアルであること（being real）」（Rogers & Russell, 2002）と、さらっと説明されることもある。

「一致」とは、何と何の一致か。「意識」と、私たちの内側で進行している「内臓感覚的体験」との「一致」である。

内側で進行している「内臓感覚的体験」に意識が向けられており、それに気づいている。そして必要であれば、それを伝えることもできる。コミュニケートすることもできる。これが、「一致」である。

カウンセリングをしている時に、カウンセラーがひたすら自分を消してクライアントの気持ちに耳を傾けながらも、同時に、自分の内側の深いところにも意識を向けていること。そこで起きていることに気づいていること。必要であればその気づきをカウンセリングに生かしていくことができること。これが「一致」である。

ブライアン・ソーンが授業中におこなっていた「一致」の定義も紹介しよう。「一致」とは、セラピストがクライアントに深い「受容」と「共感的理解」をおこなっているときに、同時に自分自身に対してもつねに深い「受容」と「共感的理解」をおこなっていることである。つまり、「一致」とは、セラピストの「自分自身に対する深い受容と共感である」。

ほんもののカウンセラーは、自分自身を無条件に受容し、自分の内側から出てくるどんなものもただそのまま認める。また、自分自身のこころの声に常に共感的に耳を傾けている。これが「一致」であり、そうしながら同時に虚心にクライアントの話を聴き、クライアントを無条件に受容し共感的に理解していく。それがロジャーズ派のカウンセリングである。ブライアンはそんなふうに説明していた。シンプルで、とてもわかりやすい定義だと思う。

カウンセラーの「一致」がクライアントの「一致」を生み出す

カウンセラーが「一致」して、クライアントの話を聴く上で何が一番重要か。

それは、「脱日常的な、より深い意識のモード」への「意識モードの転換」である。「相手の内側の、深いところに入っていくことができるこころの構え」をつくる。このような「脱日常的な深い意識のモード」「脱日常的な深いこころの構え」をつくり、そうした「意識モード」「こころの構え」でクライアントの話を聴いていくこと。この「意識モードの転換」をおこなって面接に臨むことによって、カウンセラーは、「自分の深いところ」に意識を向け、「自分の深いところ」としっかりつながり、そこと「一致」して、そこから、そこを立脚点として、クライアントの話を聴いていくことができる。クライアントの話を聴いていく時の、カウンセラーの中での、意識の置きどころが違ってくるのである。これがもたらす違いは大きい。

カウンセラーが自分の内側の深いところとしっかりつながり、そこと「一致」して、そこから、そこに意識を置いて話を聴いていく。すると、より深く、話を聴いていくことができる。この姿は、かなりダイレクトにクライアントに影響を与えずにいない。

そうした「深い意識モード」「こころの構え」がセットされたカウンセリング・ルームの中で、クライアントもはじめて安心して自分の内側の深いところに入っていき、内側の深いところに触れながら、自分のことを語ることができるからだ。カウンセラー自身も安心して自分の内側の深いところに入っていき、内側の深いところに触れながら、クライアントの話を内側の深いところで聴くことができている。内側の深いところに触れながら、そこから言葉を発することができている。すると、クライアントもおのずと、内側の深いところに触れながら自分のことを語ることができるようになっていく。クライアントのありようは、カウンセラーのありようを反映したものになっていくからだ。

こうして、カウンセラーもクライアントもともども、「内側の深いところに触れながら語ったり聴いたりできている深い意識のモードでのカウンセリング」が実現されていく。ここに、カウンセラーが「一致」して聴くことの、ほんとうの意味がある。

ロジャーズが1961年に来日した折に、ある初学者が「受容」と「共感」と「一致」の3つの中でどれが一番重要なのですか、とロジャーズにたずねた。質問者の予想に反してロジャーズは、「3つの中で最も重要なもの。それは間違いなく、一致だ」と即答したという。

カウンセラーが自分の深いところと「一致」した傾聴とは、具体的にはどのようなものか。カウンセラーがクライアントの話に虚心に耳を傾けながらも、同時に、自分自身の内側に深く、ていねいに触れながら、クライアントとともに進んでいく。クライアントのほうも安心して、少しずつ少しずつ、自分の内側深くに入っていくことができるようになっていく。カウンセラーがみずからの内側深くと「一致」しながらカウンセリングをしていくことで、クライアントも安心してみずからの内側深くに意識を向けるようになっていく。みずからの内側深くに触れ、そこに「一致」していく。カウンセラーの自分の内側深くとの「一致」が、クライアントの自分の内側深くとの「一致」を生み出していくのである。

「一致」は、「深い共感」の基盤である

カウンセラーが内側の深いところと「一致」しながら話を聴いていくことは、その共感に「深さ」を与えることにつながる。

たとえば、こんなことがある。カウンセラーとして自分の内側の深いところと「一致」し、そこにつながりながら、内側の深いところで虚心に聴いていると、相手のこころの世界の深さにこちらもググググーッと吸い寄せられるように深く入っていくことがある。その世界にしばらく浸っている。そんな感じになる。そして、そうした感じでいながら、面接の記録を書いていると、なぜか毎回、ふと同じイメージが浮かんでくることがある。そしてときに、それを伝えることが、意味のないことではないのではないか、と思えてくることもある。

そんな時、面接で次のように伝えてみるのである。

「こんなこと、あなたに伝えて意味があることかどうか、わかりませんが……面接が終わって

あなたのことを思い浮かべていると、なぜか最近、ふと、毎回、同じイメージが浮かんでくるんです……それは……こんな感じです。

真っ暗な闇のなかを一人、ぽつんと歩いていると……そこに1匹の蛍がすっと現れて……そこにいる誰にもおそらく気づかれないような仕方で、とても静かに、すっと現れて……あたりを一瞬、ほのかに、けれど、とても明るく照らしてくれる……ほんの一瞬のことです……そして、それが終わったら、その蛍は……何か自分の役割はもう終わった、という感じで、また、誰にも気づかれないような仕方で、スッと消えていく……そんなイメージなんです……」

こんなふうに、カウンセラーがクライアントの話のエッセンスを、あたかもそのクライアント自身になったかのようにして虚心に聴いているうちに、自分の内側の深いところからおのずとふと浮かんできたものを伝えてみることは、クライアントにとっても意味があることではないか。そう思えたならば、そこで出てきたものを、ふとつぶやくように言葉にして伝えてみる……。そのようにして伝えた言葉やイメージや動作などが、ほかの仕方ではとてもできなかったような仕方で、クライアントのこころの深いところに伝わっていくことが少なからずある。

そこで起きているのは、「このカウンセラーと、このクライアントと……この二人でなければ不可能であったと思えるような深いところでの響き合い」である。

こんな傾聴が、私の言う「深い、ほんものの傾聴」である。それは、「カウンセラーとクライアントとの、内側の世界が一つに溶け合い響き合う傾聴」「クライアントが、単に話の内容や気持ちだけではなく、自分という存在のエッセンスをわかってもらえた、感じ取ってもらえ自分よりも自分の体験していることの本質をより深く理解している」と思える瞬間が訪れる――この時、クライアントのこころの内側で、それまで閉ざされていた何かが、開き始める。そして「私にはやはり、このカウンセラーでないといけない。こんなに深く私の気持ちだけでなく、私という人間のエッセンス、生き様のエッセンスをわかってくれている人はいない」と気づいて、それまでになかった「深いつながり」（デイブ・メァーンズの言う "relational depth"）が生まれるのである。

大切なのは、カウンセラーが十分に「間」をとって内側に深くていねいに触れながらゆっくりゆっくり進めていくことである。それにより、クライアント、カウンセラー双方の体験が深まり、「ディープ・インタラクティヴ・リスニング」となっていくのである。

「ディープ・インタラクティヴ・リスニング」

ここで、事の本質を伝えるために、「自分の深いところ」と一致して、と表記してきたのは、ロジャーズ自身の言葉で言うと、私たちの内側深いところで流れている「内臓感覚的体験」との「一致」である。カウンセラーが、みずからの「意識」を自分の内側深いところで流れている「内臓感覚的体験」に振り向け、そこと「一致」しながら、クライアントの話に虚心に耳を傾けていく姿勢のことである。そして（第8章で詳論するように）私たちの内側深いところで流れているこの「内臓感覚的体験」のことを、ジェンドリンは、experiencing（一般に「体験過程」と訳されている）と呼んだのである。

ロジャーズの言う「一致」とは、より実践的に言うならば、カウンセラーが自分の内側の深いところで流れている experiencing に意識を向けながら、そこから、クライアントの話を虚心に聴いていく姿勢のことである。フォーカシングを学んだことがある方にわかりやすく言うならば、カウンセラーがみずからの内側で深くフォーカシングしながら、そこから虚心にクライアントの話を聴いていく姿勢のことである、と言っていいだろう。

カウンセラーがみずからの内側深いところとしっかりつながりながら（一致しながら）、そこを基盤として、クライアントの話を深く聴いていく。単に気持ちがわかる、というのではない。クライアントの存在のエッセンス、生きざまのエッセンスにまで届くような「深い、エッセンスレベルでの共感」がここで可能になる。

筆者が、この「深い、ほんものの傾聴」を体得するためのトレーニング方法としておこなってきたのが、「インタラクティヴ・フォーカシング&リスニング」の方法である。「深い、ほんものの傾聴」の習得法（トレーニング法）については、前著『はじめてのカウンセリング入門（下）ほんものの傾聴を学ぶ』（諸富　2010b）にくわしく書いたので、そちらをお読みいただきたい。

ここでは、「インタラクティヴ・フォーカシング&リスニング」の基本手順だけを紹介する（聴き手、話し手、1〜2人の観察者の3〜4人のグループでおこなう）。

①話し手が、今考えたいテーマについて、自分の内側でどう感じているかを確かめながら、

絶えず自分の内側に触れつつ、短く区切って、ゆっくりと話をする。

②聴き手がリフレクションをおこなう。聴き手は、話し手の話のエッセンスを自分の内側深くで感じ取りながら聴き、理解した大切な点をゆっくりと伝え返す。

③話し手は、聴き手から返された言葉を、自分の内側に響かせる。それがぴったり、しっくりくるかどうか、自分の内側に響かせて確かめる。それが言いたかったことかどうか確かめて、ニュアンスが違ったら修正しながら、ゆっくりと話していく。

ここまでは、ていねいで深い「共感的傾聴」である。

重要なのはこの後の④二重の共感の時（double empathic moment）である。

①から③までを「一応、一段落つける」という感じを得ることができるところまで進めていったら、一区切りをつける。そして④「ダブルでの、共感の時」に進む。聴き手、話し手、観察者の全員が目をつむって、2～3分ほど、自分の内側深くに入っていく。そして、聴き手と観察者は、話し手の話を共感的に聴いてきて、話し手にとってそれはどんなことだったと感じているか、そのエッセンスのようなものを何かの言葉、イメージ、動作、ストーリーなど、それにぴたりとくるもので表現して、伝える。

私は、この方法こそ、ロジャーズの言う「共感」と「一致」を深いレベルで同時に習得するための最も体系的なトレーニング法ではないかと考えている。聴き手は、自分を無にして、話し手の話の（内容ではなく）エッセンスを、自分の深いところでとらえてクリエイティブに伝えていく。聴き手は、五感のほか、からだの感じ（ボディセンス）、想像力、直観力、直覚などを総動員していく。それはしばしば、話し手の側に深い「たましいの響き」を生じさせずにはおかない。

最後の条件「セラピストについてのクライアントの知覚」

「必要十分条件」論文に示された「最後の条件」は、「クライアントが最小限にでも、セラピストが自分に対して経験している受容と共感を知覚しているということである。これらの態度的な条件がある程度伝わっていなければ、クライアントに関する限りこれらの条件はその関係のなかに存在していないのであり、私たちの仮説によれば、セラピィの過程はまだ始まっていないのである」。

いくらカウンセラーの側が、クライアントを受容し共感しているつもりでいても、それがクライアントに伝わっていなければ変化は生じない、というのである。当然と言えば当然のことであるが、それが「知覚」というレベルで伝わるものなのか、そのあたりは、議論の分かれるところであろう。ロジャーズ自身も「態度というものは直接知覚することはできない」と断りを入れている。この点については、ロジャーズが最大の信頼を置いているジェンドリンもこう述べている。

カール・ロジャーズは「純粋性（genuineness）」を（「共感」及び「無条件の肯定的配慮」

とともに）心理療法の三条件の一つにあげているが、これはまことに正当な指摘であった。ロジャーズはさらに、クライアントがこれら3つの態度をセラピストの中に「知覚する」必要があると付け加えているが、その点は全面的に正しいとは言えない。

付け加えられるべきは、3つの態度がセラピストの内面にとどまるだけでは仕方がないということではなかろうか。これらの態度は、セラピストの行動として表面に現れており、何らかの効果・具体的影響を与えている必要がある。

人間のからだはそのような影響を即時に直接的に体験する力を持っている。その体験は意識的な知覚や思考以前のものである。クライアントの多くははじめ、誰かが自分のことをわかってくれていたり気にしてくれているなどとはとても知覚できないところから出発する……。しかしクライアントには知覚できなくても、具体的な相互作用は効果を及ぼすのである。生命体としての過程が働き、その人を前進させ変化させる。具体的な変化が十分起こった後ではじめて、クライアントはセラピストのこれらの態度を知覚することができるようになる。（Gendlin, 1996）

セラピストの態度は、知覚以前の次元で、すでにクライアントに影響を及ぼしている。クライアントに知覚されうるのは、変化が起こった後でのことだ、というのである。

三条件とは何か

これまで見てきて、いかがだろうか。ロジャーズの言う「受容」「共感」「一致」といった条件が、よくカウンセリングのテキストなどに記されているような「カウンセリングの基本」などでは決してないということがわかったのではないだろうか。

かつて河合隼雄《かわいはやお》はさまざまな折に、ロジャーズの言っていることは「カウンセラーの究極目標」であって、決して基本などではない、といった趣旨のことを語っていた。

また、著名な精神科医の成田善弘は、「なぜ不可能なのか？　からの出発」という論考において、ロジャーズの三条件は、「それに向かって努めることはできても、現実に達成することはほとんど不可能な理想」であり、「治療者たる者まずそれをクリアしなければならない条件」などととらえてしまうと、「お前が治療者として至らないからだ」といった思いに駆られるだけで終わってしまう、とこの理論がもたらしかねない弊害について指摘する（成田　2015）。

実際に日本のカウンセラートレーニングの現場でしばしば起こってきたことである。あまりに禁欲主義的で、自罰的。「まだダメだ」「まだダメだ」と自分を責めてはがんじがらめになっているような人をしばしば見かけてきた。その背景にあるのが、この「受容」「共感」「一致」の三条件であった。

なぜか。「三条件」しか与えられていないと、うまくいかないクライアントを前にして、セラピストに自らの面接を吟味するための理論的な手がかりが与えられないからである。そして、自分は「相手を受容できたか」「ほんとうに共感できたか」「純粋でいられたか」と、ただ精神主義的な内省を繰り返す他なく、袋小路に追いやられてしまうのである。このような弊害を「必要十分条件説」は内包していることをかねて筆者は警告してきた（諸富 2004）。

もちろん、すぐれたロジャーズ派臨床家はこれまでも、相手の状態像の的確な見立てに基づいた柔軟な治療実践をおこなってきたことは言うまでもない。しかしだからと言って、それを裏づける理論的装置が不要であるということにはならない。

本書で見てきたように、ロジャーズ本人は相当に自由な人であった。その人がつくった理論が人を不自由にしているとするならば、それは（これを教条主義的に教え込もうとしてきた指導者の側の責任も相当にあるが）、最終的には、理論に踊らされている人間のほうの責任であるようにも思える。

では「三条件」とは何か。重要なことは、これら「三条件」は、ロジャーズが言うように、「理想的なセラピィがおこなわれている時に体現されるそのセラピストの在り方を、異なる３つの角度から焦点を当てた異なる３つの側面」であるにすぎない、ということである。理想的なセラピィには、結果として、その異なる側面として、受容や、共感や、一致が立ち現れる、ということをロジャーズは見て取ったのであって、決してその逆ではない。つまり、受容と共感と一致をいくら足し合わせたところで、理想的なセラピィには近づけない。これらを別個に議論してもあまり意味がない。むしろ意味があるのは、ロジャーズがこれらの言葉を使って言い表そうとしていた「カウンセリングや心理療法の本質的な何か」を私たちが、自分なりの言葉でつかみ直し再検討していくことではないだろうか。本章の冒頭でとりあげた３点は、そして、現在筆者が構築中である「体験—アウェアネス—意味」生成セラピィ（EAMA）は、筆者なりにその課題に挑んだ中間的な成果である。

グロリアのケース——「治療的出会い」とは

さて、中年期の危機を経て、「一致」の意義を説き始めたロジャーズの面接は、相当に自由になっていく。ミス・マンとの美しい、実に整った面接がロジャーズの全盛期のそれであるとするならば、それ以降の面接には、ある種の揺れが感じられるようになる。もちろんそこには老いも関係するだろう。しかしロジャーズの場合、還暦を超えてから、自由に弾《はじ》けた感じになっていく。より大胆に自分を出すようになっていくのである。

ロジャーズのカウンセリング場面で最も有名なのが、グロリアのケースだろう。『サイコセラピィへの3つのアプローチ』という16ミリフィルムが1964年に製作され、グロリアというクライアントがロジャーズ、ゲシュタルト・セラピィのフレデリック・パールズ、論理療法のアルバート・エリスという3人のカリスマ・セラピストにセラピィを受ける様子が記録されている。日本でも『グロリアと3人のセラピスト』というタイトルでビデオが発売されたことがあり、観た方もかなりいると思われる。

30歳くらいの魅力的なシングル・マザーであるグロリアは、自分の性行動と、それにかかわって9歳の娘パミーに嘘をついていることに罪悪感を抱いていることを語る。最初、グロリアは自分の性行動が娘に与える影響についてロジャーズに意見を求めるが、次第に自分自身の感情に目を向けていく。

グロリア　私は、自分がどんなことをしても、いい気持ちでいたいんです。パミーにほんとうのことを言わなくても、まだわからないんだからと安心していたい。でもそうできないんです。私は、正直でいたいんですけれど、同時に自分で受け入れることのできないものがあるようにも感じています。

ロジャーズ　自分の中にあるその部分を、自分でも受け入れることができない。なのに、そのことをパミーに話してもいい気持ちでいられるなんてことがあるのかしらと、そう思うんですね。

グロリア　そうです。

ロジャーズ　でも自分の中には、こんな欲望や、あんな気持ちもたしかにあって、それがいいものとは思えない。

グロリア　そうです。でも、先生はただそこに座っているだけで、私はだんだん混乱していっている気がします。私は、先生にもっと何かをしてほしい。私が罪の意識から逃れられるよう手助けしてほしいんです。嘘をついたり、男の人と寝ても罪の意識を感じなくなれば、もっと楽な気持ちになれるはずでしょう。

ロジャーズ　「いいえ、あなたを混乱させたいなんて思ってはいませんよ」と言いたい気もしますが、また、この問題はとてもプライベートな問題だから、私があなたに代わって答えてあげることなんてできないような気もしているんです。でもともかく、あなたが答えを求めていくのを助けたいとは思っています。こんなことを言って意味があるかどうかはわかりませんけれど、私はそう思っているんです。

グロリアはいったん、何も答えを与えてくれないロジャーズに対して、「先生はただそこに座っているだけで、私はだんだん混乱していっている気がします」と詰め寄る。ここでロジャーズは、「とにかく、あなたの力になりたいんです」と、自分の気持ちをストレートに伝えることで面接を立て直している。

面接の後半部分からも、1箇所紹介する。

ロジャーズ　そんなユートピアの瞬間に、あなたは全体を感じるんですね。一つのことの中にも全体を感じるというか。

グロリア　ええでも、そんなふうに言われると息が詰まるような感じがします。というのも、そんなにいつも感じているわけではありませんから。でも、私はその全体の感じがとても好き。それは私にとってほんとうに大切なもの。

ロジャーズ　その感じをそんなにしょっちゅう感じることができる人なんていないと思いますよ。でも、とってもわかる気がします。（沈黙。涙が流れる）。それはあなた

グロリア　をほんとうに感動させるんですね。

ロジャーズ　ええ。今、私、まったく違うことを考えていたんですけど、おわかりですか。おかしなことなんですけど、先生とお話ししていて突然、こう思ったんです。「なんてうまく話ができてるんだろう。私は先生に私を認めてほしいし、先生のことは尊敬できる。でも、父は先生みたいに私に話をしてくれなかった」って。「あぁ、先生が私のお父さんだったらな」って、そう言いたい気持ちなんです。どうして、そんな気持ちになったのかわかりませんけど。

私には、あなたがとてもよい娘のように思えます。でも、お父さんに自分の気持ちを話せなかったことをほんとうに残念に思っているんですね。

ロジャーズはここでグロリアに、「私には、あなたがとてもよい娘のように思えます」と言い、これにより面接は深められていく。面接の振り返りでロジャーズは、これを「逆転移」という言葉で解釈することもできるが、それは真実の関係の世界について言葉遊びをしているにすぎないと言って、それを退けている。

たった一回きりの面接、しかもわずか30分の面接を映像に撮られ、パールズやエリスのそれと比較されることもあって、かなり力んでいたのではないだろうか。

『ミス・マンとの面接』と見比べてみるとわかるが、この面接でロジャーズはかなり自分から話している。ツィムリングによれば、このグロリアとの面接で、ロジャーズは驚くほど頻繁に自分の人生観を語っている。クライアントの感情への共感よりも自分自身の感情や価値観の表明に重点が置かれた応答は、実に20にも上るという。しかもこのうちの約半分はグロリアからの質問に答えたものであるが、残りの半分は、自分のほうから語り始めたものだという。そしてロジャーズのこれらの応答の多くは、グロリアの注意を彼女自身の感情の流れから逸《そ》らすことになってしまっている、という（Zimring, 1996）。

グロリアのケースにおけるロジャーズの応答は、決してスマートなものではない。『ミス・マンとの面接』の無駄のない美しさに比べればそれは歴然としている。

このことに気づいた筆者は、記録を残すなら、やはり50代の時の面接を記録に残しておかなくてはならないと思い、一昨年に面接場面の映像を収録した。

グロリアとロジャーズの間には、長い間かなり親密な関係が維持されていった。ロジャーズ、エリス、パールズの3人の面接を終えた直後、インタビュアーから質問されたグロリアは、「次に会うとしたらパールズに会いたい」と語っている。しかし実際には、この面接の2年後グロリアはロジャーズのワークショップに参加する。そしてそれ以降、彼女が若くして不慮の死をとげるまでの15年間、グロリアはロジャーズ夫妻を精神的な両親とみなして、親交を深めていったのである。

『グロリアと3人のセラピスト』収録から20年後、ロジャーズはこう記している。

対等な一人の人間同士として真に出会った、あの30分間の関係が持っていた何かから、グロリアとの15年間にわたるつながりが生まれたという事実を前にして、私は敬虔《けいけん》な気持ちになる。たった30分といえども、その30分がその後の人生を大きく変えることもある。そのことを知っておくのは大切なことであると私は思う（バリー　1986）。

一方、グロリアは後に、「ロジャーズが私に何かを〝与えてくれた〟というのは正しくありません。でも、あの短い時間の中で生じたことは、私の中にあれからずっと生き続けています。彼はただ、私が自分の潜在力――ひとりの人間としての自分の価値――を認識できるように援助してくれました。どんなに言葉を費やしても、そのことが私にもたらした重要性をすべて表現することは不可能です」と手記に書いている（同前）。

また、グロリアの娘パメラ（パミー）も、「彼〔ロジャーズ〕はグロリアが自分自身の声を探すための後押しをしてくださった。親から子へと代々伝わっていくよう手助けしてくださったので、私も自分自身の声を持つことができた」と述べている（同前）。

後期ロジャーズの「直観」を生かしたカウンセリング

ロジャーズは70歳を過ぎた頃から、妻ヘレンの死に際しての神秘体験や、当時のワークショップでの体験、同僚からの影響などにより、スピリチュアリティへの関心を急速に深めていった。中でも大きかったのは、娘のナタリーや同僚のマリア・ボウエン（Maria V. Bowen）と共におこなった大規模なグループでの体験だったようである。かなり大規模なエンカウンター・グループで、参加者全員が「一つ」になり、宇宙意識の一部であると感じられるような体験であったという。

ボウエンは、ロジャーズが最初に直観やスピリチュアリティについて語り始めたのは、グループのプロセスについて述べた次の言葉だったと言う。

グループの進行中のプロセスの中で、メンバー同士がますます心を通い合わせていき、一体感が育まれ、魂の集合的な調和（a collective harmonious psyche）が生まれてきます。これは、本質的にスピリチュアルな性質のものです。（Rogers, 1980）

このような大規模なグループでの体験や他のスタッフからの影響が、晩年のロジャーズをスピリチュアリティへと向かわせていった。

娘であり仕事仲間でもあったナタリーも、当時の同僚たちからロジャーズが大きな影響を受けていたことを指摘している。

父は晩年トランスパーソナルの領域に関心を抱き、スピリチュアルとか神秘的といった言葉を好んで使い始めました。このことには、マリア・ボウエンと私が父に与えた影響が大きいと思います。（Rogers, N., 1997）

ロジャーズはこうした体験について、晩年の主著『一つの在り方』（Rogers, 1980）（*A Way of Being*）の「変性意識状態」という節において記している。ロジャーズにも大きな影響を与えた大規模グループに参加したあるメンバーは、その体験について、次のように語っている。

とても深いスピリチュアルな体験でした。このコミュニティのスピリットが一つになった（the oneness of spirit in the community）と感じました。私たちはお互いに話をしているのだけれど、一緒に息をし、一緒に感じていました。私たち一人一人に、強烈な「いのちの力（the power of the life force）」が吹き込まれたのです。それが何であるにしても。「私が」とか「あなたが」といった普通はあるその壁がなくなって、その力の存在を感じることができたんです。自分が意識の中心であるような感じ。自分が何か大きな宇宙意識の一部となったような、そんな瞑想《めいそう》のような体験でした。この異様なまでの一体感の中で、そこにいる一人一人が切り離された存在だという意識はすっかり消えてなくなっていったのです。

その後ロジャーズは、この体験は神秘的な性質のものであり、「私のセラピィやグループの体験が、何か超越的なもの、記述不可能なもの、スピリチュアルなものにかかわっていることは明らかだ」と述べている。こうした体験を重ねていくうちに、ロジャーズのセラピィ観にも変化が生じ始める。そして彼のセラピストとしての到達点ともいえる次の言葉を記している。

私は、自分がグループのファシリテーターやセラピストとしてベストの状態にある時、そこに、これまで論じてきたのとは別の、もう一つの特質があることを発見しました。私が自らのうちなる直観的な自己の最も近くにいる時、私が自らの未知なるものに触れている時、そして私が、クライアントとの関係において幾分か変性意識状態にある時、その時私がするどんなことでも癒やしに満ちているように思えるのです。その時、ただ私がそこにいること（presence）が、ひとを解放し援助します。この経験を強めるために私ができることは何もありません。けれど、私がリラックスして、私の超越的な核心に近づくことができる時、私は奇妙かつ衝動的な仕方で振る舞うことができるのです。合理的に正当化することのできない仕方、私の思考過程とはまったく関係のない仕方で。

そしてこの奇妙な振る舞いは、後になって正しかったのだとわかります。その時、私のうちなる魂が外に届き、他者のうちなる魂に触れたように思えるのです。私たちの関係はそれ自体を超えて、より大きな何ものかの一部となります。そこには、深い成長と癒やしとエネルギーとがあります。（Rogers, 1980）

78歳のロジャーズがみずからの心理療法論の到達点として示した言葉である。しかもこの箇所は、１９８６年、つまりロジャーズの死の前年に公刊された『著名な心理療法家の事例集』

所収の、ある意味では彼の治療論の集大成とも言える重要な論文（Rogers, 1986a）においても、まったくそのまま再録されている。したがって、この箇所こそ、ロジャーズ自身が自身のセラピスト論の到達点として認めた内容を示したものと言っていいだろう。

この6年後、おそらく84歳の時点で、口述の伝記（Rogers & Russell, 2002）においてロジャーズは、「共感的理解のための直感的能力」について次のように表現している。

私がまず気がついたのは、注意深く耳を傾けると、得られるものが大きいということでした。それから徐々に、感情と個人特有の意味を理解しようと耳を傾けていることに気づきました。——2番目の点を飛ばしてしまいがちです——感情に耳を傾けているだけでなく、その人が体験している個人としての意味を理解しようとしている点です。その次に気づいたのは、相手の私的な内面世界に入って、その内的世界のありのままの姿を感じ取ろうとしていること、そこで自由に動いてみようとしていること、内面からそれを感じてみようとしていることでした。共感というのは、相手が自分自身の体験を探究する同行者であり続けることを意味することに気づきました。こうして、だんだん私自身の直観的な理解を信頼するようになり始めたのです。クライアントが言ったこととは関係のないことを言いたくなることがあります。しかも私には、それを発言することが大切だと思われるのです。

やがて私にとっての共感的理解は、共感への直観的能力へと広がっていきました。浮かび上がってくる自分が言いたいことを、見つけようとするわけです。奇妙に聞こえるかもしれません。相手の表現を超えているかもしれません。しかし、私がそれを言葉にすると、まさに相手の琴線に触れて、クライアントがかすかに感じてはいるけれどもまだ体験されるまでになっていなかったさまざまなところが開かれてくるのを発見しました。私はまだ直観の働きというものをほんとうには理解していません。私はノンバーバル（非言語的）な手がかりを拾い上げただけなのか？　それだけでは十分な説明にはなりません。ともかく、私の内面的な核と相手の内面的な核がふれあう道がある。私には、自分の精神とか頭脳よりも深く理解することができる――そんなふうに表現できます。スピリチュアリティは頭脳より広大で、私が意識的に理解していないスピリチュアルな働きは意識的な理解を超えているので、自分でもわからない、相手のなかで動くものに応答することができるのです。

死の前年に公刊された『著名な心理療法家の事例集』所収の論文では、「成長を促進する関係の特質」として「受容」「共感」「純粋さ」の3つをとりあげ説明した後で、「もう一つの特質」という節を設け、そこに「私が自らのうちなる直観的な自己の最も近くにいる時、私が自らの未知なるものに触れている時、そして私が、クライアントとの関係において幾分か変性意識状態にある時、その時私がするどんなことでも癒やしに満ちているように思えるのです。その時、ただ私がそこにいることが、ひとを解放し援助します」という箇所を再掲している。

素直に読めばロジャーズが、「受容」「共感」「純粋さ」の３つと並ぶ「もう一つの特質」、つまり「第４の条件」として、「うちなる直観的な自己の近くにいること」や「クライアントとの関係の中で変性意識状態にあること」を加えたと受け取れる内容である。そうなれば、ロジャーズ理論が公式に更新されることになる。「中核条件」は３つではなく、４つになった可能性があったのだ。

ロジャーズの晩年の同僚で、彼のスピリチュアリティへの傾斜に最も大きな影響を与えたと言われているマリア・ボウエンは、この論文を読んだ後、これを文字どおり「第４の条件」と受け取っていいものかどうか疑問を感じた。そして私信でダイレクトな質問をしている。数日後、ロジャーズからボウエンのもとに届けられた返事には、「直観の意義はまだ十分にリサーチで研究されていない」し、「直観についての満足のいく定義すらまだ知らない」から、「あなたの質問にどう答えればいいのかわからない」と断った上で、次のように述べている。「私がもし、直観は必要条件の一つだと言い始めたら、セラピストたちはこぞって、自分は直観的でなければならないと考えるようになるおそれがあります。これは不幸な結果を招きます。私が今はっきり言えることはただ一つ、直観というものは、セラピィがベストな瞬間に至った時、しばしば現れる特質だということです」(Bowen, unpublished)

自分がセラピィについて何か発言をすれば、周りの人間がこぞってそれを真似し始める――こうした現象に、ロジャーズがどれほど嫌気がさしていたかがよくわかる返事である。この返事を受け取り、ボウエンは次のように結論を下している。直観は、新たに付け加わるべき

「第4の必要条件」ではない。むしろそれは、「高度な共感の一種」である。直観は、セラピストがクライアントの内的世界に注意を集中し没入していき、それ以外のすべてのことが意識から消え去るセラピィの特別な瞬間に働く。そしてその時それは、強い癒やしの力を発揮するのである、と。実に深い洞察であると思う。筆者も同意したい。

ジャンのケース――スピリチュアルな次元へ

最後に紹介するこのケースは、死の前年に公刊された『著名な心理療法家の事例集』所収のもの。ロジャーズ自身が、みずからの生涯におけるカウンセリング実践の到達点を示すものとして、セレクトしたものである。この面接は1986年、人種問題の解決のためにおこなった南アフリカ・ヨハネスブルグのワークショップにおいて、デモンストレーションとして提示されたものである。ワークショップの参加者は実に約600人。クライアント役への志願者は何人もいたが、同僚のルース・サンフォード（Ruth Sanford）がジャンという女性を選んだ。ロジャーズは、この重要な著作において、自身の数ある面接記録の中から、このケースを選んで詳細な検討を加えている（Rogers, 1986a）。

ジャンは35歳の女性で、結婚と子どもの恐怖、年齢という二つの問題を抱えていた。30分のデモンストレーション面接である。

ジャン　このことをお話ししたほうがいいかもしれません。私がやっているアマチュア演劇と関係しているかもしれないと思うんです。よくわからないんですが、私は、いたずら好きな少女を演じるのが好きなんです。何かよくないことをやりおおせようとしたり、何かが欲しくなったりした時、私はいつも、いたずら好きな少女を演じたくなるんです。

ロジャーズ　その役のことをあなたはよく知っているんですね〔ジャン：笑う〕。そして何回もそれを演じてきた〔ジャン：そうするとうまくいくんです〕。うまくいく――いたずら好きな少女は、何かをやりおおせるのが得意なんですね。

数分後、ジャンは強い絶望感にとらわれ始め、「誰かに助けてほしい」「どこかから救いがやってくるに違いない」という気持ちを話し始める。

ロジャーズ　誰か他の人が、どこからかやってきて、あなたをこの苦しみから救い出してくれる、そしてもう大丈夫だよって言ってくれる。それを待っているんですね。

ジャン　ええ、それで私はお祈りをしているんですけど、私の宗教についての感じ方は、他の人と少し違うみたいなんです。私は、スピリチュアルな成長というものを信じています。私がこんなふうになってしまうのは、多分、業によるものです。そういう宿命なんです。でも、もちろん私の心の中では別のものが動いています。言ってみればそれは、私のスピリチュアルな成長の一部なんです。でも、それだけでは十分じゃありません。私は、からだの接触を求めてしまう。〔沈黙〕私がかかわることのできる誰かと……。

ロジャーズ　あなたがかかわることのできる誰かと。私は思うのですが――これは、少し馬鹿げた考えだと思われるかもしれませんが――そんな友だちの一人に、あのいたずら好きの少女がいたらいいのになぁと思うんです。こんなことを言ってあなたにとって意味があるかどうかはわかりませんが。ただもし、そんな陽気でいたずら好きな少女があなたの内側に棲《す》んでいて、そして、あなたが光の中にいる時から暗闇の中にいる時まで、あなたの側にいてくれたらって思うんです。こんなこと、あなたには何の意味もないことかもしれませんが。

ジャン　〔困惑した声で〕もう少し説明してくれませんか。

ロジャーズ　私は、あなたの最もいい友だちの一人は、あなたの中に隠れているあなた自身ではないかと思ったんです。つまり、あなたの中に隠れているおびえた少女。いたずら好きな少女。あまり顔を出さない真実のあなた。

ジャン　〔沈黙〕たしかに、そう思います。あなたが今言われたとおりです。今、振り返っているんですが、ずっと、いたずら好きの少女を失っていたような気がします。実際、この1年半というもの、そのいたずら好きの少女は、ずっと消えていなくなったままでした。

ロジャーズはこの箇所にコメントを加えながら、気持ちのたかぶりを抑えられなかったようである。ロジャーズによれば、ここで彼がおこなっている応答は、「直観」レベルの応答、すなわち、クライアントの世界にすっかり没入することができ、そしてその世界とぴったり調子が合った時にだけ可能となるような応答であったからである。

クライアントのジャンが前に語った「いたずら好きな少女」のことを、ロジャーズはここでかなり唐突に、しかも以前とはまったく異なる文脈で語り始めている。「この応答は意識レベルでの応答ではなく、クライアントの内的世界を直観的かつ無意識的に感じ取ることから自然と生まれてきた応答であった」「カウンセラーとして自分自身が幾分か変性意識状態にある時、このような応答が生まれてきたのだ」とロジャーズは言っている。そしてその応答が、クライアントの心の中の失われた何かに触れたのである。「このセンシティヴな共感がとても深くなっていったある時、私の直観がひらめきました。そして、不思議なことなのですが、その直観が、彼女の中の大切な部分、彼女がつながりを失っていたその部分に触れたのです。この時、私たち二人はおそらく、お互いに変性意識状態にあり、影響を与え合っていたのでしょう」。この面接についてのコメントをロジャーズは次のような言葉で締めくくっている。

翌朝ジャンは、「あの『いたずら好きな少女』をめぐるやりとりから、私の自分探しの旅が始まりました」と言ってくれました。彼女はこの1年半、「いたずら好きな少女」ばかりでなく、自分自身のさまざまな部分を失ってしまっていたことに気づいたのです。

「私が一人の人間全体として、自分の人生に立ち向かっていくことができるためには、自分の中の失われた部分を探し出さなくてはならないということがわかったんです」。自分にとってこの面接は「魂を揺さぶる体験（soul-shaking experience）」でした。ジャンはそう言ってくれました。（Rogers, 1986a）

第6章　1955年のロジャーズとジェンドリン

ロジャーズとジェンドリン――二人で「一つのもの」をつくりあげた同志

一般的には、ロジャーズは来談者中心療法やパーソンセンタード・アプローチの創始者で、ジェンドリンはフォーカシングの創始者として知られている。両者は、シカゴ大学における子弟の関係にある。そのように説明されることが多い。間違いではない。ロジャーズはセラピストとクライアントの関係を重視し、ジェンドリンはクライアントの内側での変容を重んじた。そのように言われることもある。しかし実際は、そう簡単にくくれるものではない。

本書を書くにあたって改めてロジャーズの代表作『オン・ビカミング・ア・パーソン』を読み直した。筆者が改めて感じたのは、この本に収められている論文の大半が、ロジャーズとジェンドリンを含む共同研究者らによる「チーム」の協働や葛藤《かっとう》の中でなしとげられた成果である、ということである。本書第2章・第5章で見た、ロジャーズの心理療法論やクライアントの変容過程論も、それを柱として構成されているロジャーズの代表作『オン・ビカミング・

ア・パーソン』も、そしてジェンドリンのフォーカシングも、言わば「チーム・ロジャーズ」の仕事の成果である。これらのすべてが、ロジャーズとジェンドリン、そしてその仲間たちとの「合作」とでも言っていいような側面がある。

ロジャーズが著作の中で、クライアントの変化過程について説明する時、彼の中でもどこからどこまでがジェンドリンの考えで、どこからどこまでが自分のオリジナルの考えなのか、混然としてよくわからなくなっている感じがあったのではないか。たとえば、ロジャーズが、experiencing という言葉を用いてクライアントの変化を説明する際、ジェンドリンの考えを説明しているのか、そこからヒントを得てジェンドリンのとは異なる自分の考えを述べているのか、おそらくロジャーズの中でも混然一体となってよくわからなくなっていたようなところが多分にある。ロジャーズが experiencing という言葉を用いて人間の変化を説明する時には、「変化の渦の中に自分を投げ入れ、この一瞬一瞬を生きる」という実存的なニュアンスが、ジェンドリンの用法に比してかなり濃厚である。また同じ論文の中でもおそらくこの experiencing はジェンドリンの用法に近いニュアンスで用いられていて、おそらくこの experiencing は少し違うニュアンスで用いられる、と思われる箇所がいくつもあった。同じ論文の中の同じ experiencing という言葉でも、かなりニュアンスが異なるのである。

筆者が『オン・ビカミング・ア・パーソン』の翻訳の中心作業を担った2003年から2004年に、同じ論文の中の同じ言葉なのであるから揃えて同じ訳語をあてがうべきか、それともその都度訳し分けて、ジェンドリンの意図に近い使われ方をしている場合には「体験過程」

と訳し、より実存的なニュアンスが濃厚な、ロジャーズ独自の用法がされている場合には「体験の流れ」などと異なる訳語を使うべきか、かなり迷った。

しかし、ロジャーズの中のこの「ぶれ」は決して悪いものではない。優れた若手研究者との交流の中で刺激を受けて中高年の研究者が変化し始め、その変化の途中で本人の中でも「ぶれ」が生じることは、むしろその研究者の柔軟性と可塑性を示すものである。筆者自身も、優れた大学院生の指導などにおいて時折体験することであるが、「ほんとうにすぐれた教え子」との相互交流の中で、指導者のほうが変わるということは、しばしばある。

大学院生の論文に、あるいはそのアイディアに虚心に耳を傾ける。若手は多くの場合、光るアイディアを持っているが、うまく言葉にならない。まだ言葉にならない大切なことを言葉にしようとしてできずに苦闘している。大学院生が言葉にしようとしてできていない、けれども言わんとしているその何かをその内側から理解するために私は問いを発する。「そこであなたが言わんとしていること、ほんとうに大切にしたいことは、こういうことかなぁ?」。こんなふうに言葉を投げかけ、その本質を理解し、確かめようとする。よい論文指導というのは、基本的にカウンセリングやフォーカシングのプロセスと同じである、と私は考えている。そのプロセスの中で「そうか。これは、こんなふうに言うことができるのか。なるほど」と目を開かれることがたまにある。そうした時に、指導者の側に変容が起きる。以前からうっすらと感じていたこと、大切だと思っていたことを、今、目の前の大学院生がうまく言葉にすることができている。そのものごとの本質をより的確につかむことができている。そんな時、すぐれた教え子との相互交流の中で指導者の側が変わらざるをえなくなるのである。

おそらく、ロジャーズとジェンドリンの間にも、相互交流の中でお互いが変化せざるをえなくなっていくような、そうした幸福な出会いが、きわめて高度なレベルで起きていたのであろう。それは奇跡に近いような仕方での出会いであり、相互交流である。

ロジャーズとジェンドリンの二人が、そして「チーム・ロジャーズ」がなしとげたこととは、何か。それは①人間が真剣にものを考える時には、「内側の、暗黙の、まだ言葉にならない内臓感覚的体験」に直接意識を向けて、それを言葉にしようとしていること。ロジャーズのように「体験を十分に体験すること。アウェアネスにもたらすこと」と言ってもいいし、ジェンドリンのように「ダイレクト・リファー」とそれに続いて展開される「フォーカシング」の過程、と呼んでもいい。それが人生の出来事であれ、論文制作であれ、芸術の創造であれ、カウンセリングであれ、人が真剣にものを考える時には、自分の内側に直接意識を向け、内側と深くつながり、それを言葉やイメージにしていく、ということがおこなわれている。それが言葉やイメージになる中で単に進路が決まったり、論文が書けたり、作品ができる、問題が解決する、といったことが起きるだけでなく、自分自身が変わっていく。変化が起きてくる。
②そしてそのような深い内省、自分の内側と深くつながってものを考えることが可能になるために必要なのは、信頼できる誰かにこころを込めて「聴いてもらう」体験である。ただ情報を聴くのでなく、自分の内側に深く入ってその内側から理解してくれるような、そのような「聴き手」の存在である。

この二つの「ワンセット」。①自分の内側と深くつながりながらものを考える「内臓感覚的思考」「内臓感覚的内省」が、人がより自分らしく、クリエイティブに生きるためには必要であるが、そのことと、②その人の内側からその人を理解し深く耳を傾けてくれる人による「深い傾聴」とは、相互に分かちがたく、ワンセットである。この「二つのこと」が、人間が幸福になり社会がよくなっていくために最も不可欠なものである。それは「人類の幸福と進化のための最強のツール」であると筆者は考えている。１９５０年代半ば、「チーム・ロジャーズ」によってこの「ワンセット」がなしとげられていったのである。

二人の出会い

この二人の出会いはどのようにして生まれたのか。そのあたりの詳細が記されているのが、初期ジェンドリンとフォーカシングの生成に至る過程について書かれた田中秀男の博士論文『フォーカシングの成立と実践の背景に関する研究：その創成期と体験過程理論をめぐって』（田中 2018）である。ここに記されたロジャーズとジェンドリンの物語は、下手な小説より面白い。本章の以下の内容は、この田中論文と、ロジャーズの口述の伝記（Rogers & Russell, 2002）の冒頭にジェンドリンが寄せた「序文」（Gendlin, 2002）に大きく基づいている。これがまた抜群に面白い。ロジャーズとジェンドリンという二人の交流が、ジェンドリン自身の口から具体的なエピソードをもとに記されている。またロジャーズという人間がこの世界でなした仕事の「本質」を、私が知る限り、どの文献よりもよくとらえている。つまるところ、ロジャーズという人間とその仕事の意義の本質を誰よりも深く理解していたのが、ジェンドリンであったということが、すごくよく伝わってくる文章である。ロジャーズ、ジェンドリンのみならず、カウンセリングや心理療法について、あるいは、人間の成長、進化ということについて考える際の最もすぐれた文章の一つであると思われる。

さて、二人の出会いである。田中の博士論文（田中 2018）をもとに解説しよう。話はジェンドリンが哲学の大学院生として修士論文を書いていた1950年にさかのぼる。ジェンドリン24歳、ロジャーズ48歳の時の話である。

ジェンドリンはシカゴ大学の哲学の大学院生であった。修士論文は『ヴィルヘルム・ディルタイと精神科学における人間的有意味性の把握の問題』（Gendlin, 1950）である。ドイツ系の哲学を少しかじったことのある方ならErfahrung と Erleben, Erlebnis の違い、という点に一度は関心を持ったことがあるだろう。日本語では、前者は「経験」、後者は「体験」と訳し分けられている。

ヴィルヘルム・ディルタイは、一般に「生の哲学」の提唱者として著名であるが、ディルタイは、「生」に等しい語としてErleben を用いていた。ジェンドリンはディルタイの Erleben, Erlebnis の区別に着目した。Erlebnis は「単位となった体験（a unit experience）」であるのに対して、Erleben は「過程ないし機能（the process or function）」を指すので experiencing と訳す、というように、experience と experiencing を修士論文で使い分けていた。

そしてここが重要なのであるが、この修士論文（Gendlin, 1950）の中で、ロジャーズの代表作の一つ『クライアント中心療法』(Rogers, 1951) を、しかも刊行前に引用している。田中 (2018) は「少なくとも、この時点でジェンドリンはシカゴ大学学内で公刊前のロジャーズの草稿を入手できる立場にあったことは確かな事実である」と指摘するにとどめているが、ロジャーズの草稿を刊行前に入手できるとなると、何らかの個人的な交流があった可能性は低くない。つまり、ロジャーズとジェンドリンの交流は、ジェンドリンがまだ修士論文を作成中の23歳、ロジャーズ47歳くらいの時にすでに始まっていたかもしれないのである。

そしてまたこれも、筆者の、しかし常識的な連想であるが、1950年提出の修士論文の執筆は1949年におこなわれた可能性が高く、その時点で二人の交流があり、2年後に刊行される『クライアント中心療法』の草稿をもとに語り合ったのかもしれない。とすると、『クライアント中心療法』のキーコンセプトの一つである「visceral experience (内臓感覚的体験)」という言葉も、ロジャーズがジェンドリンとの対話から着想を得て考案した可能性も否定しがたいのである。このあたりはすでに二人とも亡くなった今、確認のしようもない。しかしジェンドリンが修士論文を書いている22、23歳の頃にロジャーズと出会い、多少なりとも親密になった際にロジャーズから『クライアント中心療法』の草稿を見せてもらい、会話を交わした可能性は十分にあるのである。

いずれにせよ、ジェンドリンはその頃ロジャーズのもとを訪れている。「『概念を超えたところの経験とは何か』ということをもっと知りたかったのです。セラピィのなかではそれがいつもおこなわれているのではないかと思いつきました」(ジェンドリン・伊藤 2002)。「我々は体験［＝経験］をどのように象徴化しているのか」といった自分の哲学の課題をはっきりと抱えてセンターを訪れたようである（田中　2018）。センターをはじめて訪れた時のことは、こう回想されている。

待合室に、センターのスタッフが書いたものが置いてあるのを見つけました。……クライアントのふりをして一冊借りて帰りました。読んでますます興味を持ちました。まさに人々は生き生きと体験を象徴化していたんです。（Gendlin & Lietaer, 1983）

想像してみてほしい。修士論文を書いている最中か、書き終わったばかりの23、24歳のジェンドリンが、何だか気になって気になって仕方がなくて、哲学の大学院生なのにカウンセリングセンターを訪れた。ここでは「なまの体験の象徴化」という自分の関心が実際におこなわれているかもしれない。そう思って、「クライアントのふりをして」カウンセリングセンターにやってきた。そして、スタッフの一人が書いたものを持ち帰り、読んでみた。そして興奮した。「ここに私の関心事が実現している！」。読んでいるこちらのほうが、興奮を覚えるくらいの、興味深い場面である。「クライアントのふりをして」ジェンドリンがカウンセリングセンターを訪れたことから、ジェンドリンとロジャーズの交流は始まったのだ。

ロジャーズの口述の伝記の「序文」（Gendlin, 2002）の中にジェンドリンがどのような思いでロジャーズのもとを訪れたか、記している箇所がある。ここがきわめて重要である。たった10

行程度の短い箇所に、ロジャーズとは結局、どんな仕事をした人間だったか、ジェンドリンの端的な理解が示されている。

つまり、23歳頃のジェンドリンは、ロジャーズがこの世界でなしてきた仕事には本来どんな意味があり、この世界に何を付け足すことができるのか、そしてそこに自分がかかわることでどんなことが起こりうるのか、これから起こりうることのすべてを、まだ言葉にならない暗黙の形で「予感」（インプライ）し、その予感（インプライング）に導かれて、ロジャーズのもとを訪れたのだ。

この箇所でジェンドリンは、ロジャーズからあえて一回距離をとって、哲学とは何かを説明した上で、ロジャーズの仕事の意味を説明しようとする。そうしないと、現代の世界においてロジャーズがなした仕事の意味を説明することはできない、と考えたのだろう。

端的に言えば、ロジャーズがその生涯を通してなした仕事の意味は、これまでにない仕方で、「特定の文化の影響を超えて人間は生きていくことができる」ということを、他者による傾聴と、それによりみずからの内的な体験の流れに意識を直接向ける、という実践を通して、人類の歴史のなかでこれまでになかった仕方で具現化しえたことにある、とジェンドリンは言うのである。まったく正しいと思う。

ロジャーズの仕事の意味を、カウンセリング、心理療法、教育といった具体的な分野においてのみ理解しようとするのは、矮小化《わいしょう》がすぎる。ロジャーズは決して、現代カウンセリングの礎を築いた人物とか、ましてやクライアント中心療法の創始者、と理解されていい人物ではない。それは著しい矮小化である。

ロジャーズの仕事の真の意義は、人間が、特定の文化の枠やその概念を超えて、より自由に、より創造的に生きていくことができることを具体的に示したことにある。しかも単なる思想や理論においてでなく、人が、他者から真に耳を傾けられるならば、みずからの内面に深く意識を向けるようになり、そこからあるプロセスが展開されていく、という仕方で、きわめて具体的な実践を通して、カウンセリングの事例という具体例を通して例証しえたことにある。これは、人類の歴史上はじめて可能になったことだ、とジェンドリンは言うのである。

まったく同意である。筆者も、ロジャーズの最大の功績は、第1に「人がみずからの内面に意識を向けることで概念による拘束を超えて、より自由に、創造的に生きることができる」ことを例証した点にあり、そして第2に、それを可能にする方法論として、カウンセリングや傾聴を提示した点にある、と考えている。本書で前者を第1章・第2章と先に、後者を第4章・第5章と後に位置付けたのも、そうした意図があったためである。

またこのように見てくると、改めて、ロジャーズの仕事の最大の理解者はジェンドリンであったことがよくわかる。ロジャーズの仕事の本質を、ジェンドリンほど的確にとらえた人は、いないだろう。その意味で、ロジャーズの伝記に付されたジェンドリンによる「序文」こそ、ロジャーズの仕事の本質を理解する上で最も重要な文献であることは、間違いない。きわめて重要な箇所なので、拙訳で引用しておこう。

哲学は高度に発展した学問分野である。ある特定のトピックを扱う学問でなく、（あらゆるトピックにおいて）概念というものがいかに機能するのかを扱う学問である。概念はさまざまな仕方で機能しうるし、概念を吟味するためにも人は概念を必要とする。そのため哲学の世界では、埋めがたい対立がつねに存在しているのである。哲学の研究を始めてから私がずっとやってきたことは、直接の experiencing との関連においてさまざまな概念的方略を立てることである。どの哲学もあなたが、より以上の何か（more）を見たり、行為したりするのを可能にする。どの哲学でも概念だけをとりあげれば、それらは互いに矛盾している。しかしどの哲学も、私が「直接の体験流」"direct experiencing" と呼ぶものから、重要な何かをもたらすことができるのである。

哲学を使うならば、ロジャーズの人間についての理解を伝えることが可能になる。それは通常考えられているものとは、まったく異なるものである。ロジャーズにとって、人間は、一人一人異なる、文化を超えた、より複雑な何ものか（intricacy）である。人が誰かに耳を傾ける。耳を傾けられた人は、自分の内的な experiencing に意識を向けるようになる。すると、そこから前進が生まれてくる。これは、世界の歴史のなかで、はじめて起こったことであった！

experiencing は、つねに、状況と暗黙の言語によって象徴化されていることを私は知っていた。しかし私たちは experiencing に直接アクセスすることもできるのである。人が、experiencing から語る時、そのことによって、experiencing はさらに展開していく。experiencing は通常の意味や語句を超えて前進しうるのである。
私は、セラピィにおいて、クライアントは experiencing というインターフェイスからものを語っているに違いない。そんなことを考えて、ロジャーズのもとをはじめて訪ねたのであった。私はそのことを確かめるために、実際に見に行く必要があったのだ。
(Gendlin, 2002)

ロジャーズはなんと幸福なのだろう。ジェンドリンという自分よりも24歳も若き天才によって、ロジャーズは発見された。ロジャーズ自身よりも、ロジャーズの仕事の本質をよく理解している若き天才によって、ロジャーズは「発見された」のである。

改めてこの箇所を読むと、ロジャーズの仕事の本質を、ジェンドリン以上に理解していた人は誰もいないことがわかる。おそらくロジャーズ自身も、ジェンドリンのことを、自分の仕事の本質的な意味を、ある意味で自分自身よりもわかっている世界でただ一人の人間だと思っていたのではないか。だからこそ、伝記の「序文」の執筆者に、ジェンドリンが指名されたのであろう。

師はよい弟子によって、自身以上にその仕事の真の価値を発見され、伝承されていくものなのだろう。このジェンドリンの「序文」を読むと、そのことが改めてわかる。

さて、ジェンドリンはロジャーズのもとを訪れた。どうなったか、続きを見てみよう。

臨床心理面接の実習の件で私の面接をしたロジャーズは、哲学者を一人受け入れてもいいよ。そう言った。そしてその後で、身をかがめ、私をじっと見つめて、こう言った。『しかしあなたは、人間にはあまり関心がないのではないですか？』（哲学者に対する彼の見方だと思われる）。いいえ、そんなことは、ありません、いろいろな人が私に自分の問題を話してくれるし、時には、一晩中話していることもあります。私はただどのようにして援助すればいいかがわからなかったんです。私は、そう言った。ロジャーズは私を1年間の実習生として受け入れてくれた。（Gendlin, 2002）

実にほほえましい回想である。哲学者を臨床心理の実習生として受け入れるというのは、当時でもそう普通のことではなかったはずだ。ロジャーズはジェンドリンのことを、なまの人間には関心がないただの哲学者だとは思っていなかったに違いない。「ジェンドリンと話をして、高い能力の持ち主だとわかりました――感受性がとても鋭く見えました――この人ならやれる、と思いましたね」（Rogers & Russell, 2002）

また、ジェンドリンが実習生に志願できたのも、ロジャーズの人柄に安心感を覚えたからであろう。「彼は怒りをあらわにすることなどなかった。自分の気持ちや要求ははっきり述べたが、それを人に押しつけなかった。秘書が友人と電話で話していたりすると、彼女の手が空くまで（中略）忍耐強く待っていた。（中略）彼は人を心から思いやった」と、ジェンドリンはロジャーズについて書き記している。

そんなこともあって、ジェンドリンは安心してセンターでの活動に取り組めたのだろう。最初はクライアントになることにおそれを感じていたジェンドリンは、しかし2週間もすると、その恐怖は消えていた、という。誰でも潜在的にはクライアントであるのだ。そう学んだジェンドリンは、セラピストだけでなく、喜んでクライアントもやるようになった。そして、この「クライアント体験」から、彼はすぐに気づいたという。「私は、自分が何を学びにここにやってきたのか、すぐにわかった。それは、ただの概念を超えた直接の experiencing の決定的に重要な役割(the crucial role of direct experiencing beyond mere concepts)についてである。この重要な役割は認識されていなかったのである」

ジェンドリンは最初、何だかここでは私の研究したいことが実際に起きているようだ、という淡い期待を抱いてロジャーズのもとを訪れた。まだその時点では、暗黙な仕方でしか、自分が何を考えてここに来ているのか、言葉で明確にできるレベルでは、わかっていなかったはずである。しかし「クライアント役」を体験する中で、自分が何をしにここに来たのかが、明確にわかってきた。それは、「ただの概念を超えた直接の experiencing の決定的に重要な役割」である。

私たちが真剣にものを考える時、ただの概念を超えて、自分の内側の「暗黙の何か」に触れている。「うーん、ここは、どう考えればいいか……」。内側の、暗黙の、体験の流れ experiencing に直接触れている。そしてそれを言葉にすることができれば、体験のほうが変化していく。私たちが、何かを創作しようとしている時、ただの概念を超えた、内側の、暗黙のなまの体験の流れ experiencing に直接触れている。それを何かの形にすることができれば、表現されようとしていた体験自体が変化する。このような、内側の、なまの体験の流れ experiencing に直接触れる、ということが、セラピィでも決定的に重要な役割を果たしているのではないか。ジェンドリンはそのことをクライアント体験をする中で明確に意識するようになった。

しかし、実習生のジェンドリンがクライアント体験をする中で理解したこのセラピィの核心は、当時の文献では記されていなかった。１９５０年代初頭のクライアント中心療法では、セラピストは、クライアントの怒りや悲しみといった「感情」「気持ち」に応答していると考えられていた。けれども実際に重要な役割を果たしていたのは、クライアントが「感情」「気持ち」を語りセラピストがそこに応答することではない。そうではなく、実際にクライアントがしていることは、こうした怒りや悲しみといった気持ちの背景にある、まだ言葉にならない、暗黙の、微細で複雑な何かに触れながら語ることであり、セラピストと共にそこから何かが生まれてくるのを待つことである。「正確に聴いてもらえていると、もっと深い何かが、この暗黙の複雑な何か（インプリシット・イントリカシー（the implicit intricacy）から生まれてくるのである」（Gendlin, 2002）

その原因の一つは、experiencing に相当する概念が存在しなかったことにある。ジェンドリンは言う。

ふさわしい用語にめぐまれなかったがために、現在の体験（experience）こそ大切なのだ、というロジャーズの見解は、あちこちで誤解されてきた。クライアントは過去の体験に取り込む必要などないのだ、という意味にとらえられてきたのである。ロジャーズの考えをそのように受け取ると、ロジャーズの言う現在とは、概念的な内容のことを指すのだということになってしまう。ロジャーズは誤解され、クライアントは現在の生活の内容にだけ取り組めばいいのであって、幼い頃の体験に取り組む必要などない、と言いたかったかのように受け取られてしまっている。だが、ロジャーズが言いたかったのは、取り組む概念的な内容が過去のものであろうと、現在のものであろうと、クライアントは現在のexperiencing を通してだけ、うまい具合に問題に取り組むことができる、ということなのである。（Gendlin, 1962）（田中　2018 の訳を参照）

しかしこのことが認識されていなかった。ここから experiencing 概念の研究が始まり、ロジャーズ理論もそれに刺激されて変化していく。

1955年のロジャーズとジェンドリン

ロジャーズとジェンドリン、そして、チーム・ロジャーズにとって決定的な瞬間が、1955年に訪れる。田中（2018）を読んで知ったのであるが、この同じ年にきわめて重要な論文が3つ、書かれている。

①ロジャーズ　最も公式的な論文「セラピィ・パーソナリティ及び対人関係の理論」の元論文を学内紀要で公刊（1955年）

ロジャーズの生涯で最も有名な論文、「治療的人格変化の必要十分条件」（Rogers, 1957a）の元論文（Rogers, 1956a）が、1956年に学会誌での掲載に先立って、学内紀要論文として刊行されている。一般的には、1957年の論文「治療的人格変化の必要十分条件」（Rogers, 1957a）が有名であり、それの内容を含んだより完成された1959年の論文「クライアント中心療法の枠組みにおいて発展したセラピィ、パーソナリティ及び対人関係の理論」（Rogers, 1959）がロジャーズ理論の一応の完成体とみなされている。しかし実際には後者が先に書かれており、この論文の元論文が、まず学内紀要として、1955年に刊行されている（Rogers, 1955）。「必要十分条件」論文の元論文（Rogers, 1956a）はその翌年、1956年に学内紀要として公刊されているのである。

53歳、学者としても心理療法家としても、全盛期にあったロジャーズ。その周りには、彼を慕って集まってきた若き優秀な研究者や臨床家がたくさんいた。その中の一人が、当時29歳のジェンドリンである。そんな環境のなか、ロジャーズがみずからの公式見解となる理論をいったん完成させ、学内紀要において公刊したのである。当然ながら、この刺激的な環境は、そこに集まっていた多くの研究者を刺激し、思考を活性化させていくことになる。

②ジェンドリン　心理療法におけるクライアントの変化の鍵として「体験過程（experiencing）」概念を提示（1955年）

そんななか、同じ1955年に出された二つ目の刺激的な論文が、ジェンドリンが「体験過程（experiencing）」という概念を（哲学の、ディルタイ研究の文脈においてでなく）心理療法におけるクライアントの「変化」を説明する概念として、はじめて用いた論文である（Gendlin & Zimring, 1955）。修士論文では、ディルタイの哲学研究のなかで用いていた experiencing という概念をはじめて心理学の概念として世に出したのである。

ところで、ロジャーズから臨床実習生になることを許可され、トレーニングを積んだジェンドリンは、なかなか優秀だったようである。「ある時、ロジャーズは、自分の門下生たちに、『私がカウンセリングを受けるなら〇〇さんに受けます』『友人がカウンセリングを受けるとすれば、〇〇さんを推薦します』という質問紙調査をおこなった。相談相手のカウンセラーを、セミナー出席メンバーから選ぶ想定でおこないました。ジェンドリンがトップになりました」（Rogers & Russell, 2002）。今これをしたらハラスメントになるのではないか、とちょっと心配になるエピソードである。実際、この時の雰囲気についてロジャーズは次のように語っている。「反撃のような雰囲気が生じました。『ちくしょう！　仲間を評価させるなんて！　僕たちは平等主義で、力を合わせているんだ。それなのに、あなたは私たちをランクづけさせた』という わけです。全体の空気が険悪になり、二度とやりませんでした」（Rogers & Russell, 2002）。ロジャーズにはこうした「いたずら心」が旺盛であったようだ。この時、仲間からの投票で一位に選ばれたのが、ジェンドリンであった。大学の仲間たちからも「あいつは、心理学出身ではないけれども、臨床が一番できる」と一目置かれた存在であったようだ。

１９５２年からは、ロジャーズのもとで仕事をさせてもらえるようになった。そんななか、先に述べたように、みずから「クライアント体験」をするなかで生まれたテーマ——カウンセリングでは、クライアントは自分の「感情」「気持ち」を語りセラピストがそこに応答することが大事だとされているが、正確に言えば、そうではないのではないか。実際に起こっていることは、そうではなく、怒りや悲しみといった気持ちの背景にある、まだ言葉にならない、生々しい、微細で複雑な暗黙の何かに触れながら、そこから語るということであり、セラピストはそこから何かが生まれてくるのを待っている。するとそこから「もっと深い何か」が生まれるのではないか、という疑問——に、修士論文の哲学論文で使っていたexperiencingという概念を使って取り組み始めたのである。ロジャーズのもとでカウンセリングの実践をしているうちに、ジェンドリンは「その場で起こっていることに哲学の考え方を適用できる」(Gendlin & Lietaer, 1983）のではないか、と考え始めたのである。

まず、１９５４年にジェンドリンは、フレッド・ツィムリングとともに、ロジャーズが主宰する「クレイジー・アイディア」という研究会において、experiencing概念について、心理療法研究の鍵概念として最初に発表している（田中　2018）。「クレイジー・アイディア」というロジャーズ主宰の研究会の名前からは、一見奇妙なもののように思えても、自分の中から生まれてきた考えであればどんどん発表してみよう、という、実に自由でチャレンジングな雰囲気が伝わってくる。この研究会で、おそらく１９５４年に発表がなされ、１９５５年にカウンセリングセンターのディスカッション・ペーパーに寄稿されている（田中 2018）。

40代からの研究成果を１９５５年、53歳の時に「自己理論」としていったん体系化しまとめたロジャーズであったが、ジェンドリンのこの experiencing（Gendlin & Zimring, 1955）という独創的な概念に刺激を受けて、一段と新たなステージにみずからの理論を展開させていくことになる。ロジャーズのそれまでの理論は、「自己理論」を主軸としたものであった。「自己概念」や「自己構造」に焦点を当て、その変化を研究するものであった。しかしそれでは、いくら細分化して細かに研究しても、変化の「前」と「後」を比較する研究しかできない。自己概念がこのように変わった、という研究しかできない。いくら単位を細分化し、たとえば50分の面接中に5分ごとの変化を追っていったとしても、それは「5分前」と「5分後」の「結果」の比較であって、「変化するということ自体」に焦点を当てたものではない。ジェンドリンの experiencing 概念は、ロジャーズの研究を（というより、チーム・ロジャーズの研究の方向性を）「まさにこの瞬間にクライアントが変化している、その瞬間に起きていること」に焦点を当てる方向へと転換させたのである。

１９５６年にジェンドリンらが「患者たちが何を話すかという点に違いはない。違いは患者たちがいかに話すかという点にある」という報告をした学会発表（Gendlin, Jenney & Shlien, 1960）をおこなったことで、話の「内容」にではなく、どのように体験し、どのように話しているか、という「体験の様式」に焦点を当てる方向性が加速化していく。本書第２章でみたような、クライアントの変容過程についての生々しい記述、そしてそれを柱としたロジャーズの代表作『オン・ビカミング・ア・パーソン』も、ロジャーズとジェンドリンの出会い、そして二人を要《かなめ》として展開していくチーム・ロジャーズの協働作業なくしてはとうてい不可能であったように思われる。つまり、ロジャーズのセラピィ論の到達点である1950年代後半から1960年代前半の論文や著作そのものが、ロジャーズ一人がなした仕事、というよりも、ロジャーズとジェンドリン、そして二人を要としたチーム・ロジャーズの「合作」としてはじめて可能になったところがある。その最も大きな原動力となったのが、ほんの数年前まで若き哲学の大学院生であったジェンドリンによって提示された experiencing という概念だったのである。

③ カートナー　修士論文において「必要十分条件」説を否定するデータを公表（1955年）

そんな中、チーム・ロジャーズのその後の命運を大きく左右することになるもう1つの論文が世に出された。ウィリアム・カートナーが1955年に提出した修士論文「パーソナリティ変化の関数としてのクライアント中心療法における成功と失敗」(Kirtner, 1955) である。この修士論文の主要部分は3年後、共同研究者デズモンド・カートライトとの共著で公刊されている (Kirtner & Cartwright, 1958)。

カートナーはこの修士論文で「ある種のクライアントたちはロジャーズ派のセラピィで失敗

が予測される」ことを示したのである。なんと大胆な！　先述のように、1955年というのはこのチームにおける絶対的な存在であったはずのロジャーズがその公式理論を学内紀要で公刊した年である（Rogers, 1955）。当然のことながら、この論文は、チームの中でもしばしば話題になったはずである。そしてそれをもとに翌年の1956年には、ロジャーズの最も著名な論文、「治療的人格変化の必要十分条件」論文が学内紀要に掲載されている。「必要にして、十分なる条件」である。それさえあれば、何もいらない、というわけである。第2章で見たように、ロジャーズは、セラピストの態度という「左辺」があるならば、それに伴ってクライアントの変化という「右辺」が必然的に生じるという「方程式」を想定していた。Aという条件が満たされているならば、Bという結果が生じる、という形の素朴な仮説を立てていた。それは「受容」「共感」「一致」という条件が満たされるならばその時必ず肯定的な変化が生じるはずだ、という人間に対する希望に満ちた理論であった。他者からほんとうに理解され受け入れられた人間は、しかもそれが相手の真実の姿だと思われたならば、生命としての力を活性化させ、困難から立ち直り、おのずと成長していくはずだ。必ずそうなるはずだ。ロジャーズの「必要十分条件説」は、一見化学方程式のような装いをとりながら、人間に対する、そして、人を理解し援助するということに対する、絶対的な信頼に裏打ちされたものであった。

これはたしかに、「人間についての、普遍的な真実を突いている」と私は思う。人は、他者にその内側からほんとうにわかってもらえた時、ただそのままを受け入れてもらえた時、しかもそれを本心からそうしてもらえていると思えた時、生命の力を活性化させていく。生きる力がよみがえって、困難を乗り越えようとする力を獲得できる。これは間違いなく真実であり、ロジャーズの理論はこの真実に、科学的な装いを与えたものであった。それは、「人間という弱き存在にとってのかすかな希望」と言ってもいいものである。

しかし、何かが上昇の道を上り詰め、そのピークに達する時、同時にそれはすでに、下降への道を内包している。暗黙のうちに、インプライしている。ロジャーズの理論が一応の完成を見せ、刊行から65年ほど経つ今でも「カウンセリング」の分野で最も有名な論文として繰り返し読まれ続けている１９５７年論文（必要十分論文）及び１９５９年論文（その包括バージョン）の2論文の原型となる論文が学内紀要に掲載された、よりによってその同年に、ロジャーズ理論をある意味で正面から否定する破壊性を秘めた論文が、しかもチーム・ロジャーズの一員である大学院生から修士論文として提出されたのである。それが、ウィリアム・カートナーが１９５５年に提出した修士論文「パーソナリティ変化の関数としてのクライアント中心療法における成功と失敗」(Kirtner, 1955) である。

カートナーのこの修士論文は、カウンセラーがどれほど相手を受容し共感していようと、よくならないクライアントはよくならない。治らないし、成長しない。そんな、言われてみれば当たり前の真実を、よりによってロジャーズ理論が完成に至る同年に突き付けたものであった。しかし、当時53歳と学者としても臨床家としても全盛期にある自分の恩師（ロジャーズ）の研究を正面から否定する修士論文を提出できる、というのは、この研究チームに、真実だけが奨励される真に自由で活気に満ちた雰囲気があったから可能になったことであろう。まさに「いい意味で非常識でクレイジーな集団」であり、そんな雰囲気があったからこそ、ロジャーズはみずからが主宰する研究会に「クレイジー・アイディア」という名称を付けていたのだろう。

カートナーのこの修士論文、そしてそれをもとにした論文で明らかになったのは、「セラピィの期間と結果は、治療開始時におけるクライアントのパーソナリティ構造と関連している。最も顕著な差異は、こうした尺度上に見出《みいだ》される成功グループと失敗グループ間の差異であった」(Kirtner & Cartwright, 1958)というものである。つまり、セラピィの開始の時点ですでに、クライアントのパーソナリティ構造の違いによって、受容や共感をベースにしたセラピィが通用するかどうかはほぼ決まっている、というのである。セラピィの上手《うま》い、下手ではなく、クライアントがどんな人であるかによって、カウンセリングが成功するか失敗するかは最初からほぼ決まっている、というのである。身も蓋《ふた》もない話と言えばそうであるが、ある程度経験を積んだカウンセラーであれば、誰しも思い当たる節のある話ではないだろうか。「あの人は、カウンセリングが効く人だよね」「あの人は、カウンセリングが効かないタイプだ」という話は、カウンセラー同士が、スタッフルームで時折話題にする会話である。またそれが偽らざる実感であろう。

どんなに天才的なセラピストであっても、どんなに専門家集団で尊敬されているセラピストであっても、「あの人だったら、どんな人でも治る」ということは、まずない。それは、その人をカリスマ扱いしたい集団内での、ただの幻想である。逆に、それほど上手くないカウンセラーであっても、安心感のある雰囲気を毎回提供しこころを込めて聴いていれば、おのずと治っていく人は、治る。そんなクライアントは一定数いる。ガチャガチャと邪魔することさえしなければ、底力のあるクライアントは治癒と成長の道を歩むことが多いものだ。カートナーの修士論文は、おそらく当時から多くの臨床家が感じていたこのような素朴な実感を仮説として検証したものと言っていいだろう。そこには否定しがたい真実が示されており、そうした研究をきっかけに学問も実践も発展していくものだ。

田中（2018）は、カートナーのこの論文の「尺度IV」に着目する。尺度IVは、「能力感：状況に十分に対処できるという感じから、状況に対処する内的資源の無力感と欠如まで」である（Kirtner & Cartwright, 1958）。セラピィで成功するグループは、「感じられた不安の原因や解決を自己の内部に求める」（同前）傾向があるのに対して、セラピィで失敗するグループは、「感じられた不安の原因や解決を外に求める」（同前）傾向があるという結果が示されていた。平たく言うと、こういうことである。カウンセリングの中で、自分を深く見つめ、内面を探索していく傾向が見られた人は治っていった。逆にそうした傾向がなく、「運が悪かったんです」「ま、そういう時もありますよね」「あの人が問題なんです」と、「外」に原因や解決を求めた人は治らなかった、というのである。よくわかる話である。

しかし、これはたいへんな衝撃であった。ロジャーズの理論が一応の完成を見せたまさにその同年に、ロジャーズ自身の門下生から、しかも修士論文という形で、ロジャーズ理論を覆す論文、すなわち、ロジャーズの言う「必要十分条件」が満たされていても成功しないクライアントがいること、したがって、ロジャーズの提示している「受容、共感、一致」は「必要条件」とは言えても「十分条件」とは言えない、ということを指摘した論文が提出されたのであるから、騒然としたのも当然である。

興味深いのは、チーム・ロジャーズのメンバーたち、そしてロジャーズやジェンドリンがこの「事件」に対して示した反応である。カートナーが修士論文を提出した翌年、カートナーの研究を一部紹介したディスカッション・ペーパー（Cartwright, 1956）がカウンセリングセンターのスタッフのもとに届いた。1956年のことである。この研究結果が配付されたとき、カウンセリングセンターのスタッフは一同激怒した、という（ジェンドリンの回想による）。とても信じられなかったのだ。この研究の結果によれば、自分たちが会っているクライアントには、成果が上がらないとあらかじめわかっている人たちがいるということになってしまう。しかも、カウンセリングの面接が始まってほんの数回で、このケースが失敗するかどうか、おおよその見当がついてしまうという。「きっと何かの間違いではないか。間違いに違いない、と私たちは口々に言った」（Gendlin, 2002）。自分たちは、面接を続けても結果は変わらないことがあらかじめわかっているクライアントに会っている。それはやはり、ショッキングであったことは間違いない。ジェンドリンはこのリサーチに加わっていなかったので、カートナーの結果は予期していないものであった。この場面で、ロジャーズはどうしたのか。ほかのたくさんの弟子がいるなかで、一人の弟子から、「あなたの理論は間違っています」「これが十分条件である、などと大胆なことは言えません」と、研究データを突き付けられたのである。

ジェンドリンは、その時の様子をこう言う。

ただ、そんな中で、ひとりロジャーズだけがじっと黙っていた。そしてこう言ったのである。「事実はいつだって味方だよ」(Gendlin, 2002)

部屋に戻ったロジャーズのあとをジェンドリンは追った。ジェンドリンは、カートナーの研究のことでロジャーズに喰《く》ってかかろうとした、という。その時、ロジャーズはこう言ったのである。「今回の研究結果が、きっと次の研究への足がかりになると思うよ」。ロジャーズは、カートナーの研究に真実が表現されていることをわかっていたに違いない。

別れ際にドアのところで、ロジャーズは私の肩にしっかり手を置いてこう言った。「いいか。大切なのは、ここからどう進んでいくかだ。君はそれを発見していく人間の一人だ」。ロジャーズはただ例として、私のことを出したのかもしれない。しかし私は、ロジャーズのこの言葉を深いところで受け取った。(Gendlin, 2002)

この時何かが、ロジャーズからジェンドリンに手渡された。そしてこうした出来事があった1955年から1956年を一つの区切りとして、それぞれは、やはりこの「出来事」なくしてはそちらの方向には向かわなかったであろうような「その後の展開」を迎えていく。
共通する一本の柱は、「クライアントが変化する、とは、どういうことであるか」というテーマである。クライアントが変化するとは、どのようなことであり、それはどのようにして生じうるのか、というテーマであった。その鍵となったのがジェンドリンの experiencing 概念である。

「旧モデル（自己理論モデル）」から「新モデル（体験様式モデル）」へ

では、この1955年から56年の出来事をきっかけに、ロジャーズはどう変わったか。もし、あの、1955年の出来事がなければ、ロジャーズはどうなっていたか。ロジャーズの主著『オン・ビカミング・ア・パーソン』は、（少なくともあのような形では）書かれることがなかったであろう。

1955年の出来事をきっかけに、ロジャーズの主たる関心テーマは、（セラピストの態度条件への関心以上に）「クライアントの変化過程」へと移った。もちろん、それ以前からも、ロジャーズの関心はクライアントの変化に注がれていた。セラピィによって、クライアントの何がどう変化するのかに注目していた。その一つが自己概念の変化であり、この、言わば旧モデル（自己理論モデル）に基づく研究の集大成が1954年の『心理療法と人格変化』である。

1955年の出来事、そしてチーム・ロジャーズのメンバーとの相互交流によって、ロジャーズ自身も生まれ変わった。「旧モデル（自己理論モデル）」から脱皮して「新モデル（体験様式モデル）」へと展開していった。「カウンセリングの前と後でクライアントの自己概念はどう変わったか」という旧モデルから、「クライアントが今まさにこの瞬間に変化している、その変化の瞬間においてクライアントの内側ではどのようなことが起きているのか」という新モデルへと、ロジャーズ自身の関心も大きくシフトしていった。

１９５５年を境としたロジャーズのモデル・チェンジはもっと注目されてよい、大きなものだ。これをきっかけに、ロジャーズは、「人間はこのように変化しうるのだ」というセラピィの可能性、セラピィというものが持つ人間変容のパワーに目覚め、「クライアントの変容過程」の探究に没頭していく。そしてそれに加えて、ロジャーズが執筆時に愛読していたキルケゴール（筆者も一時期キルケゴールを読むためにデンマーク語を多少学ぶほどキルケゴールにはまっていた時期がある）、特に『死に至る病』（１８４９年）の自己生成論や、『哲学的断片への結びとしての非学問的なあとがき』（１８４６年）などの影響もあって、「人は変化の渦のなかにみずからを投げ入れる」という実存的なニュアンスも加わり、ロジャーズの主著『オン・ビカミング・ア・パーソン』は書かれたのであろう。逆に言うと、もしも１９５５年のあの出来事がなければ、ロジャーズのモデル・チェンジは本格的には生じず、代表作『オン・ビカミング・ア・パーソン』もあのような形では、書かれなかったであろう。すると、ロジャーズがフロイトやユングと並ぶ「ビッグネーム」となることもなかったであろう。

1956年の学会発表――「変化の瞬間（Moments of Movement）」への没頭

あの出来事以降、ロジャーズに最初に生じた変化はどのようなものであったか。１９５７年論文、１９５９年論文といった有名どころに目を向けているとわかりにくいが、ロジャーズ自身の微細な変化は、１９５６年の学会発表の抄録に示されている。最初の変化の兆しを感じることができるのが、１９５６年に学会発表の抄録として配付された小論文 The Essence of Psychotherapy : Moments of Movement（「心理療法の本質——変化の瞬間——」）（Rogers, 1956b）である。この小さな論文においてロジャーズは、クライアントの変化の瞬間の体験について、「これはほとんど身体的なものなんです」と語ったあるクライアント（オーク夫人）の面接の逐語をとりあげている。興味深いのは、その後で、ここに描かれているのは「変化の瞬間（moment of movement）」であり、「しかもこの瞬間、クライアントは一つの統合された体験そのものであって、何の障壁も禁止も伴わない an experiencing となっている」と指摘している点である（Rogers, 1956b）。

筆者がこの論文をはじめて手にしてその重要性に目を引かれたのは、たしか２０００年に英国イースト・アングリア大学に日本人数十名が訪問する形で開催された「英国ロジャーズ派カウンセリング学習ツアー」に行った際、キャンベル・パートンが講義の資料としてこの論文を配付した時のことである。筆者はまだこの時は、「あれ、身体的なものだ、とか、experiencing とか、ロジャーズが何だかジェンドリンみたいなことを言っているが、まだ１９５６年だ。ジェンドリンの哲学の博士論文さえ執筆される前のはず。ロジャーズがそんなに早くジェンドリンから大きな影響を受けているわけはないし、何だろう……」と「不思議な違和感」を抱いていたのであるが、何のことはない。単なる筆者の調査不足、資料収集不足であった。

田中（2018）を始めとした一連の論文のおかげで、ようやく謎が解けた。ロジャーズとジェンドリンは哲学の修士論文作成中にすでに親交を持っており、その後、１９５５年という、ロジャーズ、ジェンドリン、そしてチーム・ロジャーズにとって最も重要な一年を迎えていた。その影響をもろに受けて、ロジャーズが「新たな一歩」を踏み出したのが、この１９５６年の学会発表だったのである。

ここから代表作『オン・ビカミング・ア・パーソン』の刊行、そして同じ年に刊行された「心理療法の過程方程式」(Rogers, 1961d) 執筆の１９６１年あたりまでが、筆者から見た、心理療法の研究者としての「ロジャーズの全盛期」である。54歳から59歳くらいまで——これが、セラピストとして、研究者としての、ロジャーズのピークである。それを境に、ロジャーズの活動はエンカウンター・グループや平和活動、教育革命、結婚革命といった「社会的な広がり」を見せていく。その一方で、50代前半に撮影されたミス・マンとの面接におけるような精緻さ、引き締まった美しさは失われていく。60代の時のグロリアとの面接は幾分雑になったかのように感じられるのは、致し方ないことであろう。

いずれにせよ、１９５５年、１９５６年のあの出来事を境に、ロジャーズ自身も変化をとげていく。その後、７、８年、ロジャーズは「クライアントが、まさに変化するこの瞬間」「それに引き続いて起きてくるプロセス」の解明に心血を注ぐ。固定された考え方から離れ、より自由になり、この瞬間、瞬間を生きる。変化の渦にみずからを投げ入れていく。危険を顧みず、この瞬間瞬間に自らを賭《と》しているかのように生きる。そんな変化の方向性を丹念に追っていくことに専念するのである。その成果が本書第２章で見たロジャーズの「自己生成論」である。

旧モデル・新モデルの「混合体」として世に残されたロジャーズ理論

では、ロジャーズ理論は、1955年のあの出来事をきっかけに、すっかりモデル・チェンジを果たしたのか。すっかり理論を変更したのか。いや、していない。

では、どうなったか。新モデルと旧モデルが混然一体となった「混合体」として、世に残されたのである（ロジャーズの理論が一見シンプルに思えて案外理解が難しいのは、ロジャーズ理論の中に、このような、新モデルと旧モデル、といった方向性の相矛盾する要素が混然一体となったまま提示されているからであろう）。

ロジャーズは、頑固である。1956年にあのような「事件」があったにもかかわらず、翌年1957年に公刊されたロジャーズの代表的な論文、「治療的人格変化の必要十分条件」においては、やはりそれは「必要十分条件である」という姿勢を崩していない。また、第3章で見たように、その「補足」として「クライアントのタイプが違えば、別の条件が必要であるとは述べられていない」と示している。すなわち、「ここに述べたことは、どのクライアントにも、どんなタイプのクライアントにも有効である」という「強気一辺倒」の姿勢をまったく崩していない。これは、不誠実なのか。ロジャーズは、インチキなのか。

私はこれでよかったと思う。カウンセラーが相手を評価したりアドバイスしたりせず、相手をその内側から深く、深く理解していくこと。そして真実の自分として、そこにあること。「受容、共感、一致」は、クライアントがそんなカウンセラーの姿勢に守られ、安心して自分の内側に入っていくことにおいて、きわめて重要な意味を持っているからである。それはいくら強調してもしすぎないほど、重要で大きな意味を持っている。したがって、その後の研究や実践を通して批判的に吟味・修正されていくことを前提としながらも、それはいったんは、「必要十分条件」として言い切られる必要があった。「この３つさえあればそれでいい」「すべてのタイプのクライアントに必要だ」「これに例外はない」と、いったん「見得を切られる」必要があったのである（その意味でいうと、１９５７年論文の正式な刊行前に出されたカートナーの修士論文は、「ほんの1、2年だけ、早すぎた」と言ってもいいかもしれない。得てして、歴史とはそういうものであろうが）。

１９５０年代後半ロジャーズ論文における experiencing 概念

１９５５年以降のロジャーズ理論は旧モデルと新モデルの「混合体」であると述べた。また特に50年代後半から60年代のロジャーズ理論には、キルケゴールの影響から、「変化の流れの渦へと、危険を冒して我が身を投げ入れる」といった実存的なニュアンスが濃厚である、と指摘した。このことは、この時期のロジャーズの論文における experiencing 概念が、ジェンドリンのそれとは若干異なるニュアンスで用いられていることにも見て取れる。この時期のロジャーズの論文を改めて読み直してみると、論文中で experiencing 概念が援用される時、そこに direct referent としての意味が幾分か希薄であることがわかる。この傾向は、３年後の「心理療法の過程概念」（Rogers, 1958）においても引き継がれている。

この論文は、心理療法におけるクライアントの変容過程を7段階に分けて論じたものである。第1段階の特徴として experiencing が固定されており、それから隔絶されていることがあげられている。段階が上がるにつれて experiencing の固定性が解消されて流動的になり、隔絶や遅延がなくなっていく、とされている。

第5段階では、そのことが「生命体的な事象とそれを主観的に十分生きることとの間にほとんど遅れがない」と説明されている。少なくともこの時期に書かれた論文に限って見れば、ロジャーズの用いる experiencing という語は、クライアントが自分のある感情についてそれと隔絶されていて感じることができなかったり、あるいはだいぶ遅れて感じたり、といった状態から脱して、自分の内側である感情が生じた時、たとえば怒りなら怒り、驚きなら驚きといった感情そのものに即座になりきる、といった実存的なニュアンスが濃厚である。そこでは direct referent としての意味合いはどちらかと言えば希薄である。

ではロジャーズが、ジェンドリンの言う experiencing の direct referent としての特質をまったく軽視していたのかというと、そうではない。微妙な揺れが感じられるのが、第6段階についての記述である。第6段階のクライアントについてロジャーズは、「それについて感じるのでなく、体験の中を主観的に生きている」と言い、クライアントの発した「ワアーッ！これもまた変だ！」という言葉を引きながら、この言葉は「彼の中で進行し、彼がその中で生きている experiencing」を表したものだ、と言うのである。ここでもやはり、experiencing は、クライアントがその体験そのものになって生きる、という実存的ニュアンスが濃厚であり、

direct referentとしての性質は希薄である。しかしその後、同じ第6段階の説明として次のようにも述べられている。

十分に体験するその瞬間の体験の流れ（the moment of full experiencing）は、明瞭にして明白な参照体となる。前の例で、このような瞬間に自分に突然生じたものが何であるか、クライアントはしばしばあまりはっきりとは気づいていないことがわかるだろう。しかし、そのことはそれほど重要ではない。というのは、この事象（event）は、それについてもっと多くのものを見出すために、必要ならばたびたび引き返していくことのできる実体であり、参照体だからである。これらの例に表れている懇願や、「自分を愛する」感情は、正確なものではないと後でわかるかもしれない。しかし、それらが何であるかについて、クライアントが満足のいくまで引き返していくことのできる、確固たる参照点（point of reference）なのである。おそらくそれは、意識生活の下層であり、はっきりした生理的な事象を構成しているものであり、クライアントが探索的な目的でそこへ引き返していくことができるものである。ジェンドリンはexperiencingの持つ参照体としてのこの重要な特質に、私の注意を向けてくれた。彼はこれを基盤とした心理学理論を展開しようとしている。（Rogers, 1958）

おそらくこのように理解していいのではないだろうか。１９５６年から１９５７年にかけてロジャーズは、心理療法の過程に関する自身の考えをまとめることに没頭した。1年間、録音された心理療法の面接の記録を聴くのに何時間もかけ、できるだけ無心に聞き入っていった。心理療法の過程に関して、またクライアントの変化について、どの要因が重要かについて、とらえうるすべての手がかりに身を浸した。その結果、「自らのその瞬間その瞬間の体験そのものになりきって生きる」という実存的なニュアンスの強いイメージがゴールとして設定された。そしてそこに向けて、クライアントの変化過程を7段階に区分けし、ジェンドリンをはじめとした当時の共同研究者の提示したさまざまな概念をその過程の中にちりばめていった。experiencing 概念はそこに取り入れられた概念の中で最も重要なものであるけれども、まず先に設定されたロジャーズ自身のクライアントの変化過程に関するイメージが先行し、そこに組み込まれていく作業の中で、ジェンドリンがこの概念に込めた意味合いと若干ずれた使われ方がされたところもあるのだろう。

筆者は、『オン・ビカミング・ア・パーソン』（Rogers, 1961a）（邦訳『自己実現の道』）の翻訳の中心的な作業を担当したが、その際、最も訳し分けに苦労し困惑したのが、「心理療法の過程概念」においてロジャーズが使う experiencing の訳し分けであった。direct referent としての性質が明確で、ジェンドリンに忠実に experiencing の語を使っており、したがって「体験過程」と訳していいと思われた箇所と、たとえば先に引用した「十分に体験するその瞬間の体験の流れ（the moment of full experiencing）」といった表現のように、同じ experiencing でも「体験過程」とは訳しづらい箇所（そう訳してしまうと、the moment of full experiencing は、十分な体験過程の瞬間、となって、意味が取れなくなってしまう）が至るところで混在していたからである。

「深いところから話さないクライアント」への対応として、フォーカシングを発見

1956年に「いいかい。大切なのは、ここからどう進んでいくのかだ。君は、それを発見していく人間の一人だ」とロジャーズから未来を託されたジェンドリンはその後、どのような道を歩んだのか。ジェンドリン自身、次のように述懐している。

ロジャーズがウィスコンシン大学に招かれた時、私は研究主任として同行した。ほどなく、相談室に入ろうとしない「統合失調症」の患者と並んでホールに立っている自分がいた。患者は何についても深く話すことはなかったし、このことは精神科の入院患者に共通していた。私たちは対照群として近所の農家から「正常な」人々を募集した。雨水を溜《た》めるために水平に農耕することや、親類総出で数日間で刈り取れるだけのタバコを植え付けることなどを彼らから学んだ。これらの「正常な」クライアントもセラピィに関連するような話はしなかった。

この深さの欠如（lack of depth）は、シカゴ大学で会っていた通常のクライアントにも認められるものだった。カートナーは、カウンセリングの最初の2、3回でクライアントが自分の内側での体験を語っていないことがわかったら、そのクライアントは、長期間の

カウンセリング面接をおこなってもうまくいかないことが予測されることを示していた。私は1963年にシカゴ大学に戻った。そしてこの問題に取り組んだ。多くの学生が忍耐強く、クライアントが自分の直接のexperiencingを見出すことができるようになるための「インストラクション」を記述したり実験したりして協力をしてくれた。私たちはそれをセラピィの時間外で試み、多くの研究が生まれた。私たちはセラピィにとって決定的に重要な一つの変数（one crucial therapeutic variable）を見出すことに成功し、またそれを教えることもできるようになった。私たちは、あるケースの失敗が予測された場合に、それを逆転させることができるようになったのである。（Gendlin, 2002）

ジェンドリンは勝利した！　つまりは、こういうことである。傾聴は、何のためにするのか。それはただ、「わかってもらうため」でも、「話したいことを話してすっきりするため（カタルシス効果）でもない。本書第4章で示したように、人は他者から、深く聴いてもらっていると、本人自身も、自分自身の内側を深く聴くようになる。自分の内側に意識を向けていなかった人が、自分の内側に意識を向けるようになる。内面探索を始めるようになる。つまり、深く傾聴されることで人は、自分自身の内側を深く探索するようになる。それが、大きな自己発見や、今自分がどうすればいいのかを発見することにつながる。

しかし、いくらカウンセラーが深く、深く、傾聴していっても、いっこうに深まっていかないクライアントもいる。いっこうに面接が深まらず、この1週間にあったことを「こんなことがあってですね……」と近況報告に近い内容をノンストップで話す。つまり、ぜんぜん深まっていかないのである。これでは、治っていくはずがない。

カートナーの研究は、シカゴ大学カウンセリングセンターに通う、ごく一般的なクライアントの一部にも、そういう人が含まれていたことを示していた。カウンセラーが深く傾聴していると多くのクライアントは自分の内面探索を深めていくのであるが、中にはいっこうに深まらない、雑談どまりの人もいて、その人たちにいくら「深い傾聴」をおこなっても、面接は深まらず成功しなかった。しかも、カウンセリングを2、3回おこなっただけで、それがわかってしまう。このことをカートナーの修士論文やそれに続く研究は示していた。これが1956年のチーム・ロジャーズに大きなショックを与えたのである。

しかし、当たり前の話であるが、そういう人――「深さ」が欠如している人――はこの世の中にたくさんいる。ロジャーズは1957年にウィスコンシン大学精神医学部に移り、そこの研究主任、リサーチ・ディレクターとして、言わば一番弟子のジェンドリンを連れていった。そこでは重度の統合失調症の入院患者がたくさんいた。廊下に突っ立って、何時間もボーッとしている人たちだ。ロジャーズとしては「受容・共感・一致」の「三条件」があれば、その人たちも治っていくことを示すという野心を持って大学を移ったのだった。しかし、「三条件」は必ずしも通用しなかった。話はいっこうに深まらず、ただボーッとしていたり、雑談しかしない人もたくさんいた。対照群として選ばれた一般の人もそうだった。この人たちはつまり、自分を深く見つめたりすることにあまり関心がない人たちだ。私たちの周りにもたくさんいる人たち。カウンセリングにもワークショップにも来ない。心理学的な本も読まない人たちだ。私たちの周りにいくらでもいる、心理学にほぼ縁がない、けれど健康な人々だ。この人たちに「深い傾聴」をしてもまったく深まらない。内面探索には至らない。容易に想像しうる。逆に「深い傾聴」が功を奏するのは、もともと内面探索に関心がある人、あるいはいつもは関心ないが、人生でいろいろな問題に直面してつまずき、悩み、「これから、どう生きていったらいいんだろう」と真剣に考えざるをえなくなった人である。

一般のカウンセリングセンターに自分で申し込んで相談に来るクライアントはこういった人であり、このような人であれば、深く傾聴されると立ち止まり、自分を見つめ、内側の気持ちを探索し始める。だから変わり始め、変化や成長が生じるのである。「通常のクライアント」の大半は、このように、もともと自分を見つめる力が高かったり、離婚や転職などの人生の問題にぶつかり必要に迫られて自分を見つめる状態になっている人である。だから「深い傾聴」が通用する。

一方、「通常のクライアント」の中にも、いくらカウンセラーが「受容、共感、一致による深い傾聴」をしても、なかなか自分の内側に入っていかない人がいる。そうした人には、「深い傾聴」が通用しない。回数を重ねても、よくならない。しかもそのことが、面接の2回目・3回目のその人の様子、特に「話し方の深まらなさ」でわかってしまう。このことに着目したのが、カートナーの研究であった。

しかしこれは、自分で申し込んでカウンセリングセンターに来る人に限定した話である。カウンセリングセンターの外に出れば、カウンセリングやこころのことにまったく関心がない人はたくさんいる。むしろそういった人が大半である。そうした人に「深い傾聴」をしても、ただ雑談して「あー、すっきりした」となって、それで終わりである。精神科に長期入院してボーッとして過ごしている人も、いくら「深い傾聴」をされても、あまり深まらない。セラピィは成功しないのである。

では、どうすればよいか。何をすることができるのか。

カウンセリングで自己探索が深まらない人は、「深さが欠如」していた。自分の内側の深いところに触れて、その深いところからものを考えたり語ったりすることができずにいた。浅い表面的な話を続けていた。だとするならば、とジェンドリンは考えた。

鍵はクライアントの「話し方」にある。クライアントが「話す内容」は、それほど重要ではない。現在のことについて語ろうが、過去のことについて語ろうが、自分のことについて語ろうが、映画のことについて語ろうが、あまり関係ない。

鍵は、「話し方」にある。たとえば、今の自分のことについて「そうですね。今の私は、なんかダメなんですよ。えっと、こういうことがあってですね……」と、50分間ノンストップで話すクライアントは少なくない。そして、それだけで帰っていくのである。これだけでは、クライアントに「変化」は生じない。たくさん喋《しゃべ》って、スッキリはするかもしれない。カタルシスにはなるかもしれない。けれども、それだけ、なのである。

一方、話の内容が、過去に観た映画のことだとしよう。もしあるクライアントが、映画の内容の説明を淡々と続けて、それに終始する場合には、この人に変化は生じない。しかし、もしこの人が映画の主人公について説明しながら、その途中で「なんて言ったら、いいんでしょう……。あの主人公を見ていると、なんていうか、なんだか、よくわからないんですけど、『滝に飛び込め。人生は、一瞬だ』という言葉が、浮かんでくるんです……。なんででしょう……。うーん（沈黙、5分。クライアントは、目をつむって、自分の内側の何かをまさぐっているかのような表情。手は、胸のあたりをさわって、何かを、内側で探しているような雰囲気が伝わってくる）。そうか、あの人の発するあの雰囲気は、今の自分に一番、欠けている、というか……ん……そうじゃないですね……えっと……、『自分にもともとは、あるけれども、今は、見失っているもの……それは、人生の流れの中に飛び込むことだ、と言われているような、そんな感じがするんです。……迷うな、飛び込め、……そんなふうに、あの主人公から、言われているような気がする』というか……」。

こんなふうに話しているならば、たとえ、話の内容は、自分のことや自分の抱えている問題についてほとんど語られていなくても、変化は生じる。クライアントは少しずつ、着実に、生き生きとした自分を取り戻すことができていく。そこには、「深さ」があるから、である。クライアントが、自分の内側の深いところに触れて、その内側の深いところに直接意識を向けながら、そこからものを考えたり、語ったりすることができている。すると、「変化」が生じ始めるのである。そしてその、内側の深いところの「何か」こそが、ジェンドリンが、修士論文でディルタイのErleben（「生」「体験」）の訳語として当てたexperiencingという概念、そしてまだ哲学の大学院生だった時にロジャーズの研究室をはじめて訪ねた理由、「私は、セラピィにおいて、クライアントは、experiencing というインターフェイスからものを語っているに違いない、と考えた。私はそのことを確かめるために、実際に見に行く必要があったのだ」と語っている、まさにそれであったのだ！

つまり、クライアントが自分の内側の深いところ、experiencing に触れながらものを考えたり語ったりする時に変化が生じている、という発見は、何もウィスコンシン大学での統合失調症研究から生まれたのではない。20代前半のジェンドリンがディルタイ研究の中で、人間の生の最も重要な働きとしてとらえ、ロジャーズのカウンセリングではきっとそんなことが起きているはずだからそのことを確かめなくては、と思って、勇気を振り絞ってロジャーズのもとを訪ねた理由となった、そのことであった。そしてカウンセリングセンターの実習生となってクライアント役を買って出た時に、これこそがセラピィの核心だとますます確信を持つに至った、そのことであった。つまり、人は自分の内側の深いところ、experiencing にダイレクトに触れながら、そこに意識を向けてものを考えたり語ったりする時に変化するのだ、ということ、そのことこそがやはりセラピィの核心であり、それができているクライアントは変化し、できていないクライアントは変化していない、という、きわめてシンプルな真実であったのだ。そして、ロジャーズの「受容、共感、一致が伴った深い傾聴」は、それがクライアントの中にこの動き、つまり深く聴かれることでクライアントも内側の深いところに触れながらものを考えたり語ったりすることにつながる時には大きな意味があり変化につながるけれども、それが通じないクライアントも時折いる、という真実であった。

人が、自分の深いところにあるなまの体験の流れ（experiencing）に直接意識を向ける（ダイレクト・リファー direct refer）時に展開していく体験のプロセスのことを、ジェンドリンは「フォーカシング（focusing）」と命名した。つまりフォーカシングとは、よく各種テキストや心理学辞典、解説書などで紹介されているような「心理技法」のことでは、本来ない。カウンセラーに深く傾聴されているうちに、クライアントがおのずと、内側の深いところに意識を向け、そこに触れながらものを考えたり語ったりし始める。その時展開していく体験のプロセスのことである。成功したり治癒や成長が見られるカウンセリングの中で必ずといっていいほど生じる、このような「みずからの内側の experiencing なまの体験の流れに直接意識を向けた時、そこに展開される内的な体験のプロセスそのもの」を指した言葉である。

この本来の意味でのフォーカシング、内的な体験のプロセスは、成功するカウンセリングにおいてのみ見られる特殊な現象ではない。たとえば、創造性の高い作家が文学作品を書いている最中で、立ち止まり、「うーん、ここはちょっと違うな。違和感がある。これは何と言ったらいいのか。うーん……」と、自分の思考プロセスを一時的に停止させ、スペース（間）をつくり、内側のなまの、何か、まだうまく言葉にならないけれどもそこにあって表現されようとしている「暗黙の何か」に直接触れながら、そこから言葉を探りだそうとしていく。その時に展開されるプロセス。これも「体験のプロセスとしてのフォーカシング」である。

あるいは、ダンサーやミュージシャンが自分の踊りや曲に違和感を覚え、立ち止まり、間をつくって、「うーん、ちょっと違う、どうしよう……」と言葉にならない違和感に直接触れながら、そこからよりしっくりくる音や動きを探していく。「ああでもない、こうでもない、こうかな」と試行錯誤していくプロセス。それが「体験としてのフォーカシング（現象としてのフォーカシング）」である。

あるいは、そのような特別な人ではない一般の人が、ある文章をブログに書いてみて、ちょっと「ここは、違うな」と違和感を覚え、立ち止まり、よりしっくりくる言葉がないか探すために、みずからの内側のまだ言葉にならない何か、なまの experiencing に直接意識を向け、触れながら、よりしっくりくる音を探して「ああでもない、こうでもない」と試行錯誤を重ねた時に「あ、こうか」「そうそうそう……」という言葉が見つかった時に、自分の内側で何かが動く。曖昧だったものが明らかになっていく。内側で何かが動き進展していく、そんな感じがある。日常の中で誰でも、ごくふつうに体験しているこのようなプロセスのことを「体験としてのフォーカシング」「現象としてのフォーカシング」と呼ぶのである。

これこそが、人がまさに「変化する瞬間」に起こっていること、である。より自分らしく生きようとする時に、その人の中で起こっていることの「核心」である。だからこそロジャーズは、ジェンドリンの experiencing 概念（最初は、1955年に学術発表で提示された）に大きく刺激を受け、さっそく翌1956年に、ロジャーズ自身の学会発表（「心理療法の本質――変化の瞬間――」）において、クライアント（オーク夫人）の「変化の瞬間（moment of movement）」について、「この瞬間、クライアントは an experiencing となっている」（Rogers, 1956b）という表現を使うなど、すぐに大きな刺激を受けている。みずからの研究の新たな方向性の中心にこの概念を据えている。それによりロジャーズ理論は旧モデル（自己理論モデル）から新モデル（体験様式モデル）に刷新され、本書第2章で見た「クライアントの変容過程の研究」や主著『オン・ビカミング・ア・パーソン』の執筆へとつながっていくのである。

　すべては、ロジャーズとジェンドリンの相互交流のなかから生まれた。『オン・ビカミング・ア・パーソン』も、フォーカシングも、本質的には両者の「合作」と言ってもいい面があると言いたくなるほどである。

ジェンドリンの「原体験」――ナチスに追われる父の姿

では、ジェンドリンはなぜ、人が変化する瞬間に意識を向けるこの experiencing というものに（もちろんそのように概念化するのは後になってのことだとしても）、大きな関心を向けるようになったのであろうか。修士論文のディルタイ研究でそれははじめて学問的に探索された。ではそもそも、ジェンドリンがディルタイ研究をしようと思った動機はどこにあったのか。また、ディルタイの Erleben（「生」「体験」）という概念に何を感じたからあの概念を、そのような角度から探究しようとしたのか。つまり、それらの背景にあるものは何であるのか。

　その最大のものはおそらく、ユダヤ人である彼がまだ少年だった戦時の体験である。ジェンドリンの口述自伝にそれは記されている。ユダヤ人であるジェンドリンの家族は、ナチスに追われた。次の場面は、ナチスから逃走するジェンドリンの家族の様子をジェンドリン自身が回想した箇所である。

ケルンで父は、私を連れて「ある住所」に行った。それは、貧しい陰鬱な通りのユダヤ人居住区にあった。そこにはユダヤ人が淡々と住み続けていて、まるで何事も起こっていなかったかのような不思議な感覚を私たちにもたらした。ここのドイツ人はオーストリア人ほど粗暴ではなかった。１９３３年からすでにユダヤ人たちは自らそこに住み続けていた。他方ウィーンにおいては、差し迫った命の危険があり、すべてのユダヤ人はすぐにでもウィーンを離れたがっていた。私たちはちょうどその住所にあたる建物を見つけた。それはその建物の上階にある住居だった。そこで父は、ある男とともに部屋に入った。

私はたぶん15分ほど外で待っていた。父が部屋から出てきたとき、青ざめた顔で「行こう」と言った。外に出てから父は、あの男は信用できないと私に説明した。自分のフィーリング（feelings）が自分に「ノー」と言うのだ、と言った。

私はすでに、父が「私は自分のフィーリングに従う」というのを何度も聞いていた。けれどこの時はまだ、父が言う自分のフィーリングを信じるということについて私は理解できていなかった。私たちは見慣れぬ街の中で、何の出口も見出せずにいたのだ。私たちの希望のすべては、この「住所」にかかっていた。にもかかわらず、この希望は打ち砕かれてしまったのだ。父がただそう「感じた」という理由だけで。

私はそのとき大変驚いたので、後になって、自らに語りかけてくるフィーリングというものが一体どのようなものなのか、何度も自問した。時折私は、自分自身の内側に、そのようなフィーリングを見つけようと試みたが、見つけられなかった。

けれど、私がそのフィーリングについて探求し始めたことが、結果的に実を結ぶこととなった。40年後、フォーカシングをどのように発見したのかとたずねられたとき、私は、この少年の日を思い出したのである。(Korbei, 1994)

ナチスに追われるジェンドリンの家族。計画どおり逃げる中で、ジェンドリンの父親は「違和感」を感じた。そこで立ち止まり、内側に意識を向けた。「あの男は信用できない、自分のフィーリングが自分に『ノー』と言うのだ」。そこで判断を変えたことで家族は生き長らえることができたのだ。この時ジェンドリンは、人がフォーカシングしている姿をはじめて見たのである。

いのちのかかった切迫した場面で、私たちは濃密な「フェルトセンス」を感じる。父親は、自分の深いところから、何か大切な知らせが届いていることに気づき、そこに意識を向けた。そして判断を変えたのである。ジェンドリンはみずからのフォーカシングの「原体験」として、少年時代のこの場面をあげるのである。

余談であるが、ユダヤ人、ナチスと聞くと、『夜と霧』の著者ヴィクトール・フランクルを思い起こされる方もいるだろう。フランクルも、ジェンドリンも、「意味」に焦点を当てたユダヤ人心理療法家である。そして、フランクルもジェンドリンの父親同様に、「内側の実感」

に従うことで強制収容所の中で生き永らえている。ジェンドリンは、「意味志向心理療法」に大きな貢献をなした一人として、２００８年にヴィクトール・フランクル家財団によるヴィクトール・フランクル賞（Viktor Frankl prize）を受賞している。二人とも、オーストリアで生まれ育ったユダヤ人なのである。

ジェンドリンのその後

さて、ウィスコンシン大学での「チーム・ロジャーズ」の研究主任の大役を果たした実績を評価されてか、ジェンドリンは１９６３年に母校であるシカゴ大学に戻って、教鞭《きょうべん》をとることになる。華々しい活躍を見せたジェンドリンであるが、その主軸は、experiencing 論を中心に据えて、恩師ロジャーズのやり残した「クライアントの変化過程」という課題を継いで探究することだった。「まさにこの瞬間にクライアントが変化する、その瞬間に何が起きているのか」を探究することであった。その成果が名著「人格変化の一理論」である（Gendlin, 1964）。

この力作においてジェンドリンは「内容モデル」と「過程モデル」を区別し、フロイトをはじめとする従来の心理療法の理論は「内容モデル」であり、それは、人間がなにゆえ変化できないかを説明するのに適した理論ではあるけれども、変化を説明するのには不向きな理論になっているとして、みずからの experiencing 概念を核として、クライアントの変化を解明する理論の構築を探究していったのである。その説明は鮮やかであり、「人格変化の一理論」の鮮烈さに惹かれてジェンドリンの世界に引き込まれていった人間は少なくない。今の50代、60

代の心理療法家の少なからずにとって、この論文の日本語訳が収録された紫色の表紙の、村瀬孝雄訳『体験過程と心理療法』は長い間「バイブル」であった。

ジェンドリンはその後、ではどうすれば自分の内側深くに触れられるようになるか、それを「教える」ことはいかにすれば可能かという課題に取り組んだ。多くの弟子たちに恵まれ「教示」法が開発された。これが「技法としてのフォーカシング」である。

また、なかなか深まらないクライアントに対しては、セラピストが積極的に深まるような働きかけ、つまり、自分の内側の inner experiencing に意識を向けていくように促し働きかけていくセラピィを、体験的心理療法（experiential psychotherapy）と命名して展開していった。これは後に「フォーカシング指向心理療法（focusing oriented psychotherapy）と呼ばれるようになる。

これらの方法の最大の利点は、いわゆる「頭でっかちで、考えすぎな、堂々巡りの悪循環」をストップさせることにある。「治療的停止」である。カウンセリングを受けてもなかなかうまくいかない、自分を深く見つめることができないクライアントに共通するのは、「頭でっかちで、考えすぎな、堂々巡りの悪循環」に陥ってしまっていることである。いつもああでもない、こうでもないと、同じパターンでぐるぐる、ぐるぐる考え続けている。そしてその堂々巡りの悪循環からなかなか抜け出すことができないので、「私はいつまでも変われないのかも」と自己否定的になってしまっている。

得てして人柄のいい方で、責任感も強い。頭もいい。だからもったいないのだが、この「頭でっかちで、考えすぎな、堂々巡りの悪循環」から人は、なかなか抜け出すことができない。「もっとできるはずの自分」から見て、「今の私はまだまだダメだ」とつねに自分にダメ出しをして、自己否定し続けている方も少なくない。この「頭でっかちで、考えすぎな、堂々巡りの悪循環」をストップさせること。「一時停止ボタン」を押すことが、何よりも重要である。それができれば、こころの中で、「間」ができる。「スペース（空間）」ができる。この「スペース」「空間」の中で人は、自分の内側の深いところに直接、意識を向けることができる。すると、こころが動き始めるのである。

自分の内側の、なまの体験の流れ、experiencing に直接意識を向けると、そこで体験のプロセスが展開し始める。人が、自分の内側の、なまの体験の流れ、experiencing に直接意識を向けると展開していくプロセスがフォーカシングである。

こころのことに関心があったり、カウンセリングやワークショップに自分から参加するような人の多くは、「深い傾聴」をしていると、おのずと、自分の深いところに意識を向け始め、そこからものを考え、語るようになる。「うーん……どう言ったらいいんだろう……」と内側深いところから言葉を探し、絞り出していく。しかし世の中、そんな人ばかりではない。心理学の勉強をしても「何それ、宗教みたい」「変なの」で終わってしまう人もいる。そんな人が人生の問題にぶつかってカウンセリングに来ても、浅い、表面的な話に終始するばかりで、なかなか深まらないし、展開していかない。こんな事態を打開するために開発されたのが、技法としてのフォーカシングである。自分の内側深いところに触れることがなかなか難しいクライアントがいるならば、内側に触れるとはどういうことか、教えればいい。内側の深いところに触れながらものを考えたり語ったりすることは、どのようにすればできるようになるのか。それをインストラクションして、できるようにしてあげればいい、というわけである。シカゴ大学で教鞭をとるようになったジェンドリンは、どのようにすればフォーカシングを教えられるか、具体的な教示を仲間たちと一緒に探索していった。

フォーカシング、フォーカシング指向心理療法

フォーカシングとは、一言で言えば、「自分の内側と深くつながる方法」である。自分の内側に意識を向けて、ていねいに時間をかけて自分の内側とつながっていると、ふと新たな言葉やイメージや考えが思い浮かんできて、人生における大切な気づきにつながることがしばしばある。これを自覚的体系的におこなっていくのがフォーカシングである。原理的には一人でおこなうこともできるが、リスナー（聴き手）が側にいておこなうと、より深く、自分の中に入っていくことができやすい。

カウンセリングや心理療法において、クライアントがまさに変化の瞬間を迎える時に、多くのクライアントは、どこか上滑り気味に高い声で速いスピードで語っていたのが止まり、だんだん沈黙しがちになる。自分の内側に意識をとどめて、しっくりくる言葉やイメージなどを探っていくようになる。早いクライアントであれば2回目の面接あたりから、そうでなくても4回目、5回目の面接ぐらいから、こうした深い自己探索の時間がしばしば出現する。

フォーカシングはこのように本来、「成功するカウンセリングにおいてクライアントがその内側で体験している体験のプロセス」のことである。そのプロセスにおいてクライアントはしばしば、内側で響かせ響かせしながら、よりフィットする言葉やイメージを探しながら語っていく。これが、成功するカウンセリングの多くに共通する体験である。

ジェンドリンは、成功するカウンセリングに共通するこの内的な体験のプロセスを、次の「4つの位相（four phases of focusing）」として記した（現象としてのフォーカシング）（Gendlin, 1964）。

①直接のレファランス（direct reference フォーカシングの位相Ⅰ）――概念的にはおぼろげだが、体験する感じとしてははっきりしている「感じられた意味」に直接リファーする。
②ひらけ（unfolding フォーカシングの位相Ⅱ）――いくつかの局面のひらけと象徴化。
③全面的な適用（global application フォーカシングの位相Ⅲ）――全面的適用がどっと押し寄せてくる。
④レファラントの変化（referent movement フォーカシングの位相Ⅳ）――はじめに感じられていたレファラントが変化し、過程は再び位相Ⅰから始まる。

成功するクライアントは、このような変化を体験する。一方で、なかなかそうならないクライアントもいる。たとえば、ずっと上滑りな話ばかりを続けたり、観念的で抽象的な話ばかりを続けたり、怒りや悲しみなどの感情をぶちまけ続けているクライアントである。そうしたクライアントにフォーカシングという体験のプロセスを「教示を与える」という仕方で体験させることもできるのではないか。ジェンドリンらはそう考えた。成功するカウンセリングにおいてクライアントが自分の内側で体験している内的な体験のプロセスを、どの人にも体験してもらうことが可能な形で技法化したものが「技法としてのフォーカシング」である。そしてフォーカシングの視点を組み入れた心理療法をフォーカシング指向心理療法と呼ぶ。

フォーカシングは、カウンセリングや心理療法においてのみ有効なものではない。新たな発見をもたらすキャリア・コンサルティングやコーチングにおいても、クライアントは自分を語りながら内側に触れて、しっくりくる言葉やイメージや動作などを探究していく。新たな気づきや発見があるキャリア・コンサルティングやコーチングにおいても、フォーカシングは必ずと言っていいほど、その一部となっている。自覚的にそれが用いられていないだけである。

フォーカシングはまた、新たなアイディアやコンセプトを必要とするクリエイティブな仕事すべてにおいても有益である。クリエイティブな仕事に取り組む人は、しばしば、行き詰まりに陥る。既存のパターンにとらわれてしまい、それ以上進むことができない「行き詰まり」に襲われる。その時ふと立ち止まり、内側に深く意識を向ける静かな時間を持つこと。内側にていねいに触れていくことに時間を十分にかけること。自分の内側につながりながら、よりしっくりぴったりくる言葉やイメージなどを内側に響かせ響かせしながら探していくこと。つまり、内臓感覚的に思考すること。こうした体験のプロセスにおいて、既存のアイディアやイメージのパターンと私たちの内側の暗黙の experiencing とは激しく相互作用を起こす。そこから新たな「何か」が生まれる。そこで生まれた新たな「何か」が多くの人々の間で共振し、相互作用を起こして広がっていく時に、新たな文化が生まれてくるのである。

このように、フォーカシングはクリエイティブな仕事や活動をするすべての人に有益な体験である。一人一人が「フォーカシングという体験の仕方」を獲得することは、この社会全体がクリエイティブで刺激に満ちたものになり、相互に影響し合いながら発展していくことへとつながっていく。フォーカシングは、この社会の文化全体のさらなる進展を活性化させうる力を秘めているのである。

フォーカシングのステップ

フォーカシングとは、「みずからのうちなる体験の流れ（experiencing）、直接のレファラント（参照体）に注意を向ける時、それに続いて生じるすべての過程」のことである。これが、フォーカシングの正式な定義である。フォーカシングとは、したがって、元来「一つの心理技法」ではない。フォーカシングとは、カウンセリングが成功に至る「決定的な、変化の瞬間」に、クライアントがおこなっている「内的な体験」のことである。また、多くのクリエイティブな人がその内面でおこなっている「内的行為」である（「現象としてのフォーカシング」「体験としてのフォーカシング」）。

しかし、なかなかそうできない人がいる。そうしたクライアントは、知的な自己分析をおこない続けたり、ノンストップ・スピーカーになって、堂々巡りの話に終始したりしてしまう。そこで、この「決定的に重要な体験」を教えようとして「体験としてのフォーカシング」から取り出されたのが、「心理技法としてのフォーカシング」である。

フォーカシングのことを、ただ「心理技法」として紹介してある心理技法の解説書や辞典の類《たぐい》が多いことが、たいへんに残念である。そのことによって、それが、カウンセリングや心理療法のみならず、人間の内面的な生活が豊かになり、人類が内面的により豊かな存在に進化・成長していく上で「決定的に重要なもの」であることが見過ごされてしまうからである。多くの人にとって、フォーカシングはまだ「発見されていない」ものである。

「心理技法としてのフォーカシング」は、次の5つの姿勢を自分に対して繰り返していくことである（世界的に著名なフォーカシング・ティーチャー、アン・ワイザー・コーネルによる説明をもとに筆者が変更を加えた）。

①何が出てきても、ただそのまま、認める。眺める。
②「間」が取れる。「スペース」が生まれる。
③自分の内側にやさしく、問いかける。「今の私にとって必要なものって、何かな」「私はどんな方向に向かっていけばいいのかな」
④内側から何が出てきても、そのまま、受け止める。「そうなんだね、わかったよ」というように。

⑤出てきたもの（言葉、イメージ、音楽、動作など）を何度も何度も自分の内側に戻して響かせる。よりしっくり、ぴったりなものが出てくるまで、何度も続けていく。内側の暗黙のフェルトセンスに響かせ響かせしながら、進めていく。ある程度、納得のいくところまでやれたら、いったん終わりにする。

⑥また始める時は、「何が出てきても、ただそのまま、認める。眺める」という基本姿勢に常に立ち返る。

より実践的には、次のようなフェイズで進めていくのがいいと私は説明している。

①自分が陥っている思考の悪循環に「停止をかける（ストップする）」→呼吸に意識を向けて、「内側の深いところ」に入っていくためのこころの構えを整える。

考えても仕方ないと思うことを頭で考え続ける「ぐるぐるした堂々めぐり」に陥っている。「私なんかダメ。生まれてこなければよかった」と「自分へのダメ出し」をおこない続ける。知的な分析を頭でし続ける。感情的に怒ったり、自分を憐《あわ》れんで泣き続ける……。自分自身に対するかかわり方がこうした固定パターンにはまってしまっているうちは、意味のある気づきや変化の芽は生まれてこない。パターン化した「自分へのダメ出し」や「なぜ自分は幸せになれないのか、その理由を探し続ける自己分析」に対して、「ストップ！」をかけること。自分自身のパターン化した思考を、「一時的に停止」すること。「治療的な停止」を自分自身にかけること。そして、呼吸に意識を向けて、自分の「深いところ」に入っていくこころの構えを整えること。これがフォーカシングの第1フェーズである。

②何が出てきても、ただそのまま、認める。眺める。

自分自身をがんじがらめにしていたパターン化された思考に「ストップ（一時停止）」をかけることができたら、次におこなうべきことは「自分の中から、何が出てきても、ただそのまま、認める。眺める」という姿勢を保つことである。

たとえば「こんな私、何やってもダメ」という感じが出てきたら、それをただ、そのまま、認める。眺める。「こんな私、生ごみでしかない。存在そのものが無駄だ」という感じが出てきても、それをただそのまま、認める。眺める。自分でも意外な「あれっ」と思うような違和感が生まれてきたら、それもただ、そのまま、認める。眺める。この「何が出てきても、そのまま、認める。眺める」という姿勢を自分自身に対して取り続けることが、「フォーカシングの最も基本的な構え」である。つねにこの姿勢に立ち戻ることが、フォーカシングにおいて最も重要である。

何が出てきても、「あぁ、そういう感じ、ここにあるんだね」という姿勢で「ただそのまま、認める。眺める」を繰り返していく。すると、自分と自分の内側の感じ（フェルトセンス）との間におのずと「間」が取れていく。自分の内側から何が出てきても、ただそれをそのまま「認める。眺める」という姿勢を取り続けていると、自分の内側との間に「スペース」ができてくる。「一定の距離」を自分自身との間に、取ることができるようになっていく。これが、フォーカシングの第2フェーズである。

③クリアリング・ア・スペース（間が取れる）。
自分の中から出てくるすべてのものに「何が出てきても、認める。眺める」姿勢を取り続けていると、自分の内側におのずと「間」ができる。「スペース」が生じる。「間」「スペース」ができると、自分が主体である、という感覚を保つことができる。

④自分の内側の深いところ、暗黙のフェルトセンスに直接、触れる。やさしく、問いかける。
自分の内側との間に「間」が取れたら、内側の、なまの体験の流れ=フェルトセンスに直接意識を向ける（ダイレクト・リファー）。そして、自分自身にやさしく問いかける。「このこと（例：今年一年の身の振り方）について、どういう気持ちでいるのかな」「どんな感じでいるのかな」「私にとって、今、一番必要なものは何かな」。静かに、自分自身に問いかける。臆病な子どもにやさしく問いかけるように。

⑤内側から何かが出てくるのを「待つ」。
やさしく問いかけたら、内側から「何か」が出てくるのを「待つ」。いじったり、詮索《せんさく》した

り、急《せ》かしたりせず、ただ「待つ」。「何が言いたいの？」などとけしかけたりせずに、内側から何かが出てくるのを「待つ」。

⑥そのまま、受け取る。
自分の内側から、何かが出てきたら、それがどんなものであれ、それをそのまま「受け取る」。どんな言葉やイメージが出てきても、それをただそのまま、「受け取る」。「そうなんだね、わかったよ」というように。

⑦内側の暗黙のフェルトセンスに響かせる。
自分の内側から出てきた言葉、イメージ、動き、メロディなどを、自分の内側に「響かせる」(resonate)。出てきた言葉やイメージなどを、自分の内側に「響かせ響かせしながら」、よりしっくり、ぴったりくる言葉やイメージなどを探していく。

たとえば「光が丸い輪を描きながら、上昇していく。ファーっと。このイメージで、ぴったりかな」「もっとぴったり、しっくりくるものはないかな」などと内側に問いかける。内側に響かせて、「よりしっくり、ぴったりくる」ものを探索していく。そこで新たに出てくるものは、どんなものであれ、そのまま受け止めて、また再度、内側に響かせてみる。何度も、何度も、これを繰り返しながら、「あぁ、これだ！」というものを探していく。十分にやれた、という納得感が得られるまで続けていく。これらの内的行為を順不同で繰り返し続けながら、内的な自己探索をおこなっていくのが、フォーカシングである。

⑧満足のいくところまでやれたら、いったん終わりにする。

ある程度のところまでやれたら、いったんそこでおしまいにする。たどり着いたところにぴったりの言葉やイメージ（例：「青い炎」など）の目印をつけて、終わりにする。

⑨そして再び始める時は、また、①に戻る。

フォーカシングでは、自分自身に対してこういった姿勢を取り続けていく。これを繰り返していく。そうすることで、自分の内側の声を聴いていく。自分の内側に響かせ響かせしながら、内面を探索していき、さまざまな気づきを得るのである。

これは、一言で言うと「自分自身への、静かで、深い傾聴」である。表層的なスピーディーな時間の流れにストップをかけて、内側の、深いところとつながっていく時間（深層の時間）を持つ体験、と言ってていいかもしれない。

フォーカシングをする、とは、一人、自分の内側に耳を傾ける静かな時間を持つことである。自分の内側の声に、静かに、ていねいに耳を傾けていくこと。自分自身を静かに、深く、ていねいに聴いていくこと。これが、フォーカシングである。

フォーカシング指向カウンセリングでは、クライアントがこのような「モード」に入っていくことができるように援助していく。

TAE（thinking at the edge）

TAE（thinking at the edge）は、2004年にジェンドリンとメアリー・ヘンドリクスがステップ化した概念形成（concept-formation）と理論構築（theory-construction）のための方法である（Gendlin & Hendricks, 2004）。ジェンドリンの暗黙の哲学（philosophy of the implicit）を背景に持つ。まだ言葉にはなっていないけれど、たしかにわかっているもの（フェルトセンス）を手がかりにした概念形成と理論構築の方法である。

それは、次の3つのパートと14のステップからなる。

パートⅠ：フェルトセンスから語る

①フェルトセンスを確かめる

②フェルトセンスの中に論理以上のものを見つける

③通常の語義を言いたいのではないことに気づく

④これらの語に自分が言わせたかったことを表現する文ないしは新鮮な語句を書く

⑤自分がそれぞれの語に言わせたかったことを、言語学的には普通ではない新しい語句を書くことによって、再度拡張する

パートⅡ：側面（具体例）から型（パターン）を見つける

⑥側面（具体例）を集める
⑦各側面（具体例）が詳細な構造を与えるようにする
⑧各側面（具体例）を交差させる
⑨自由に書く

パートⅢ：理論形成
⑩3つの用語を選び、それを連結する
⑪各用語の間の本来的な関係を問う
⑫最終的な用語を選び、それらを相互に関係づける
⑬自分の理論を自分の分野の外に適用する
⑭自分の理論をその分野で拡張し、応用する

TAEは、もともと、ジェンドリンがシカゴ大学大学院の「理論構築」の授業で用いていた方法を、2004年に妻のヘンドリクスと共にステップ化したものである。

TAEとは、何か言葉にしようとするのだが最初はぼんやりとした〝身体的な感覚（bodily sense）〟としてだけ浮かんでくるものを、新しい用語を用いてはっきりと表すための系統立った方法である。（Gendlin, 2004）

この身体的な感覚、フェルトセンスは「インプリシット・アンダースタンディング implicit understanding：ＩＵ）」とも呼ばれている（Gendlin, 2009）。私たちはある問いについて、身体感覚的にはぼんやりとは把握できているけれども、明確な言葉や論理によってはまだ語ることができないことが、しばしばある。この「身体感覚レベルでの、暗黙の理解」のことをジェンドリンは、「インプリシット・アンダースタンディング（ＩＵ）」と呼ぶのである。

この暗黙の理解（ＩＵ）は、フェルトセンスというぼんやりとした身体感覚として私たちに与えられている。ＴＡＥは、この身体感覚レベルの暗黙の理解（ＩＵ）をもとに、上述のようなステップによる手続きを踏んでいくことで、言語化・理論化していく方法である（末武・得丸 2012）。

ＴＡＥは現在、心理学、社会学、教育学、看護学などで用いられる「質的研究法」の一つとして認められ、この方法を用いて多くの学術論文が執筆されている（末武・諸富・得丸・村里 2016）。

その背景にあるのは、個人の理論は、「普遍的なものが今ここで具体化した一つの実例である」という考えであり、ジェンドリンのＩＯＦＩ（instance of itself）原理である。ＩＯＦＩとは、いかなるものも「それ自体（普遍性）の一つの実例」である、という考えである。

得丸が言うように、ＴＡＥもこのＩＯＦＩの原理に基づいている（得丸 2010）。第1に、ある研究対象者の主観的な体験のうちに、ある領域に暗黙のうちに存在する普遍性が見出される。

第二に、研究者が示すリサーチ・クエスチョンに応じて立ち上がってくるものから普遍的なものを取り出そうとする。第三に、立ち上がってくるものを言語化すると、可能な言語化の一つの実例となる。それは「真実の実例の一つ」なのである。

TAEは、データを読み込んだ直後の状態で、未分化の意味の塊であるダイレクト・レファラントを形成させ、その意味感覚を分析の中心に置くことにより、恣意的解釈は抑制されうる。深く内省したり、他の研究者と協力したりして、個人のからだのうちに暗在する「うまく言葉にできないけれども知っている感じ」を言語化することで、ある種の普遍性に近づきうるのである。

私たちは、この社会や人生で重要な問題に直面した時に、自分が何か大切なことをまだ言葉にならない仕方で知っているとわかることがある。それは語られたがってはいるけれども、それについて「語りうる言葉が、まだ存在していない」。たとえば、「ある重要なことを自分はつかんでおり、それはまだ誰も言っていないことである」と漠然と感じていることがある。誰かと話をしたり、そのテーマについて書籍や論文を読んでいても、その分野ですでに用いられている言葉では「自分が暗黙のうちに知っていること（IU）には適合しない」と感じることがある。自分のユニークな体験とそこにおける「暗黙の理解（IU）」を言葉にして説明しようとしても、既存のコンセプトではうまくいかないことに気づくのだ。

一般に、人がものを書いたり、学問をしたりしようとする一つの動機はここにあるのではないだろうか。自分の中に「語られたがっているもの」がある。でも、それを「語る言葉」がない。それを探すために、学問をするのではないだろうか。

しかし学問をするうちに多くの人は、自分の中の言葉にならない「語られたがっているもの（ＩＵ）」から離れてしまい、既存のタームでそれを語ってしまう。まだ私が正しくわかっていないからだ、正しい言葉を使わなくては、と思って、既存のタームになじみ切ってしまう。その時、ＩＵは死ぬのである。既存の概念の網の中に埋没してしまう。何のために学問をしているのか、実感としてわからなくなり、学問の場から離れてしまう人が多いのは、こうして「正しいことを、正しい言葉で言わなくては」と既存のタームに習熟しようとしているうちに、自分の中のＩＵ、「語られたがっているもの」から離れてしまうことに一因があるのではないか。そんな時役に立つのが、ロジャーズの深い傾聴によって、自分の内側の内臓感覚的体験に立ち戻ることであり、フォーカシングやＴＡＥである。

ＴＡＥは、ただそこに立ち戻るだけではなく、自分が暗黙のうちに理解していることを既存の概念ではうまく表現できないと感じる時に、妥協することなくそれを表現できるように、「言語の新鮮な使用法」を開発することを奨励してくれる。言葉を「暗黙のフェルトセンス」から浮かび上がらせ、「暗黙のフェルトセンス」に照らし合わせてチェックする。そうすることで、妥協することなく、自分がほんとうに言いたいこと、言わんとしていることに真にふさわしい言葉を見つけようとすることができるのである（https://focusing.org/felt-sense/thinking-edge-tae）。

ＴＡＥは、私たちが時折感じる「大切なことがここにあって、それを自分は知っている。わかっている。けれどうまく言葉にできない。どう言ったらいいかわからない」時、その暗黙知を「言葉にする」方法である。私たちが内側で抱いている暗黙知（ロジャーズ流に言えば、内臓感覚知）を明らかにしていく方法である。

英語圏ではＴＡＥ（thinking at the edge）「エッジで思考する」と呼ばれているが、ドイツ語圏では“Wo noch Worte fehlen”「未《いま》だ言葉の欠けるところ」と名づけられている。後者のほうがダイレクトに中身が伝わりやすいかもしれない。

日本でＴＡＥの普及に尽力している得丸さと子氏は、次のように説明する。「自分ではわかっていることなのだけれど、言葉にならない。これを伝えたいというのがあるのだけれど、うまく言えない。“じぶんのことば”で書きたいけれど、なんだか借り物みたいという経験は、ありませんか？　うまく言葉にできないのは、ほんとうにはわかっていないからだと思ったり、“正しい言葉”の呪縛に囚われたりしていませんか？　わかっていること、伝えたいこと、言いたいことには、独特の感じ（フェルトセンス）があります。言葉にしたい“なにか”は、その人だけが知っている、たったひとつのユニークなものです。ＴＡＥは、その言いたい「何か」から感じられるフェルトセンス（からだの感じ）に触れながら言葉にしていく、必要なら理論にまでしていくことのできる、独特の方法です」

ジェンドリン宅での、短い会話

ここで筆者は、かつてニューヨークのジェンドリン宅に招かれた際、次のような会話をしたことを思い出す。

私「私はすでに200冊ほど著作を出していますが、自分のほんとうに言わんとしていることが読者に伝わらないのが、一番の悩みです。私のなかには、たしかに、言葉にされたがっているもの、まだ誰も言葉にしていなくて、多くの人に伝えられたがっている「何か」がある。それは、たしかな感じなんです。ですから、なんとかわかってもらおうと、わかりやすく書いているのですが、そうすることで私の考えがありきたりな、一般的な考えのうちに解消されてしまっているような気がして……」

ジェンドリン「それがよくないのだ。わかってもらおうとするから……」

私「ん？　なるほど。では、どうすればいいんでしょうか？」

ジェンドリン「あなただけの、新しい言葉、新しいタームをつくることだ。まだ誰も使っていない言葉をつくるのだ。すでにある言葉を使うと、あなたのユニークな考えは、すでにある既存の考えになぞらえて理解されてしまう。誰からも簡単には理解されない言葉、あなただけの新しい言葉をつくるのだ。よく理解できない新しいタームと出会うことで、読者は立ち止まり、そこでこの著者はこれまでにない新しいことを言わんとしているということに注意を向けるだろう」

誰も理解できない「新しい言葉」をつくりなさい。そうすれば、読者は、あなたが他の人と

ジェンドリン宅にて（右から末武康弘、筆者、ジェンドリン、村里忠之、得丸さと子、妻のメアリー）

は違う新しいことを言っているのに気づくだろう。この時、ジェンドリンは筆者に、「ＴＡＥをしながら本を執筆しなさい」と誘ってくれていたのだ。そんな課題に少しは取り組むことができているであろうか。

フォーカシングにおいても、ＴＡＥにおいても、自分独自の方法で言語を開発して使用できるようにすることで、通常の仮定にとらわれることがなくなる。定義された概念の制約から解放される。新しく生成されたフレーズは、他の方法では定式化できない経験の側面を示す可能性がある。

この本で私は、既存の方法を疑う。私たちが普通の仕方で語ることができるよりも、より以上のことについて知ることのできるエッジへと、哲学は私たちを導いてくれる。私たちが語ることができるものの辺縁において、言語以上の知（MORE-THAN-VERBAL KNOWING）からさらに思考を進めていくために、普通の習慣的な概念や単位を解体していく必要がある。そうすることで新しい概念や単位が立ち現れてくるのだ。

エッジから出発して、新しい仕方で語る方法を考案するためにも、もちろん私たちは、これまでと同じ古い言葉を、これまで使われていたのと同じ言葉を使わないわけにはいかない。

哲学はこれまでと同じ古い言葉を使う。けれども哲学は、その同じ言葉に、より以上の何かを意味したり語らせたりしうる。新しい哲学はいずれも、その哲学の主要な言葉を新たに位置づけし直す（reposition）のである。（Gendlin, 1998）

ジェンドリン宅にうかがって、彼の哲学に関する対話の時間をとってもらえたとき、私は、せっかくジェンドリンと真剣勝負できるいいチャンスなのだから、いわゆる「質問」ではなく、自分自身の考えをぶつけてみようと思った。その時がやってきた。

私は言った。「occurring と implying の関係が時間を生成する、というあなたの考えに私はとても魅《ひ》かれています」

ジェンドリン（ニコリと笑い）「そう、すべての出来事は未来（implying）へと起こるのだ」

その後私は、「呼びかける時間」「挑発する時間」というその時の最大のテーマについてたずねた。このテーマは数年来、私の最大の関心事となっている。時間が呼びかける。時間が挑発してくる。この時間の呼びかけ、挑発にどう応えるか。そこに人生の最も重要な鍵がある。人生の充実や心の成熟、特に中高年の心理的成長の鍵がある。私はそう考えていた。けれどこの問題がうまく展開しない。私は思考の停止（ストッペイジ）を余儀なくされていた。

「時間が……呼びかけてくる……」と、私がほんとうの関心を口にしたとき、ジェンドリンのお宅のリビングは、数分間、「思考の道場」になった。それは、関節技の解《ほど》き方がわからず悶々《もんもん》としている若手の格闘家に、その道のマスターがやってきて、思いも寄らなかったヒントを与えてくれているようなものだった。

ジェンドリンは私に、「普通の言葉を使って、新しいことを語るのは無理だ」と言った。「時間が呼びかける、とは普通は考えられていない。でもその言葉で、あなたが何か新しいことを語ろうとしていることは、わかる。しかし、その新しい何かを伝えるには、それにふさわしい新しい言葉をつくる必要があるのではないか」。「え……新しい言葉……?」と戸惑いつつ、「でも、そんなやり方では誰にも理解してもらえない」と私が言うと、ジェンドリンは言った。「誤解されることに比べれば、理解されないほうがずっといい。理解できないものは、問いとして、人のなかに残る。探究を引き出す。そのためには、既存の言葉に頼らずに、新しい言葉をつくったほうがいい」。「う……ん」（沈黙）。ジェンドリンと私の数分間のスパーリングはここで終わった。真剣勝負に出た私を、ジェンドリンはたしかにしっかりと受け止めてくれた。傍《はた》でこのやりとりを見ていた村里忠之さんは、「あれは諸富さんにTAEのガイドをしていたんだよ」と言った。私を「エッジでの思考」に導いてくれた具体例の一つとみなしてもいいだろう。「時間についての新しい見方を提示しようとするのなら、あなたの言葉をリポジショニングする工夫がもう一つ必要だね」と教えてくれたわけだ。

いかがだろうか。TAEの特質が少しは具体的に伝わっただろうか。それは単に「からだの感じに耳を澄ます」ことにとどまるものではない。それは、私たち現代人がまだ十分には育んでいない内的な力をきたえ、新たな生き方と思考の仕方を切り拓《ひら》いていくのを手助けしてくれる。ジェンドリンの哲学の主著『プロセスモデル』は、人類の内的な進化・成長の課題を示す試練の書であり、私たちのこれからの方向性を指し示す道しるべの書でもあると言えるだろう。

「内側からの革命」――ロジャーズとジェンドリンが共に取り組んだ何か

ロジャーズの傾聴する姿に、ジェンドリンがいかに強く惹《ひ》かれているかを示す言葉がある。「彼〔ロジャーズ〕の示すやり方で耳を傾けられると、どの人も内面からの広がりを体験する。目の前にいる人が、複雑で熟慮するようになり、美しくなるのがわかる」（Gendlin, 2002）

ジェンドリンは、深い傾聴が持つ力を強く信じていた。ある意味では、ロジャーズ以上に傾聴を重要視していると取れる面もある。たとえばある箇所でジェンドリンはこう言う。「セラピィで、第1に重要なのは関係（その中にいる人）であり、第2が傾聴で、ようやく3番目にくるのがフォーカシングの教示である。関係の上で問題が生じたら、できるだけすばやく、他のことはさておき、それに対処しなくてはならない。また、傾聴は他の人の気持ちにほんとうに触れ続けるために必須である」（Gendlin, 1996）

しかしロジャーズの深い傾聴の持つ意味を、ジェンドリンはより本質的な次元でとらえていた。それは、カウンセリングや心理療法といった狭い文脈に限定されるものではない。次の文章も「序文」(Gendlin, 2002) のきわめて重要な箇所である。

私たちの研究グループは、ロジャーズが心理療法と社会の基本理念をいかに深く変革したかを十分に認識していなかった。彼は多くの書物にこのことを書いたが、言葉は効果的とは言えなかった。人々の見方を変革するのは、実践なのである。

彼の示すやり方で耳を傾けられると、どの人も内面からの広がりを体験する。目の前にいる人が、複雑で熟慮するようになり、美しくなるのがわかる。わずかな間でも解釈したりまとめたりすると、妨げになってしまう。内側から生じてくるプロセスを止めてしまうのである。

深い傾聴は、人間の特性が社会に規定されるものではないことを示している。人間は、一歩一歩相互に受容し合っていると外に現れるようになる深い内面的な豊かさを有している。生きる世界で自分が求めているものや自分らしい倫理性、自分にできる仕事を新たに見出して創造的に展開していく。このことを人間の特性の一部として表現するためには、どう話せばいいのだろう。

ロジャーズはすべてのことを語っていたが、伝わらなかった。一般的な仮説の形を取ったが、信じてもらえなかった。ロジャーズの実践がもたらしえたものを社会の側が発見しえなかったのだ。

伝えるためには、新しいタームが必要である。社会は、experiencingからタームを生み出していくプロセス（the process of generating terms from experiencing）を必要としている。だから私は新しいタームをつくり続けてきた。

さまざまな文化や個人を超えて共通する普遍的な内容など存在していない。相互作用する中で、私たちはお互いに〝交差（cross）〟し、新しい意味を創造していく。私たちが何かを語るとき、experiencingをそのまま写し取って表しているのではない。そうではなく、語られることでexperiencingは〝前進的に展開する（carried forward）〟のである。


ロジャーズの「傾聴」が持つこの世界での大きな意味は、決して理解されなかったし、今も理解されていない。ロジャーズの言葉は届かなかった。ロジャーズは多くの書物を書き講演したが、その実践の本質的な意味は理解されなかった。

むしろ届いたのは、実践である。ロジャーズの言葉は届かなくても、ロジャーズが聴衆の前でオープン・カウンセリングを始めると、それは届いた。聴衆の眼前でロジャーズが傾聴していると、今まさにクライアントが変化していくのがわかった。より自由に、自分らしくなり、内面的な広がりを見せ、美しくなっていくのだ。内面における社会的な束縛（定型的思考）から解放され、より自由になり、もっと自分らしくなっていった。人間は深く傾聴されていると、このように変化するのだ、という実例をロジャーズはデモンストレーションで見せた。しかし、その大きな価値を社会の側が理解できなかった。

ロジャーズの傾聴の持つ本質的な意味を理解するには、既存の言葉に頼ってはダメで、新しいタームをつくることが必要になる。ジェンドリンはそれをやってきた。ロジャーズのやり方で深く深く傾聴されていると、人はみな、自分の内側の深いところに触れ始める。内側の深いところ、内側の experiencing に触れ、直接意識を向けながら、語るようになる。

すると人はその内側の深いところに、何か、語られたがっているもの、まだ言葉にならないけれども語られたがっている「暗黙の何か」があることに気づく。

人はその「暗黙の何か」を語る。言葉にする。しかし、内側の暗黙の何か、experiencing を言葉にして語る、というのは、ただ experiencing を映しだす、というのではない。言葉にされることで、言葉にされた当の experiencing は、すでにほかのものに変わっている。展開されているのだ。

言葉にされることで、言葉にされたがっていた暗黙の何かは、変わる。これが、人間が変化する時に、起きていることなのだ。その繰り返しの中で、人は、通常の意味や言葉を超えて先に進んでいける。新たな文化が生まれる。

重要なのは、こうした、これまで認識されていなかった「直接の体験過程による思考（To think with direct experiencing）」（Gendlin, 2002）である。ロジャーズの傾聴は、人をして「直接の体験過程による思考」「内側で流れている暗黙の何かによる思考」をせしめるパワーを持っている。すると人は、固定化されていた文化、パターン、倫理の呪縛から解き放たれ、みずからをより自由にする。新たな文化や倫理が生まれ、その蓄積が人類の進化をもたらす。

ロジャーズの言う「内臓感覚での思考」、そして深い「傾聴」は、人をして、既定の文化、パターン、倫理の固定性から解き放ち、自由にする。内臓感覚的な「まだ言葉にならないけれども、言葉にされたがっている暗黙の何か」に触れてそれを言葉にしていくことで、人はより自由になる。新たな文化、倫理、パターンを創出していく。その人自身も変化し、フレッシュになり、生命力に満たされていく。ひいては、それは人類の進化につながっていく。

ロジャーズの「傾聴」及びそれにより可能になる「内臓感覚的思考」の持つ本質的な意味を、ジェンドリンはこのようなより広い文脈でとらえる。それはジェンドリン自身も、哲学的著作やTAE、フォーカシングなどで、この同じ課題に取り組んできたからである。その意味で、ロジャーズとジェンドリンは、子弟というよりは同志であり、相互に影響をもたらしあいながら「ひとつ」のことをなしとげてきた仲間である。

それは、筆者の言葉で言えば、「内側からの革命」である。

リチャード・ファーソンは、カウンセリング、教育、福祉、結婚、親子、夫婦といったあらゆる場面で、一人一人が持つ潜在的な力を最大限に発揮できるような人間関係を可能にした点に着目して、ロジャーズを「静かなる革命家」と呼んだ。

「内臓感覚的思考」「直接体験しつつ考える思考」と「傾聴」の組み合わせは、人をして、その内側の「言葉にされたがっているけれども、言葉にならない暗黙の何か」に触れさせ語らしめることで、その人を固定化された文化、パターン、倫理の束縛から解放する。より自由に、より生き生きとさせ、文化や倫理のパターンの刷新と創出に向かわしめる。ロジャーズとジェンドリンが共に取り組んだこの共通の課題に着目して、筆者は二人を「内側からの革命家」と呼んでおきたい。

なお、第6章「ロジャーズとジェンドリン」は、特に、次の２つの論文にインスパイアされて書かれた。

Gendlin, E. T.（2002）: Foreword. In C. R. Rogers & D. E. Russell（2002）Carl Rogers: The Quiet Revolutionary. Roseville, California, Penmarin Books. pp.xi-xxi.（畠瀬直子訳（2006）: カール・ロジャーズ　静かなる革命　誠信書房　i-xii頁）

田中秀男（2018）: フォーカシングの成立と実践の背景に関する研究　その創成期と体験過程理論をめぐって　関西大学博士論文

第7章 「静かなる革命」

「静かなる革命家」

ロジャーズの後期、パーソンセンタード・アプローチ時代にロジャーズの片腕として彼を支えたリチャード・ファーソンは、ロジャーズを「静かなる革命家（the quiet revolutionary）」と呼んでいる。それはロジャーズが、人間関係のパワー（権力）の問題について大転換をはかったからである。ロジャーズは、心理療法やカウンセリング、教育、福祉、結婚、親子、夫婦……ありとあらゆる場面で、一人一人が持つ潜在的な力を最大限に発揮できるようにお互いのパワー（権力）を平等に認める関係を実現しようとした。リチャード・ファーソンは自著『静かな革命家 カール・ロジャーズ』（Farson, 1974）において、「人間は自分の生活の方向を決めることができるものだし、またそのようにすべきである」という一貫したテーマの下、企業、教育、医学、教会、福祉といった多くの領域において、権威への従順を打破し、「参画」という方向での変革の基礎づくりをした「現代の重要な社会革命家の一人」としてロジャーズを描いている。まったく、的確である。その功績を評価されて、ロジャーズは死の直前にノーベル平和賞にもノミネートされていたのだから。

筆者の考えでは、この「関係の転換」が、ロジャーズの3つめの功績である。

筆者はつまるところ、次の3点が、ロジャーズの「三大功績」であると考えている。

①ロジャーズ第1の功績

人がその内側で、内臓感覚的体験につながることで、あらゆる通念や内的な束縛から自らを解き放ち、より自由に、より自分らしくなっていくロジャーズの自己生成論、人間変化の理論（本書第2章・第3章）

②ロジャーズ第2の功績

深い傾聴論。カウンセリング・心理療法による他者の自己生成、人間変化の援助・促進の理論（本書第5章・第6章）

③ロジャーズ第3の功績

静かなる革命。心理療法やカウンセリング、教育、福祉、結婚、親子、夫婦といったあらゆる場面での関係性の転換によって、一人一人が自分の持つ可能性を最大限に発揮できるような関係性の探究

ロジャーズの「政治哲学」

『パーソナル・パワー――個人のうちに潜む力とその革命的なインパクト』（*Carl Rogers on Personal Power: Inner Strength and its Revolutionary Impact*）（Rogers, 1977）は、ロジャーズが自らのすべての仕事の意義を「政治」という観点でとらえ直した本である。

「カウンセリングのロジャーズが政治？　どういうこと？　立候補でもしたっけ？」そう思われた方もいるかもしれない。そうではない。ロジャーズが自分の仕事の「意義」を「政治」という視点からとらえ直したことが、その後の彼の仕事を大きく変えたのである。

そのきっかけは、ある大学院生から「クライアント中心療法の政治についての質問」を受けたことにある。ロジャーズが「クライアント中心療法に政治などないよ」と答えると、その大学院生はゲラゲラ笑いだした。ロジャーズはたずねた。「なぜそういう質問をしたの？」。学生は次のように答えたという。「臨床心理学のエキスパートになろうと3年間大学院で頑張りました。正確な診断を下すことを学んだのです。クライアントの態度と行動を変化させる種々の技法を学んできました。解釈と指導という名前の巧妙に操作する仕方も学びました。その後、先生の著作を読み始めたのですが、僕が学んできたこととすべてが反対なのです。先生は、力（パワー）は自分にはなく、相手の中にあるとおっしゃり続けてきました。先生は、僕が3年かけて築きあげてきた権力と統制の関係を完全に逆転させてしまったのです。それなのに先生は、クライアント中心療法には何の政治もないとおっしゃるんですか！」

ロジャーズは素直であり、どこまでも柔軟である。聞き流しても仕方ない一学生との、このちょっとしたやりとりで、大きな気づきを得て、それが後の仕事の流れを変えていくことにつながったのである。この出来事をきっかけにロジャーズは、「自分はその専門家としての活動を通じて、実はずっと、ある政治を実践してきたのだが、そのことを十分に認識していなかった」と自覚し始めた。もちろん、ここでロジャーズが言う「政治」は、いわゆる政党政治ではない。心理学的・社会的用法におけるそれである。

それは「権力と統制」にかかわる概念であり、故意であるか否かにかかわらず、巧妙な手段や戦略や駆け引きを使って、権力と統制を求め他者にそれを及ぼすか、あるいはそれを共有したり放棄したりするか、ということにかかわる概念である。それはまた、「意思決定の力の所在はどこにあるか」にかかわる概念であり、他者や自己を規制し統制するような意思決定を誰がおこなうか、にかかわる概念である。この意味での「政治」とは、「権力や統制や意思決定権を獲得し使用したり、共有したり、放棄したりする過程」なのである。

『カウンセリングと心理療法』以来、ロジャーズは一貫して、クライアントが自分で悩み苦しみ、方向性を見出《みいだ》していくプロセスを大切にしてきた。

児童相談研究所に勤務していた30代半ばの頃、なかなかうまくいかず、中断もやむなしと考えていた女性のクライアントから、「先生、ここでは大人のためのカウンセリングはおこなっていないのですか」と問われて、「やっていますよ」とロジャーズが答えると、それまで彼女が話していた不毛な「ケース・ヒストリー」とはまったく違ったほんとうのセラピィがそこから始まった。その結果、夫婦関係が改善されたばかりでなく、息子の問題行動も消えていった。

クライアント中心療法の誕生につながったこの「決定的な学習体験」でロジャーズは、「何が傷ついているか、どこに向かえばいいのか、どの問題が重要なのか、そしてどのような経験が深く隠されているのかを知っているのはクライアント自身であること、したがって、セラピストは自分の賢明さを誇示する必要はなく、クライアントが進んでいくプロセスを信頼すべきであることを身をもって知った」。この体験からロジャーズは、一貫して、カウンセリングの中心はクライアントであり、パワー（力）と意思決定の主体は、クライアントに与えられるべきである、との姿勢を固持してきた。

セラピストからクライアントへの、「意思決定の主体」や「パワー・バランス」の転換ということに、ロジャーズは徹底的にこだわって仕事をおこなってきた。「クライアント中心のアプローチの政治とは、クライアントをコントロールしたり、クライアントに代わって意思決定することなどのすべてを、意識的に放棄し回避することである」とロジャーズは言う。「クライアント中心」とは本来、あらゆる心理療法において重んじられるべき「自己決定の尊重」という社会的・政治的理念なのであった。「クライアント中心のアプローチの政治とは、クライアントをコントロールしたり、クライアントに代わって意思決定してやることを、すべて意識的に放棄し回避することである。これはクライアントによる自己所有の促進であり、その達成を可能にする諸方策を意味している。意思決定の主体が誰であり、その決定に対する責任を誰が担うのかを明確にしているのである。そこでは政治的にクライアントが中心とされている」（Rogers, 1977）

何の説明も要しないほど明快な言葉である。クライアントがどのような人生を選択すべきか、セラピストの応答が正しいか否か、決定や評価の最終的権威はクライアントに置かれたのである。ファーソンも言うように、「ロジャーズのアプローチは、我々に人間としての尊厳を与えるやり方」である。「相手にとって何がよいか知っていると思い込んでいるセラピストからクライアントを最もよく保護するもの」である。「クライアント中心」とは元来、単なる心理療法の一流派ではない。あらゆる心理療法において尊重されるべき「自己決定」という社会的政治的な理念なのである（Farson, 1974）。

ロジャーズはまた、心理療法における政治を大きく変化させた出来事として、面接の録音と逐語記録の公開を挙げている。ロジャーズ以前の心理療法は、密室の中でおこなわれる秘密の行為であった。しかし、ロジャーズが当時開発されたばかりの録音装置を面接室に設置し、『カウンセリングと心理療法』において、ハーバート・ブライアンという仮名のクライアントとの面接の逐語記録を公開したことにより、心理療法の脱神秘化は一挙に推し進められた。これ以来、心理療法の公開性への動きが高まり、クライアントは自分に合う流派を選択できるようになった。密室の中で守られていたセラピストの権威や絶対性は譲り渡され、クライアントに多くの決定権が与えられたのである。

ロジャーズにとっては日々の臨床で自明となっていたこのことが、実は、カウンセリングや心理療法における「政治」を転換させるという大きな意味を持っていたことに、先の学生とのちょっとしたやりとりをきっかけに自覚した。それ以降「政治の転換」「パワーと意思決定の主体の転換」はロジャーズのライフワークとなる。

『パーソナル・パワー』発刊時点で72歳。70歳を超えているというのに、世界中を駆け巡り、人種や宗教などの問題にかかわる紛争や葛藤《かっとう》が存在している場所に出かけていき、大規模エンカウンター・グループをおこなった。その功績を讃《たた》えられて後に、ノーベル平和賞の候補にまでなったのである。ファーソンはこう言っている。

カール・ロジャーズは政治の上では知られていない。彼の名前はカウンセリング技法、パーソナリティ理論、科学哲学、心理療法研究、エンカウンター・グループ、学習者中心授業などの創始者として広範に喝采《かっさい》を博したことで思い出されやすい。（中略）しかし、私は最近彼の社会へ及ぼした累積的影響は（中略）当代の社会革命家の一人であると言ってもよいと政治的人物としてとらえるようになった。(Farson, 1974)

ロジャーズの「静かなる革命」は、「人間関係の変革から始まる革命」である。現代社会において最も強く必要とされているのは、「関係の変革」である。「関係の変革」を通しての「人間の変革」である。「他者を支配し制御しようとする関係」から、「他者をその内側から理解し受け止めていく関係」への変革である。

こうした「関係の変革」が生じるならば、その関係にある個々人の「自分自身との関係」も変わり始める。一人一人が自分自身を何らかのパターン（型）にはめて制御しようとするのを止めて、自分の内側深く、内臓感覚的な知恵とつながり始める。一人一人が、より深く自分自身であろうとし、既存の型（パターン）に従って思考し行動するのをやめる。さまざまな概念を絶えず内側の内臓感覚的な体験に突き戻し相互作用させつつ新たな何かを生み出しながら生きていく。それが新たな文化や社会の創出へつながっていくのである。

一人一人が、より自分らしく、ユニークで、創造的である社会をつくっていくことは、この世界の至るところで、他者をその内側から理解していく関係性を構築することから始まるのである。

エンカウンター・グループへの没頭

１９６３年、大学を辞めて自由になったロジャーズは、カリフォルニア州ラホヤの、美しい海を一望できる邸宅に移り住み、解放された気分でベーシック・エンカウンター・グループの実践に夢中で取り組んでいく。

ベーシック・エンカウンター・グループでは、通常13名から50名ぐらいの人が集まって、一重の円になって座る。それぞれが自由に自分の気持ちを語り、聴いている側はそこで自分の中に沸き起こってきた気持ちをもとにかかわっていく。参加者の対人関係と個人の豊かな成長に焦点を当てたグループである。テーマもなく、課題も目標もなく、何の構造化もされていないことから非構成的エンカウンター・グループと呼ばれることもある。日本で國分《こくぶ》康孝《やすたか》が創始した構成的グループ・エンカウンターと対比される時のみ、「非構成的」と呼ばれるが、本来の名称はベーシック・エンカウンター・グループである。

ロジャーズはたちまちにして世界のエンカウンター運動を代表する人物となった。幼少期、「抑圧家族」で育ったロジャーズは、喜怒哀楽を自由に表現することに困難を感じていたが、エンカウンター・グループにかかわっていく中で自分を解放していったのである。

ロジャーズ著『エンカウンター・グループ（*Carl Rogers on Encounter Group*）』（Rogers, 1970）に登場するある参加者は言う。「私は前よりもオープンで、自発的になりました。私は前よりも自由に自分自身を表現できます。私は前よりも共感的になり、自分を抑えることもできるようになりました。自信もつきましたし、家族や友人や職場の同僚との関係の中で、私は前よりもずっと正直になりました。自分のほんとうの感情をオープンに語ることができるようになったんです」

このように、ベーシック・エンカウンター・グループで参加者が体験する「変化」とは、決して特定の方向に「導く」ような性質のものではない。実情をよく知らない方が「エンカウンター・グループなどの自己啓発セミナー」といった表現を用いているのを目にすることがあるが、エンカウンター・グループと自己啓発セミナーの間には、参加者の自発性や主体性を主とするか、トレーナーの権威を主とするか、という根本的な違いがある。筆者も独自の工夫を加えたベーシック・エンカウンター・グループを毎年2回開催している（気づきと学びの心理学研究会アウエアネス　http://morotomi.net/）。

50歳ロジャーズの夢想

もっとも、ロジャーズの「政治」への関心は、60代後半から70代に突然わいてきたものではない。ロジャーズがまだ50歳の時に書かれた「人間関係と集団間の関係におけるコミュニケーションの危機への対応」という論文がある。後に『オン・ビカミング・ア・パーソン』にも収録されているので、ロジャーズ自身お気に入りの論文の一つであることは間違いない。この論文の中でロジャーズは、当時冷戦状態にあったアメリカとソヴィエトの大統領同士のエンカウンター・グループをおこなうことができたら、と夢想している。

少し想像してみてほしいのだが、心理療法的な方向づけを持つ国際的なグループがロシアの指導者のところに行って、次のように話したとしよう。「私たちはあなたの見解と、それにもまして重要なアメリカ合衆国に対するあなた方の態度と感情を純粋に理解したいと思っています。もし必要であれば、私たちの述べる状況があなたが考えている状況と一致するまで、あなたの見解や感情をまとめてみたり、間違いがあればまとめ直してみたいと思っています」。そしてその次に、今度はアメリカの指導者にも同じことをしたらどうだろうか。そう想像してほしい。もしも両国の指導者が相手を罵倒せず明確に自分の感情を語ることができ、二人がそれぞれの考えをできるだけ広く公開することができたとするならば、それはとても大きな効果がもたらされるのではないだろうか。

1986年、84歳の時に人間研究センターで「ピース・プロジェクト（Peace Project）」を始める34年前のことである。

大規模エンカウンター・グループ「パーソンセンタード・ワークショップ」

ロジャーズが十数名単位の小グループによるベーシック・エンカウンター・グループに最も熱中したのは、西部行動科学研究所にいた1964年から1968年にかけてである。ベーシック・エンカウンター・グループは、西海岸を中心とした人間性回復運動の一つの柱となった。1968年、66歳の時にロジャーズは、25名のスタッフを引き連れて「人間研究センター（Center for Studies of the Person）」を設立した。西部行動科学研究所のエンカウンター・グループ部門だけが大きくなりすぎてバランスが悪くなり、居心地がよくなくなったのだ。

人間研究センターという終《つい》の住処《すみか》を設立し自らも70歳を迎えると、ロジャーズはいよいよ、数十名から百数十名という大規模な集団によるパーソンセンタード・ワークショップに取り組むようになった。これは、さまざまな国から集まった、主義、思想、人種、慣習などの異なる人々が、お互いの違いを認め、その独自性を尊重しながらも理解し合い、共に生活する一つのコミュニティの形成を目指したものである。

『パーソナル・パワー』（Rogers, 1977）第8章には、パーソンセンタード・ワークショップの実際がくわしく記されている。あるワークショップは136名のメンバーによる16日間の集中的ワークショップ。ロジャーズによればこのワークショップは、それまで彼がおこなったあらゆる試みの中で、最も徹底的に人間中心の仕方でおこなわれた。その計画段階から個人間の交流、コミュニティの形成というどの局面をとっても、人間中心の実践の典型例となった。

いくつかのエピソードを紹介しよう。ロジャーズが案内書を作成して別のスタッフに送ったところ、批判的な反応が返され、3度目の書き直しでようやくOKが出た。参加費を各自の状況に応じて自分で決めてもらったところ、必要額に達しない。そこで応募者にワークショップの経済状況を説明して20%の増額を要請するとほとんどの人は了承し、無理な人は手紙や電話で理由を知らせてきた。

スタッフは開始後3日半の簡単なスケジュールだけを決め、全体の内容や計画は参加者自身が決めた。小グループが動かないことにロジャーズが焦りと責任を感じてそれを率直に打ち明けると、メンバーの自己表現が促進された。ある日のコミュニティ・ミーティングでは、スケジュールに縛られることへの疑問が出され、その後の計画を一切立てないまま終わる。次にいつ集まるのかすらわからず、ワークショップの続行が危ぶまれたが、ロジャーズが部屋に戻るとすでに100人のメンバーが集まっていた。暫定的に議長を設けて議事を進める方法は最後までとらなかった。まとまらなくても形に縛られず、各自の直観を生かしてみなが満足できる道を探したのである。

あるメンバーが提案者も明記せずコミュニティ・ミーティングを招集したところ、猛烈な批判や攻撃を浴びた。しかしそこで傷ついたメンバーにコミュニティ全体の注目が集まったのをきっかけに、コミュニティが一つになれた。こんな様子である。イメージがつかめただろうか。

ワークショップをどう展開するかの決定は、終始、参加者の手に委ねられた。「決定権」は個人が握り、個々人の意思決定からコミュニティ全体での意思決定がおのずと生まれている。その結果コミュニティは、個々人が相互に密接につながった一つの生命体のような動きを見せている。さらにワークショップ解散後も、それぞれの参加者の持ち場で、そこで得た気づきが生かされている。あたかも発酵菌か触媒のように、家族・教育・産業・精神衛生・政治などの分野で世界136ケ所において影響を及ぼした。

ＰＣＡ（パーソンセンタード・アプローチ）は、革命を直接の目的とした社会運動を起こすためのスローガンではない。それは、ワークショップに参加した一人一人の人間が、それぞれの持ち場で個人がより大きな決定権を持つ方向へと改革運動を起こしていき、それが自然発生的かつ連鎖反応的に広がっていくことを目指したものである。１９７０年代半ばにおこなわれた大規模ワークショップには、合宿であったにもかかわらず、つねに75人から８００人が参加した。

大規模なグループでは、一人の発言が重要である。一人がポツリと話した非常に個人的な言葉――それを聞いた多くの参加者は、そこに、自分自身の問題が語られているように思う。それは、まさに自分のことだ、と。どんな大人数のワークショップでも、こうした雰囲気がその基盤にあったのである。

人間研究センターの、たいへん生々しい活動を一つ紹介する。アメリカの健康保険制度改善への挑戦である。ロジャーズのアプローチには、次のような批判が浴びせられることがある。あのような「穏やかな」アプローチは、米国に住む、裕福な中産階級の白人男性にとっては意味があるが、黒人、メキシコ人、プエルトリコ人、女性といった抑圧される側の問題を解決するにはあまりに弱々しすぎる。これらの集団にとって必要なものは、平等な賃金、市民権、教育の機会などであり、これらを獲得するには「闘争」によって、抑圧する側から権力を奪い取る必要がある。健康保険制度改善への挑戦は、そうした風評への挑戦でもあった。

その勇気ある実践は国民健康会議（National Health Council）においておこなわれた。米国医師会、米国歯科医師会、看護師協会、健康保険会社など「健康保険の提供者」の代表者によって構成されるこの会議は、ある年の定例会議に貧民街や過疎地の恵まれない町から「健康保険の受給者」らの代表を招くことを決定した。彼らの多くは黒人で、メキシコ系アメリカ人も含まれていた。会議が近づくにつれて主催者の不安が高まり、人間研究センターからスタッフを招いた。開始早々、会議は分裂の危機に直面した。この会議は形式的な演出にすぎないと感じた「受給者サイド」が退場しようとしたのである。ファシリテーターの介入によってその場は収まり、20人から25人の小グループに分かれたが、「受給者サイド」の怒りや、医療サービスへの不満、貧困の苦しさが一挙に爆発した。海兵隊で殺人の訓練を受けた黒人男性は「必要なら攻撃するぞ」と脅した。ある黒人女性は、グループの全員に強い懐疑心を抱き、貧困と偏見と抑圧による長い個人的な苦しみを語った。メキシコ系アメリカ人のある女性は、自分は黒人からも白人からも無視されている、と涙ながらに語った。

セッションが進むにつれて、新たな展開が生まれた。「提供者サイド」の人々は、自分たちが「受給者サイド」の人にどのように映っているかを理解しようとし始めた。逆に「受給者サイド」の貧民街の人々は、保険会社の重役も単なる悪者ではなく、理解し合える人間なのだ、と感じ始めた。ファシリテーターは、一人一人の人間が尊重され、感情を遮られることなく表現できる雰囲気をつくりあげた。その中で黒人と白人の間の葛藤や、「受給者サイド」と「提供者サイド」の間の葛藤が一挙に噴き出した。その後の「受給者サイド」の人々の行動は目を見張るばかりのものである。「受給者サイド」の人々は迅速に決議案を文書化し、それをグループに配付して討論した。「受給者サイド」の代表が、残りのプログラムを中止して決議案に関する討議と投票をおこなうよう動議を提出した。動議は大多数の支持を得て可決され、予定されていた講演は中止。会議は、「受給者サイド」「提供者サイド」双方が肯定的な感情を抱いて終了した上、翌年、決議事項の多くが実行に移された。

こうした経験を踏まえてロジャーズは言う。対立する集団の中にあってファシリテーターが両集団を平等に扱い、どのメンバーも一人一人の人間として尊重し、理解しようとする。すると双方の集団もお互いに耳を傾け始める。相手サイドから憎しみや怒りを含めたあらゆる感情に耳を傾けてもらっていると感じた時、人は自分の感情をより客観的に見つめるようになる。理性的でない行動は減少していく。

北アイルランド・ベルファストにおける宗教的対立への取り組み

ロジャーズによれば多くの場合、対立する双方は次のようなパターンに陥っている。「我々は正しくあなた方が誤っている。我々は善であなた方は悪だ」。こうした場面で最も必要なのは、自分たちサイドが「自分たちは正しい」と信じているのと同様に、相手サイドもまた、「自分たちは正しい」と信じているのを認めること、そしてその事実を受け入れることである。

ここでパーソンセンタード・アプローチは効力を発揮する。成功したいくつかの事例の中で最も大きな緊張を抱えていたものの一つが、以下に紹介する北アイルランド、ベルファストでのエンカウンター・グループ（1973年）である。

イギリス人男性1人（退役陸軍大佐）を含む5人のプロテスタント信者と4人のカトリック信者からなるそのグループは、数世代にわたる経済的・宗教的・文化的憎悪を孕《はら》んでいた。

このグループの様子は映像に撮られ、今でもDVDで見ることができる（『鋼鉄のシャッター』）。しかし真の困難は、撮影の前段階にあった。「グループには7名参加しましたが、人選の過程でぞっとするような体験をしています。IRA（アイルランド共和国軍）からの参加者と交渉する時（引用者注：ロジャーズの仲間のビル・マクゴーとパット・ライスが）撃ち殺されそうになったのです。グループを成立させることが最大の難問だと言えます」（Rogers & Russell, 2002）。私たちがDVDで見ることができるあのグループの様子は、まさに命懸けの交渉の上に成立したものだったのだ。

初期のセッションでは、ベルファストの日常生活のひどさや日々の恐怖が表現された。姉妹がテロリストの爆弾で粉々にされたメンバーもいれば、街頭での撃ち合いの銃弾が家の中に飛んできたメンバーもいた。憎悪と恐怖の凄《すさ》まじさに、変化など期待できないと思われた。

しかし、プロテスタントのデニスとカトリックのベッキーが夕食時に10分間ほど話をし、個人的な友情を感じ始めたのをきっかけに、グループの緊張は緩和され始める。両グループの憎悪や不信が次第にオープンに表現されるようになっていった。たった16時間の短いエンカウンター・グループであったが、この短時間のうちに何世紀にも及ぶ根深い憎悪が和らげられていった。オープンな感情表現がお互いの理解を深め、その理解が過去からの障壁を洗い流したのである（残念ながら、敵対者に理解を示したことが証拠として残ると発言者の生命が危険に晒《さら》されることから、それらのいくつかはフィルムから削除された）。

グループ解散後も、参加者のほぼ全員が危険を冒して自発的に集まり続けた。また、自発的にチームをつくって、プロテスタント、カトリック双方の教会で記録映画を上映し討論会を開いた。最終的に数千人が参加したが、ベルファストの殺害を止めることはできなかった。もしそれが可能になることがあるとすれば、それは、問題が深刻化して大衆が決意し、エンカウンター・グループが街のあちこちでおこなわれるようになった時だとロジャーズは考えている。

ピース・プロジェクト

70代半ばになっても、80代になっても、ロジャーズのバイタリティは衰えることがなかった。世界を旅しながら活動していた。晩年のロジャーズがエネルギーを注いだのは、北アイルランド、南アフリカ、ポーランド、ロシアといった紛争地域である。これらの場所に出向いては、紛争解決のための大規模エンカウンター・グループをおこなっていった。

文化、宗教、人種、国籍の境界線を越えて多種多様なメンバーが集まった国際的なエンカウンター・グループの試みがいくつも報告されている。これらを実施していく中でロジャーズが感じたのは、通常のエンカウンター・グループとそれほど変わらない、ということであった。メンバーは文化的な問題をそれほど語りたがらない。むしろ、家族や自分のことなど、通常のグループで話題にされる「一人の人間としての問題」がそこでも語られていた。人間そのものに焦点が当てられると、国、文化、人種などの相違はそれほど重要ではなくなるのである。

そうした経験をもとに、晩年のロジャーズが「人間研究センター」を率いて取り組んだのが「ピース・プロジェクト（Peace Project）」である。その活動成果として、次の3つがあげられる（Rogers & Russell, 2002）。

①１９８６年11月、オーストリアのルストにおいておこなわれた「ルスト・ワークショップ」。中央アメリカの緊張と憎悪の問題に取り組み、大成功を収めた。これを機に葛藤や紛争を抱えた世界各地から仕事が舞い込んだ。

②１９８６年、ハンガリーのズゲドで開かれた多文化ワークショップ。

③１９８６年、人種問題の解決のためにおこなった南アフリカ・ヨハネスブルグのワークショップ。

このうち、二つを紹介する。

ピース・プロジェクトの頂点「ルスト・ワークショップ」

停滞を嫌い、絶えず新たな変化と前進を好んだロジャーズ。1987年2月4日に85歳で亡くなる直前まで、彼は絶えず新たな課題にチャレンジし続けた。核戦争の脅威をつくりだしているのは、核兵器の存在そのものではなく、国際間、人種間、宗教間の反目や憎悪や敵意である。こうした見地から、核戦争に関する論文を執筆し、積極的な提言をおこなってもいる(Rogers, 1982b)。

このような晩年の活動の言わば頂点に位置するのが、1985年11月にオーストリアのルストで4日間にわたって開催されたルスト・ワークショップである(Rogers, 1986b)。中央アメリカ諸国の緊張緩和を目的としたこのワークショップには、3人の前大統領、コスタリカの副首相を含む政策立案者、政府高官、国会議員、大学教授、平和活動家、資金援助した銀行の重役など50人が17ケ国から参加した。主催はコスタリカ平和大学と人間研究センター。責任者はロジャーズと前コスタリカ大統領で平和大学創設者のカラソ博士。オーストリアのある大銀行の頭取が参加者全員の滞在費を提供した。

全体会のファシリテーターはロジャーズが務め、小グループには人間研究センターのスタッフ2名が参加した。最初の3日間は午前にコミュニティ・ミーティング、午後にスモール・グループ、夜に講演もしくはパーティという日程。最終日の午後には記者会見が入り、夜にもう一度コミュニティ・ミーティングがおこなわれた。

初日、米国市民がニカラグアの政府高官に向かって、「なぜ国民の自由を制限するのか」と迫る場面から開始した。対話というよりも論争風のやりとりが交わされた。2日目になっても参加者の発言は演説調のものが多かった。

しかし3日目の朝に参加者が相互の感情に耳を傾け始めた。3日目の夜に企画されたホイリゲ・パーティ（葡萄《ぶどう》の収穫期に豊作を祝ってワインの新酒を飲むオーストリアの伝統的なパーティ）は「促進的な出来事」となった。アルコールの効果もあってかコミュニケーションが活発になり、敵対する国の参加者同士がお互いの子どもの写真を交換し、ホームステイの計画を立てあった。別の二人の参加者は、両国が共存できる政策をお互いの政府に提出することを誓いあった。

最終日の午前、コミュニティ・ミーティングでグループのプロセスはピークを迎えた。最終日の午後に予定されている記者会見の参加メンバーをめぐって、議論は紛糾していた。しかしカラソ博士の「私はコントラ派に勝ってほしいのでもサンディニスタ派に勝ってほしいのでもない。私が欲しいのは平和だ。みんなで中央アメリカの第三の道を探してほしい」という発言によって雰囲気が和らいだ。あるニカラグアの参加者による「大権力が小国に耳を傾けることもあることをここで確信した。不信はここでは克服された。中央アメリカの問題を話し合いで解決できる可能性がほんとうにあるんだ」という発言で、グループの雰囲気は好転した。

多くのメンバーがグループ体験の意義を語り始めた。ある中央アメリカの政府高官は「当初はこんな方法が成功するとは思えなかった。アジェンダなしの会合なんて怪しいと思っていた」と率直に打ち明けた後、「アメリカ人とニカラグア人が直接ふれあったことに驚いた。平和は我々一人一人の内側で始まることを確信した」と語った。こうして、開始時に存在していた緊張は解消され、大半の参加者が肯定的な感情を抱いてワークショップは終了した。新聞では「稀《まれ》な政治的・心理学的実験」「永続的な平和の過程の触媒。世界の他の紛争地域でもおこなわれるべきだ」などと報道された。

ロジャーズはこのワークショップの成功要因として、次の点を挙げている。①国際緊張の緩和というテーマが健全であった。②テーマが中央アメリカの死活にかかわる問題であったため、雰囲気が引き締まり、余計な話題が出なかった。③カラソ博士の人脈で中央アメリカその他から錚々《そうそう》たる地位のメンバーが参加した。④メンバーはお互いに不信感を抱きあっていたが、ファシリテーターはグループを深く信頼し、動じることがなかった。⑤マスコミを閉め出したので、自由な感情表現ができた。⑥幸運にもホイリゲの時期でよいパーティが持てた。

大統領クラスの参加者が何人もいて、中央アメリカの緊張緩和に一定の成果をあげることができたルスト・ワークショップ。80歳の誕生日に余生を国際平和に捧《ささ》げることを宣言し、「カール・ロジャーズ　ピース・プロジェクト」を打ち立てたロジャーズにとって、大きな意味のあるイベントになったことは間違いない。

南アフリカ――白人と黒人の人種差別に取り組むワークショップ

1982年の晩夏に南アフリカ共和国で開かれたエンカウンター・グループは、11名の黒人及び白人の男女が参加し人種問題に取り組んだものであった。ヨハネスブルグの大講堂で開かれた週末ワークショップには、南アフリカのあらゆる地域から６００人が参加した。

ロジャーズは80歳の時のこのワークショップでの体験について後に「状況が切迫しており、すさまじい緊張がありました。最もドラマティックな取り組みでした」「これまで感じたことがないくらいの、苦しさや怒りや恐怖が表現されました。そして最後には、愛と親密さを体験することができました」「これまでで一番感動的な体験でした」(Rogers & Russell, 2002) と語っている。

最初は、黒人のメンバーが白人に対して凄まじい憤りと罵りを浴びせかけた。こうした場合、白人は自分が中傷されていると感じて、「あなたの気持ちはわかりますが、私個人はあなたを抑圧したことはありません。あなたを抑圧したのは白人社会です」といった態度をとりがちである。しかし、白人がこのような留保をつけずに、自分が白人であることを正面から認めた上で、相手の憤慨に心から耳を傾けるならば、その憤慨はいずれ消滅し、奇跡的な変化が起こっていく。

ベルファストのグループのように、対立する集団がほぼ同程度の力を持っている場合には、関係の変化にはどちらからでも取り組むことができる。しかし、黒人対白人の対立のように、いずれか一方がより大きな力を持っている場合には、最初のステップは、力を持っていると思われている側（マジョリティ側、この場合は白人の側）が進めていく必要があるのである。

この南アフリカでのワークショップ中にカウンセリングのデモンストレーションとしておこ

なわれたのが、有名な「ジャンとの面接」である。ロジャーズのあらゆるカウンセリングの中で最も有名な面接の一つである。ジャンは、ハーバート・ブライアン、ミス・マン、グロリア、ジム・ブラウンらとともに「ロジャーズの最も有名なクライアント5人」の一人となった。

エンカウンター・グループとワールドワーク

筆者は、ロジャーズ派のファシリテーターがおこなう比較的規模の大きいエンカウンター・グループにも何度か参加した。しかし言葉の壁もあってか、あまり心は動かされなかった。ロジャーズが取り組んだ「紛争解決」「葛藤解決」の問題に正面から取り組んでいるのはむしろ、アーノルド・ミンデルとその教え子たちによる「ワールドワーク」であろう。

葛藤解決のためのファシリテーションをテーマとしたミンデルのワークショップに参加したことがあるが、ミンデルは先駆者として、ロジャーズの名前をよくあげる。オレゴン州ポートランドにあるプロセスワーク・インスティテュートには、葛藤解決のファシリテーター養成専門のコースも設けられている。セラピスト養成コースとは別に、葛藤解決を専門的に学ぶコースが用意されているのである。大学院レベルである。

1997年にイギリスでミンデルのグループワークに参加したことがある。400人ぐらいは参加していたであろう。テーマは貧富の差、格差問題であった。構造化されないフリーディスカッションをおこなった上で、時間を限定して、「貧しい人間の立場」「富める人間の立場」に分かれて、全体でロールプレイをおこなった。「私はお前を絶対許すことができない」「お前のせいでうちの家族は死んだ」などと、思い切り叫ぶ。体育館ぐらいある大きな会場に怒声が響き渡った。時間はどんどん過ぎていき、終了時間まで残り15分になっても、叫び声も泣き声も止まない。

その時、ある参加者がミンデルの方を向いて、こうたずねた。「アーニー、時間はもう15分しかないよ。一体どうする？　どうしたらいい？」。ミンデルは、ニコッと笑ってこう言った。「一番重要なのは、時間があと15分経ったら終わりっていうことだ」。場の雰囲気は急に静まって、それぞれが静かに自分の気持ちを語るようなっていった。15分経つと、嘘のように静かになって、グループは終わった。ミンデルはそれが当然のような表情であった。

ロジャーズとミンデル、両者が異なる時期に取り組んだ同じ紛争地域がある。北アイルランドでのプロテスタントとカトリックの葛藤である。

ロジャーズの北アイルランドのグループはビデオで見た。ミンデルの北アイルランドでのグループの様子は、ワークショップの中で、何度も聞いた。興味深いのは、ロジャーズのグループにおいてもミンデルのグループにおいても、同じような転換点によってグループの場の雰囲気、流れが変わっていることだ。

それまではお互いを激しく罵りあっていたのが、激しさがピークに達したように思えたその時、メンバーの一人が、死への恐怖について、ポツリと語る。「死ぬのが怖い」。「このままいけば、私たちはみんな死ぬ。まもなく全員、死んでしまう」。そのことをあるメンバーが一人ポツリと語った後に、シーンとした静けさがグループ全体を覆う。この時グループの流れが変わり、お互いを理解し合うような雰囲気が醸成されていく。「死」という共通の基盤を見つめることで、対立し合う両者が融合し始めるのである。

　葛藤解決のグループのファシリテーションは、個人カウンセリングのセラピストの片手間にできるものではない。葛藤解決専門のグループワークをトレーニングする専門機関がアメリカにはある。日本にもそろそろ、そういった専門的なコースを用意してもいいのではないだろうか。人類が存続している限り、この世界から葛藤や紛争はなくならないだろう。

　その先駆者であるロジャーズは、本章で記した活動が認められてノーベル平和賞にノミネートされていた。そのことを知らずに、１９８７年2月4日、ロジャーズはこの世を去った。

第8章　ロジャーズの結婚・恋愛論

隠れた名著『ビカミング・パートナーズ』

「ロジャーズは結婚や恋愛について積極的に提言している。しかもかなり革新的な内容のことを」と言うと、意外に思われる方もいるかもしれない。カウンセリングの世界において聖人のような扱いをされてきたロジャーズには、恋愛や結婚に関する著作や論文を書いているイメージはないからである。「そんな下世話な」ことをあのロジャーズが？　というわけである。

しかし、第3章で見たように、ロジャーズ自身も結婚や恋愛問題に苦しみを抱いていたきわめて人間らしい人間であった。しかもロジャーズ理論の中核は、「一人一人がより自分らしくなることができる人間関係」である。ロジャーズが恋愛や結婚について積極的に提言しても何ら違和感はない。結婚や恋愛こそ、私たちが自分らしくあることを妨げてきたものだからである。

それればかりではない。この社会において、結婚や恋愛ほど、旧《ふる》い習慣にとらわれているものはない。ロジャーズにとって、結婚や恋愛こそ、「静かなる革命」が起きるべき場である。「関係の転換」が生じて然《しか》るべき場である。

ロジャーズのさまざまな領域における活動には、次のような一貫した姿勢が貫かれていた。現代社会において最も強く必要とされているのは、「他者を支配し制御しようとする関係」から、「他者をその内側から理解し受け止め、お互いがより自分らしくなっていくのを援助し合う関係」への「関係の変革」である。そのような「関係の変革」が起きるならば、そのなかで、個々人の「自分自身との関係」も変わる。つまり「生き方」や「在り方」も変わり始める。自分自身を型やパターンにはめて制御しようとするのをやめて、自分の内側と深くつながり、内側の知恵に従って、真に自由に、自分らしく生きることができるようになるのである。

つまり「関係の変革」→「その中にいる、一人一人の在り方の変化」こそが、ロジャーズの関係変革論の骨子である。

ある意味で、このような「その中で一人一人がより自分らしくあることができる関係への変革」を最も強く求められているのが、結婚や恋愛であろう。それが人間の生活のかなりの部分を占めるものだからである。

ロジャーズが結婚や恋愛の問題に、正面から取り組んだ単著は、『ビカミング・パートナーズ（パートナーになること）結婚とそれに代わる選択肢』（*Becoming Partners: Marriage and its Alternatives*）（Rogers, 1972a）。である。書名は、10年前に出した『オン・ビカミング・ア・パーソン』になぞらえて付けたものである。

『オン・ビカミング・ア・パーソン』で、人間はただ生きているだけでは一個の人間であることはできない、一人一人の人間が自分自身となっていくことではじめて真に人間となるのだ、という主張をタイトルににじませていたのと同様に、『ビカミング・パートナーズ』では、夫婦はただ結婚しているだけでは夫婦たりえない、夫婦になっていくのだ、恋人もただ交際しているだけでは恋人たりえない、恋人になっていくのだ、そのような主張が込められている。副題からわかるように、結婚とそれに代わる新たなパートナーシップについて模索した本である。

ロジャーズがここで論じた内容は、今でも少しも新鮮さを失っていない。「結婚しない生き方」が一つの選択肢となり、離婚率も高くなってきつつある今の日本でこそ、読み直されるべき本であろう。「結婚とは何か」「夫婦とは何か」「配偶者以外の人と恋をしてはいけないのか」といった人生の根本問題をじっくりと、しかも具体的に考えることのできる好著である。

なお、この本に出てくるジェニファとジェイの事例は、実はロジャーズの娘ナタリーとその離婚した夫ラリーがモデルであることがわかっている。しかも、彼らを知っている人が読めば、すぐに彼らのことだとわかる内容になっていた。さらに、ラリーには何の承諾も得ずにこの事例を掲載した上、度重なる抗議の手紙に対しても、ロジャーズは何の返答もしなかったという。許さないものは、断じて許さない。娘ナタリーへの愛が余ってのことであろうが、やさしさや温かさばかりがクローズアップされがちなロジャーズの、冷酷な一面を感じさせるエピソードでもある。

5年後の1977年に刊行された『パーソナル・パワー――個人のうちに潜む力とその革命

的なインパクト』においても、第3章「結婚とパートナーシップの革命」及び第10章「人は嫉妬から自由でありうるか」という二つの章を割いてこのテーマについて論じている。

もちろんロジャーズが書くのだから、その内容は、巷《ちまた》に溢《あふ》れる多くの結婚本のような、ハウツー本ではない。夫婦が真に夫婦になっていくとは、どういうことか。恋人が真に恋人になっていくとは、どういうことか。そのプロセスを描いたものである。

これまで見てきたように、ロジャーズの生涯は「関係の変革」というテーマに捧《ささ》げられたものであった。関係性を変えていくことで、一人一人がより自由にイキイキと生きることができるようになる、そのような変革こそ、ロジャーズが目指したものだった。ロジャーズにとっては、結婚や恋愛も、そのような変革が生じるべき重要な領域に他ならない。

ちなみにこの本の日本語訳は、『結婚革命』。訳者は村山正治《むらやましようじ》・尚子夫妻であるが、本書に託されたメッセージを的確に表現しえたものとなっている。ちなみに、筆者が1994年にウィーンで手にしたドイツ語版には、『結婚入門』という、いかにも気の抜けたタイトルが付けられていた。

日本でこの本は、ロジャーズの著作としては番外編的な扱いをされることが多い。しかし、筆者が1990年代後半に英国や米国の書店を回った経験で言えば、選集を別にすれば、『オン・ビカミング・ア・パーソン』『ア・ウェイ・オブ・ビーイング』『クライアント中心療法』の次くらい、つまりロジャーズの本としては4番目くらいに書棚で見ることの多い本であった。

つまり、ロジャーズには、①新しいセラピィやカウンセリングの開拓者の一面、②新しい人間の在り方の提唱者の一面、とともに③「新しいパートナーシップの在り方の提唱者」としての一面がたしかにあり、また読者にもそのような著作家として受け入れられていたのである。『ビカミング・パートナーズ』においてロジャーズは、アメリカの若者たちが苦悩しつつも新たな結婚の在り方を探っていくその姿を克明にリポートするとともに、それを通して、これからの時代における結婚の在り方について、自らの考えを実に飾り気なくストレートに提示している。この本は、ロジャーズらが、当時（1960年代後半から1970年代前半）のアメリカの若者たちにおこなった、パートナーシップについてのインタビュー調査に基づいて書かれている。今でいう質的研究の成果である。

ロジャーズは、インタビューの対象として、次のような夫婦を選んだ。①自分の生活の中のパートナーシップのあるがままを自然に正直に表現している。②夫婦のつながりやその崩壊を3年から15年の間経験している。年齢は20歳から36歳。③素晴らしい体験と不幸な体験の両面を広い範囲にわたって経験している。④ロジャーズ自身と直接会うことができる――これらの条件で選択された夫婦にロジャーズらはインタビューをしていった。

第1章では、まず友人や母親の勧めるままに結婚して後悔し始めたジョアンという女性の例について報告されている。ジョアンは、大学4年生の時、周囲の友人がすでに結婚してしまったことで焦りを感じていた。ジョアンには、3年間交際していたマックスというボーイフレンドがいた。親友からは「彼を逃さない方がいいわよ」と忠告され、母親からは「マックスのような人はなかなかいないわよ」と言われた。ジョアンは「みんな彼に好感を持っているから、もし私が彼と結婚したら、きっとみんな私にも好感を持ってくれるはず」という思いを抱くようになった。また大学卒業後、特にやりたいことがなかったことも手伝って、彼との結婚を決めた。「友だちや母親がそう言ったからといって結婚していいものか」という迷いもあったが、自分は頭がよくないし、判断力にも自信がないから、「自分よりも他の人の方が、私にとって何がいいかを知っている」と考えて気持ちを抑え込んだ。ジョアンはマックスにも、「結婚するのがなにか恐ろしい気がするの」と率直な気持ちを伝えた。けれど、マックスから「気にするなよ。今に僕の愛がわかるようになるよ」と説得されて結婚した。しかし時が経つにつれて、ジョアンは次第に、自分の気持ちを聞かなかったことを後悔し始めた。

最近は、日本でも「適齢期」について考え方がだいぶ緩やかになってきている。しかし、「そろそろ結婚しては」という世間や両親からのプレッシャーはまだまだ強い。十分な納得感のないまま結婚する人はいくらでもいる。

ロジャーズはこの例を振り返り、社会的圧力への屈伏しやすさ、他人にアドバイスすることの危険性、ジョアンがマックスとの関係に疑問を感じ始めていたにもかかわらず、自分の感情を押し殺していた点を指摘している。「一番信頼できる道しるべは、内側からわき出る反応だということに実際に気づき、それに耳を傾け信頼すればいいのだと実感し始めたのは子どもをもってから」であったことがジョアンの悲劇だった、とロジャーズは指摘する。

次にとりあげられているジェイとジェニファの例は、最初は円満だった夫婦が崩壊していったケースである。結婚前は独立心旺盛だったジェニファだったが、結婚後夫の世話をすることが多くなった。それが妻の務めだと考えていた。一方、ジェイは仕事に関してはカリスマ的な能力を持っているが、夫婦関係においては依存的で、特に大事なことを決定する能力を欠いていた。ジェニファァは次第に、ジェイが仕事から帰宅すると「3番目の子どもが帰ってきたように」感じるようになった。ひたすらジェイの望む妻であろうとしてきたが結婚後14年を経てやっと、自分の中に否定的な感情が存在することに気づき始めた。ジェニファァは次第に抑うつ状態に陥っていき、自殺さえ考えたが思いとどまり、知り合いの精神科医による治療を受けた。ジェニファァは、長年抑圧していた怒りをジェイにぶつけ、「あなたは依存的で性的にも不能。社交界に君臨していさえすれば満足な人間だ」と口汚く罵《ののし》り続けた。一方ジェイは、ジェニファァは明らかに「病気」だから自分自身が変わる必要などまったくないと考えていた。ジェニファァはジェイに自分の望む夫であるように求め始めたが、ジェイはジェニファァが以前に戻ってくれることを望むばかりで、二人はついに離婚を決意した。

ロジャーズはこの例に二つのコメントを加えている。一つは、もしジェニファァが最初から自分を主張し、喧嘩《けんか》ができていれば、もっと希望が見出《みいだ》せたかもしれない。夫の依存的な面や、性的な面で繊細さを欠いている点や、子どもの教育を任せきりにされたことなどに不満や落胆を感じた時、もしジェニファァがそれを語ることができていたらお互いに理解を深め合い、困難を解決できる可能性を見出せたかもしれない。一方ジェイは自分で考えているほどすぐれた父親でも夫でもないことを理解する必要があった。しかしジェイは最後まで、自分はすぐれた夫であり父親であると思っていた。ジェニファァが一人で関係を崩壊させたのであり、自分の責任ではない、と思い続けた。

二人に必要だったのは、自分の感情と正面から向き合いそれに耳を傾けること、その感情を胸に収めず率直にパートナーに伝えること、そしてそれを通してお互いの理解を深めていくことのだった、とロジャーズは言う。

「嫉妬」を乗り越える男女の関係は可能か

恋愛や結婚の中で人は相手を束縛し支配し依存する。また愛されたいがゆえに、人は自分が自分であることを放棄する。愛する人の愛情を失うまいとして「愛されるための自分」を演じ始める。自分らしくあることを放棄するのである。

結婚という制度も人を不自由にする。一度結婚してしまえば、婚姻相手以外の人を好きになれば「不倫」であると戒められる。結婚したら一生、その相手だけを愛し続けるのが正しいことで、それ以外は人間として間違えたこと。そのように糾弾される。しかし、同じ一人の人だけを一生愛し続けるのは自然なことなのだろうか。このような疑問を多くの人が抱くゆえに、何らの経済的・社会的な安定ももたらさない不倫こそが純愛である、などとして妙に礼賛されたりする。

お互いが真に自由であり、かつ、一人の人間として充実した人生をまっとうできるような関係、お互いが一人の人間として成長していくことができるような関係としての結婚や恋愛とは、いかなるものであろうか。ロジャーズも、みずからの人生を通して、また同様の問題に苦しむクライアントの話を聴くことを通して、この問題について考え続けてきた。そこで最大の難問となったのは、「嫉妬」である。

これまで見てきたように、ロジャーズは、人間の「自由」を徹底的に尊重した。人がみずからの内側の感情の流れ、内臓感覚に従って生きていくこと、そしてその気持ちを分かち合うことを何よりも大切にしてきた。しかし、人が人を好きになる時、強烈な「内臓感覚」が動く。パートナーが他の異性を好きになった時に感じる「嫉妬」も、強烈な「内臓感覚」を伴う。

そこで問題になるのは、自分のパートナーが他の異性を好きになったり、関係を持ったりすることを認めることができるのか、それを許しながら自分たちの関係を維持することができるのか、という問題である。相手への「独占欲」、それゆえ生じる「嫉妬」が大きな障壁となる。

第3章で見たように、ロジャーズ自身もその後半生においては妻以外の女性との恋愛関係を持ち、妻の嫉妬に苦しんだ。妻ヘレンの「独占欲」と、それのもたらす「嫉妬」という感情が、二人の結婚生活において最後まで問題となった。

ロジャーズはヘレン以外の女性にも愛を寄せた。ヘレンを愛せなくなったわけではない。ヘレンを愛しているとともに、それとは別に他の女性も同時に愛していたのだ。しかしヘレンはそれに耐えられず、嫉妬深くなり、ふさぎこんだ。これを救ったのは、すでに成長していた娘のナタリーであった。ヘレンが自分のほんとうの気持ちを認められるように援助し、二人が再び話し合えるように援助した。娘ナタリーのおかげで二人がほんとうの気持ちを理解しあえた後は、カールが愛した「別の女性」とヘレンも友人になり、この関係はずっと続いていったという（畠瀬直子　畠瀬稔　村山正治編『カール・ロジャーズとともに』参照）。

衛星関係――パートナーの他の異性との交流を共に喜びとして分かち合う

「嫉妬」を乗り越える男女の関係は可能か――この問いに対するロジャーズの答えはイエスである。その条件は、パートナーの、他の異性との（セックスを含む）親密な交流とそれに伴う喜びに耳を傾け、分かち合うことである。「相手の過ちを赦《ゆる》す」などということではない。「私に魅力がないから、他の人を好きになるんだ」などと卑屈になって、自分を責めるのとも違う。「そうか、君は、そんな素晴らしい体験ができたのか。それはよかった。喜ばしいことだ」と、パートナーの、他の異性とのセックスを含む親密な交流の喜びを、我が事のように共に喜び、分かち合うことである。パートナーが他の異性と素晴らしい体験をできたことを共に喜ぶ姿勢である。

このあたりは、性道徳の常識や嫉妬心にとらわれている方には、なかなか理解しがたいかもしれない。しかし、いかがだろう。私たちは、パートナーの人生の喜びを、自分自身の喜びとして共に分かち合うことを大切にしてこなかっただろうか。パートナーの幸せを、自分の幸せのように共に分かち合うことを大切に思ってこなかっただろうか。ロジャーズはこの姿勢を、パートナーの他の異性との親密な交流がもたらす喜びでも保ちうると考えるのである。「そうか、〇〇さんと、そんなふうに関係を持って、そんな素晴らしい歓びを感じることができたのか。それはよかった」――そんなふうに、パートナーの喜びを共にこころから喜ぶ関係を持つことができるなら、そして二人の関係がしっかりしたものならば、必ずパートナーは戻ってくる。そして、より充実した喜びを伴う関係に深めていくことができる。ロジャーズはそう言うのである。

パートナーが他の異性を好きになる。場合によっては肉体関係を持つ。それはかなりの苦痛と試練を伴う。しかし、その感情をお互いに率直に分かち合い、自分に誠実に生きていくならば、その結果、パートナー同士の関係はさらに強固になり、より「永続的なもの」になっていく。ロジャーズはそう言うである。

「問題の核心は嫉妬であり、その根深さである。（中略）嫉妬は所有の感覚から成り立っているから、その感情のいかなる変更も結婚関係の政治に計り知れない相違をもたらす。（中略）お互いに良いコミュニケーションを持ち、自分たちを別々の人間として受容し、役割としてでなく人間として共に生きていくならば、その時こそ、その関係は永続性を持つ。これが新しい成熟した関係であり、それに向かって多くの夫婦が努力を重ねている」（Rogers, 1977）

一般には、パートナーとの関係は「他の異性を諦めること」「相手だけのものになること」で強められていくと考えられている。他の異性を好きになったり、ましてや肉体関係を持つことは、パートナーシップを破壊する行為（不倫）として戒められている。ロジャーズの考えは、これとは真逆のものだ。

結婚していたり交際していたりして、特定のパートナーがいたとしても、他の異性を好きになったり、身体的な接触をしたいと思うのは、とても自然なことだ。その気持ちを抑え込むことなく、パートナーと率直に語り合い分かち合う方がいい。場合によっては、肉体関係を持ったこともパートナーとの間で率直に分かち合った方がいい。そうすることで、パートナーとの関係はさらに強固で永続的なものに育っていく、というのである。

ある夫の言葉をロジャーズは引用している。「妻が夫以外の人を愛することは、夫婦愛を弱らせはしません。（中略）事実、彼女の外での経験が僕との親密さや愛を大きくしました。（中略）外の関係から得るエネルギーと成長が結婚生活に流れ込み成長と充実感をもたらしているのです」（Rogers, 1977）

日本でこれに近い考えを表明しているのは、社会学者の宮台真司である。宮台によれば、真に成熟した男性とは、パートナーの女性から、他の異性との親密な交流を打ち明けられても、その歓《よろこ》びを共に喜び、自分の喜びでもあると受け止めることができる男性である。しかし現状では、日本にこのように成熟した男性は、残念ながら２００人に１人程度しかいない、と社会学者であり、この分野の専門家である宮台氏は指摘している（『WEEKLY　OCHIAI』２０２０年2月19日放送分）。

ロジャーズがこのような新しい性的な関係性について当てたキーワードは、「衛星関係」（Satellite Relationship）という概念である。

いわゆる衛星関係が、パートナーのどちらかによって作られることがある。これはしばしば大変な苦痛をもたらすと同時に、成長を豊かにする。衛星関係とは、親密な第二の婚外関係であり、性的関係を伴うこともあれば伴わないこともあるが、それ独自の価値を持つものである。この言葉は、「婚外セックス」「情事」「情婦」「愛人」のような言葉よりも、はるかに好ましいと思う。(Rogers, 1977)

自分が他の異性と親密になり、性的な関係を持った。そのことを打ち明けたら、パートナーがショックを受けている。このような時に大切なのは、打ち明ける側に次のような姿勢があることだとロジャーズは、ある女性の次のような言葉を引用している。大切なのは、パートナーの感情が揺れている時、彼と共にいることを心がけながら、それに責任を感じすぎたり、自分自身の行動を制限したりせずにその感情に耳を傾けることである。別の異性との関係に深入りしているパートナーは、そうであるからこそ、夫（妻）に無条件に受け入れられていないと感じると、自分は夫（妻）に「支配されている」と感じがちである。罪の意識を持ったり、逆に怒りを感じたりしやすい。婚外関係を持っている側が被害感や罪意識や怒りを抱く。それがひいては相手の「自分は捨てられるのではないか」という不安を強くする。こうして二人は悪循環に陥り、抜け出すのが難しくなってしまう。関係が破局に向かう時には、こうしたメカニズムが働いている。

大切なのは、他の異性と関係を持った側が、次のようなことをパートナーに伝えることだとこの女性は言う。「私には今、このもう一つの関係を経験することが必要です。それは私自身のためにです。私は、あなたの苦痛や嫉妬や、恐怖心や、怒りも、よく聴こうとしています。

あなたをそんな気持ちにしようと好き好んでしているわけではないですが、私が選んだ結果こうなったんです。そして、あなたをとても愛しているので一緒に問題を解決していきたいと思っているのです」（『パーソナル・パワー』）

このように、夫婦が配偶者以外の異性と親密な関係を結ぶことは、各々の充実した生活や成長を可能とするだけでなく、ひいては夫婦の関係そのものの充実にもつながりうるとロジャーズは言う。そして従来は「愛人」「不倫」といった言葉でネガティブにとらえられていた関係に「衛星関係」というユニークな名称を与えて、肯定的にとらえ直すのである。

エンカウンター・グループにおける「衛星関係」

ロジャーズは、なぜ、このような考えを持つに至ったのか。それは、エンカウンター・グループにおけるメンバーの体験にかかわることによって、である。

私は、エンカウンター・グループや夫婦双方が参加しているグループのなかで、このような衛星関係が始まるのをたびたび目撃している。感情的で移り気の妻が、夫の強迫的な研究への献身を恨んで、グループの中の他の男と新しい関係を持ち始めた。その男には陽気さがあり、感情表現が豊かだった。それは夫にはないものだった。関係は非常に深くなっていき、女性は夫にも新しい愛人にも非常にオープンで、新しいつながりに興奮し満足しているが、同時に混乱と葛藤《かっとう》が起こっていることも話した。夫もとてもたくさんの良いところを持っているので、自分は夫に対して不誠実だと感じている（中略）研究者の夫は、グループの中で自分のことを感情の乏しい人間だと言っていたが、夫のこころの奥深くに、嫉妬と怒りを発見して女性はびっくりしてしまった。夫婦二人は話し続け、時には険悪な空気になり、時には好意を持ち合い、時にはお互いを深く理解し合い、時には怒りをぶつけ合った。

　これらすべてのことがあまりにオープンであったため、グループも私もその一部となってしまっていた。われわれは、その夫婦が接近したり離れたりを繰り返す衛星関係の中で、激しく揺れる気持ちをただ見守るほかなかった。そのグループのさまざまなメンバーが、３人の三角関係に、特に妻と夫によって経験されている苦痛と怒りと葛藤に、耳を傾けた。グループが終わった時、パーソンセンタード・アプローチは流れ次第では長い年月続いてきた結婚を破壊してしまう。そのことに自分は責任があるのではないか。そうした迷いを持ち始めていた。それは熟考を要する重大な問題である。

　数ケ月後、グループのあるメンバーが、女性から受け取った手紙のことを私に話してくれた。彼女が言うには、二人の結婚は今までよかったことなどなかった。夫婦はお互いに、以前にはしたことのない仕方で話し合い、以前は隠してしまっていた感情を分かち合った。（中略）結婚の力学は大きく変化した。以前は、勤勉で業績達成をひたすら追い求めていた夫が、感情に走りすぎ抑制を必要とすると思っていた妻を心にかけ、求め始めたのである。一方で妻の方は、今まで夫があまりに仕事ばかりであったことを恨み、満たされない思いでいて、自分は夫に劣ると思っていたが、今や平等なパートナーシップに変わった。

これは、私が数多くの機会に見てきた一つのパターンである。パートナーシップがパーソンセンタード・アプローチをまともに経験した時、衛星関係が起こりやすくなる。このことについては、私も無論、考えている。人間は――男性も女性も――自分は同時に二人以上の人間に愛を感じることができる、ということを発見する。一方あるいは両人ともが、彼らの第一の関係上に、第二の愛を経験することだってある。これは必ずといっていいほど、嫉妬、苦痛、失いはしないかという恐怖をもたらす。しかしその危機は、パートナーシップがその結果かえって豊かになることによって、切り抜けることができる。(Rogers, 1977)

『ビカミング・パートナーズ』でも、このような衛星関係の典型例が紹介されている。ロイとシルビアは30代前半の若い夫婦である。ロジャーズはこの夫婦にはじめて会った時(本書執筆の7年前)、二人が「結婚生活を含めたあらゆる対人関係を、斬新に、創造的に体験する、ほんとうの意味で今日的な試みをしている人たちだということ」を知って驚いたという。

夫のロイは若い人妻のエミリィに惚れ込んでいた。それを知った妻のシルビアは混乱したが、激しい嫉妬や離婚話にはならず、お互いに自由に気持ちを話し合うことができた。ロイ、シルビア、エミリィの三人で話し合いを持ち、ロイのエミリィに対する感情は双方の結婚を破滅には導かないこと、男性であれ女性であれ、時には一人の人だけでなく、他の人を愛することもありうるし、それは自然なことだと確認し合った。

7年後、ロジャーズが彼らに体験の手記を依頼したところ、ロイとシルビアから二人の現在の関係について手記が送られてきた。ロイとシルビアは小さな町から大都市に転居し、子ども二人は学校に通い始めた。それに伴い、シルビアは自分の新しい生き方を探し始めた。シルビアは自分が何をしたくなってきたかを話し、ロイはそれに耳を傾けた。ロイもまた他の女性のことを含めて、自分の感情を率直にシルビアに打ち明けた。二人は親密になるために言葉を惜しまず、お互いのことを話し合いながら多くの時間を過ごした。

しかし、二人の関係に新たな難問が突きつけられた。今度は、妻のシルビアがロイ以外の男性と性交渉を持ちたいと感じ始めたのである。二人は結婚して10年になっていたが、シルビアはまだ一度もオルガスムスを体験したことがなかった。ロイもまた、性的に劣等感を持っていた。二人はよく話をしたが、セックスのことについてはあまり話はしなかった。シルビアは不安を感じながらも思い切って自分の気持ちをロイに打ち明けた。「自分が責められている」という気持ちを与えないように用心深く話したが、それでもロイは傷ついた。自信を喪失していった。しかし結局、恐れながらも、ロイはシルビアに新しい性的関係を許した。シルビアは、「あなたとは今まで一度もこういう気持ちになれなかったの。私はいつも性的不満を感じていたわ。このままだったら私たちの結婚は破滅してしまうの」という気持ちをロイに伝えた。そしてついに、他の男性とセックスをした。

この時の気持ちをロイは次のように振り返る。「僕にとって、自分の気持ちを何とか変えようとしても、どうしても難しかったことは、シルビアの男友だちと肩を並べることでした。いつも彼らと自分を比べ、彼女を失いはしないか、と不安に駆られていました。肉体的に目覚めてしまった彼女を見たり、他の男性に肯定された彼女を見ると、僕は自分に彼女の性を満足させる力が足りないのを痛感しました。僕は脅《おび》え、傷つきました」

危機を救ったのは、ロイもシルビアも二人の子どもを愛していて、一緒に生活することを強く望んでいたことであった。このことに気づいたシルビアは、夫ロイとの間の性生活の充実に努めるようになる。

「今、時々クライマックスが起こります。時々、自分たちにはとてもできないと思っていたやり方で、ロイと私はからだを分かち合います。私は、二人の間にはクライマックスが当然、起こるべきだと思っていました。でも起こらないのは私がクライマックスが起こるようにしていなかったため――そういう気持ちを自分に起こさなかったためです」

シルビアはまだ、自分はなぜ他の男性ではなくロイとセックスしようとしなければならないのか、それは義務心からではないか、と考えて悩む。しかし次第に自分がロイとの生活を望み、それを選択したのだと考えていく。一方、ロイの方も「僕が彼女のすべてでなければならない」という気持ちから自由になっていく。二人がお互いに強く結び付いてさえいれば「僕たちはお互いに恐れることなく他の人ともセックスできるところまで成長するだろう」という確信さえ持てるようになっていった。

こうしてシルビアが他の男性と性交渉を持つことによって、夫婦に訪れた危機は、逆説的に、性生活を中心とした夫婦の絆《きずな》を強めるという幸福な結果をもたらすことになった。それまでは主に言葉による会話でつながっていた二人は、言葉を介さない性的なふれあいを十分に楽しめるようになった。テニス、キャンプ、仕事後のデート、ポルノ映画鑑賞など、さまざまな活動も二人で積極的に楽しむようになった。

この手記を読んでロジャーズは子どもの時に好んで読んでいたアメリカ開拓民の物語を読んだ時と同じような感激を覚えたという。「開拓民が未知の領域の開拓に精魂をこめて邁進《まいしん》するように、彼ら二人は現代の結婚の前方にある未知の国を探索しているのである。……二人は『結婚はこうあるべきだ』という多くの慣習的な規範を破っている。お互いがほんとうに委ね合って、新しい形の、永続的な男と女の関係を創造しようとしている」

ロジャーズはこうしてお互いの体験や気持ちをこころから率直に語り合い分かち合うことで、パートナーシップは再生し、「嫉妬」の問題を乗り切ることができる、と考える。

しかしそれは容易な道ではない。多くの人は、パートナーが他の異性と性的な体験を持つと、その新しい相手と自分を比較する。「あの人のほうが私より魅力的だ」「私ではダメなんだ」。そこでとどまるならば、嫉妬と独占欲によってパートナーシップは崩壊する。それに負けずに、新しい相手との間にはないよさが自分とパートナーの間にはあると信じて率直に気持ちを語り合い分かち合うことで、嫉妬は乗り越えることができる。そしてそれは、パートナーが他の異性と親密な関係を持ち続けている場合にも可能だというのである。

豊かな結婚生活の三ケ条

ロジャーズは豊かな結婚の特徴は次の3点に要約しうるという（Rogers, 1972a）。

①結婚は固く動かない建物でなく、流れる川である

「あなたのために私のすべてを捧げます」「死が二人を分かつまで、お互いの誓いを守ります」。ロジャーズは、このような献身や誓約が結婚を永続的にするという考えに疑いを挟む。そんな考えでは、二人の関係がほこりにまみれていくのを眺めているだけだというのである。

パートナーシップとは本来、契約でなく、「継続するプロセス」であり、「二人の関係のプロセスに深くかかわっていくこと」である。自分と相手とが、それぞれ個人として頑張る、というのではない。二人の現在の関係が持つ変化の過程――この関係こそが二人の愛や生活を豊かにしているという認識に立って、二人でその変化の過程に働きかけていくこと。それがロジャーズの考えるパートナーシップである。

②肯定的なものであろうと否定的なものであろうと、自分の内側で生まれてきた深い感情を相手と語り合い分かち合うこと

役割期待に沿って生きることは、プロセスの中で変化していくことの真逆である。両親や文化の期待にただ従うことは、パートナーシップの発展を妨害する。逆に、からだの声に耳を傾けて「正しい」と感じる方向に進んでいくことができるようになると、役割期待からは離れて

いく。複雑に絡み合った豊かなパートナーシップを生きる方向に向かっていく。

こうしたプロセスのために必要となるのが、たとえそれが否定的な感情であったり、相手を傷つけるおそれがある感情であっても――たとえば、相手のセックスに満足できない、といった感情であっても――自分の中の深い感情を相手と語り合い分かち合っていく姿勢である。自分の中の深い感情を、肯定的なものであれ否定的なものであれ、パートナーに伝えていく。そしてそれに対するパートナーの反応を、それが非難であれ批判であれ全力で理解していくのである。

③相互に独立した二人の人間が、自分自身を発見し、それを認め合い分かち合うこと

豊かなパートナーシップは、二人の人間がお互いの独立性を認め、尊重し、発展させるところに成立する。それぞれが独立した自分自身になることによって、結婚そのものが充実していくのである。

では、独立した自己になるとはどういうことか。ロジャーズは次の5点を挙げている。①自分自身の発見。内側の深い感情に近づくこと。②自己受容。内側で体験しているさまざまな感情を自分自身の一面として受け入れること。③仮面を脱ぐこと。男らしさや力強さといった仮面や偽り、防衛から離れること。④「～すべき」「～が当たり前」といった社会通念に支配されず、自らの内側の気持ちの流れに従って、選択すること。⑤二人がそれぞれ人間的に成長していくこと。それぞれが「独立した自己」として成長し、その成長を認め合い分かち合うこと

ができる時、結婚生活そのものも充実していく。

しばしば、性生活の満足が成功する結婚の必要条件だと言われることがある。しかし、ロジャーズによればむしろ、この5つの要素こそ、「お互いを制約しない豊かなパートナーシップ」を実現するための必要条件である。これら5つの要素が存在すれば、性生活もおのずと発展していくと考えるのである。

第9章　ロジャーズの教育論

ロジャーズは、「主体的で対話的な学習」の先駆者である

ロジャーズは、その著作活動の比較的早い時期から教育に関して多くの論文や著作を執筆してきた。なぜか。それは、彼自身、大学という教育の場での教育者であったからである。大学の授業を、みずからの研究成果や学問の内容を教え伝える場としてでなく、まさにその場で学生たちの人間としての成長を促進していく「教育の現場」としてとらえていた。その意味でロジャーズは、真の意味での「教師」であった。

そしてその教育の核心は、学生との「対話」にあった。教師と学生が真に深く「対話」する。学生同士が深く「対話」をする。その深い対話において、学生一人一人が「自分自身との対話」を深めていく。すなわち、深く「思考」する。その深い思考、ロジャーズ流に言えば「内臓感覚的思考」——重要なことをわかっているけれどまだなお言葉にならない「内臓感覚知」「暗黙知」を何とか言葉にしようとしていく。そのような深い思考、内的な営みへと促されて

いく。ロジャーズの教育理論の本質は、そのような「対話」にこそあると言えるかもしれない。「他者との深い対話」が「自己との深い対話」、すなわち「深い思考」を促し、その「深い思考」が、他者との「深い対話」をさらに、深めていく。これが真のアクティブ・ラーニング、「主体的で対話的な学習」のプロセスであろう。

今、日本の学校教育は大きな改革の節目を迎えている。その鍵は、「主体的で対話的な学習」の促進である。教師の主たる仕事は知識を教えることではない。子ども一人一人がみずから学んでいくプロセスを促進することにある。教師は、教える人（teacher）から、促進者＝ファシリテーター（facilitator）へとみずからのアイデンティティを変えていかなくてはならない。このような主張が、日本の学校教育の世界でもようやくなされるようになってきた。

そうした学習の原点とも言える教育の在り方を、ロジャーズは1940年代から探究してきた。教師は、教科の内容を教える人間（teacher）としての役割を捨てるべきだ。生徒は、みずからの問いに従って主体的に学ぶ「学習者」である。それゆえ教師は、その学習の過程の「促進者（facilitator）」であるべきだ。この考えを愚直なまでに徹底して実践してきたのである。

ロジャーズは言う（Rogers, 1957b）。

「人に教えることができることは、いずれかと言えば、どれも取るに足らないことであって、行動にはほとんど、あるいはまったく、意味のある影響を与えない」

「教えることによって生じる効果は、取るに足らないものか有害なもののいずれかである」

「行動に意味ある影響を与えることができる学習は、自己発見的、自己獲得的な学習だけである」

「自分の体験が持っている真の意味に近づこうとすることが、重要な意味のある学びとなる」

ロジャーズは教師向けに「教師であることを忘れなさい」というタイトルの論文を書いたことさえある。ロジャーズは、約70年前（1950年代）から「教師であることをやめてファシリテーターになってほしい」と伝え続けてきたのである（Rogers & Russell, 2002）。

ロジャーズの教育理論は、今こそ読まれるべき価値のあるものである。深い主体的な学びは、どのようにして生み出されるのか。それはどのような「対話」において生まれるものなのか。

「教えることと、学ぶことについての私見」――「学習者中心の教育法」誕生の日

なぜロジャーズは今から70年も前に「教師の役割はティーチングからファシリテーションへ転換されるべきだ」と説いたのか。

次のような劇的な出来事があったのである。第3章で見たように、1940年12月11日は、「クライアント中心療法誕生の日」であった。ロジャーズは敵陣のミネソタ大学に乗り込んで、「アドバイスは害がある」「訓戒も害である」と、旧来のカウンセリングの考えを徹底的に論破した。「クライアントが主役となる新しいカウンセリング」の誕生を宣言した日であった。ロジャーズは同じことを、教育の分野でもおこなった。ただし前回と違い、今回は爆弾を抱えて敵陣に乗り込んだ自覚はなかった。自然とそうなったのである。

「学習者中心の授業」の誕生は、1952年4月。ハーバード大学によって企画された「人間

の行動に影響を及ぼす授業のアプローチ」というカンファレンスでのことであった。

熱心で有能な教師が集うこのハーバード大学のカンファレンスで、ロジャーズはなんと「学ぶことには意味がある」が、「教えることによって生じる効果は取るに足らないか、多くの場合有害である」という自説を喝破した。ロジャーズはそうするつもりはなかったが、会場は大混乱に包まれた。やがてそれは大きな反響へ変わり、この日は「生徒中心の授業」「学習者中心の授業」が生まれた日となったのである。

何がどのようにして起きたのか。ことの顚末《てんまつ》を見てみよう。１９５１年の年末から１９５２年初めにかけて、ロジャーズは冬期休暇で長旅に出ていた（Rogers, 1957b）。「この大事な時期に、私は、冬期休暇の旅行でメキシコに行き、絵を描き、執筆をしたり写真を撮ったりしていた。そしてキルケゴールの著作を読むことに熱中していた。キルケゴールの、自らをありのままに述べようとする誠実さから、私は思った以上に大きな影響を受けたようだ」

ロジャーズは、ハーバード大学のカンファレンスで何をしようか、考えた。そうだ。「教えること」や「学ぶこと」について、自分が今感じていることを率直に語ってみよう。それをさらっと披露し、参加者の反応を見てみよう。キルケゴールを読んで、「自分は自分自身であっていいんだ」「率直に自分を語ってみたい」という気持ちが高まっていたロジャーズは、そう思い始めた。そして「学ぶこと」や「教えること」について自分が感じたままを文章にしてみた。ロジャーズはこの小論「教えることと学ぶことについての私見」（後に『オン・ビカミング・ア・パーソン』所収）について、自分の人生の中で、最も情熱を叩《たた》き込むようにして書くことができた、お気に入りの論文の一つだという（Rogers & Russell, 2002）。

この小論は「キルケゴール・スタイル」で書いたのだ、とロジャーズは言う。「キルケゴールを読んでいた時に『教えることと学ぶことについての私見』という短い論文を書いていました。激しい情熱を込めた文章にすることができました。キルケゴール・スタイルにしてみました。仮にこう考えてみる、言ってみる、という姿勢（tentative nature）。『これは、自分にとっては真実であるけれど、他の多くの人にとっては真実ではないだろう』という基本姿勢。それはキルケゴールから取り入れました。それと、自分自身である勇気。この世界に一人しかいない人間でいる勇気。共鳴できるものがたくさんありました」（Rogers & Russell, 2002）

筆者も一時期、キルケゴールに熱中し、『死に至る病』冒頭の自己生成論や、『哲学的断片への結びとしての非学問的な後書き』などに惹《ひ》かれて、キルケゴールを原著で読むためにデンマーク語を学んだこともあるので、ロジャーズのこの言葉はうれしかった。ロジャーズは、キルケゴールを読んで、「せっかくやるんだったら、ほんとうに思っていること、感じていることを話してみるか」、そんな気持ちになったのである。そんな気持ちになって「教えること」や「学ぶこと」について、自分の思うままを短い文章にしてみて、優秀な教師や教育関係者が集まる研究会でそれを披露した。こう前置きした。「私の教室での体験や個人心理療法やグループセラピィにおける体験から明らかになったことを、３、４分で話してみたい。これは決して誰かに対して結論を示そうとするものではないし、こうすべきとか、こうあるべきといったことを言おうとしているのでもない。１９５２年４月の時点で私の体験が持っている自分にとってのきわめて仮説的な意味と、それが持つ突飛さが引き起こす厄介な問題のいくつかをお話ししたい」（Rogers, 1957b）。こう断った上でロジャーズは、3、4分、短いスピーチをおこなった。こんな内容だった。

「私の体験から言えるのは、どのように教えたらいいかを他の人に教えることはできない、ということである」

「教えることができるものは、いずれかと言えば、どれも取るに足らないことであって、行動にはほとんど、あるいはまったく、意味がないように思える」

「自分は、行動に意味がある影響を与える学習にしか関心がないことに気づいた」

「行動に意味のある影響を与える学習とは、自己発見的、自己獲得的な学習だけである」

「自己発見的学習という、体験の中で個人的に獲得され吸収される真実を、他の人に直接教えることはできない」

「教えることによって生じる効果は、取るに足らないか有害であるかのいずれかだ、と感じるようになった」

「私は、自分が重要なことや自分の行動に意味のある影響を与えることを学びつつある一人の学習者たらんとすることにだけ関心を持っていることがわかった」

「自分自身の不確かさを知り、自分の混乱を明確にしようとして、ぴったりな言葉を探していく。そうすることで、自分の体験が持っている真の意味に近づこうとする。これが、重要な意味のある学びである」

「自分の現在の体験の意味を理解しようとすると、進むべき方向に向かっておぼろげにつかんでいる目標に向かって、その体験は私を導いてくれる」

　このように述べた上で、次のような具体性のあることも話している。

「この体験が意味するのは、教えることはしない方がいい、ということである。人は学びたいという気持ちがあれば、おのずと集まり、学び合うものである」

「試験はやらないほうがいい。試験は重要ではない学習の効果しか測ることができない」

「同じ理由で、成績評価や通知表もやめたほうがいい」

「同様に、卒業証明や学位も廃止したほうがいい」

「結論を示すことをやめる。私たちは結論からは重要なことは学ぶことができない」

「私が最も知りたいのは、私の内面で考えてきたことが、皆さんが教室で体験してきたことに何か、訴えるものがあるか、そしてもしそうだとするならば、それが自分の体験にとってどのような意味を持っているか、ということである」

　このわずか3、4分のこのスピーチは、ロジャーズの意に反して会場全体を騒然とさせた。

「あのような大騒ぎが起きるとは予想もしなかった」とロジャーズは言う。「私は何かの反応が生まれるだろうとは期待していたが、あのような大騒ぎが起きるとは予想もしていなかった。会場は、興奮状態となった。私は彼らの教師としての仕事を脅かしていると受け取られたように思ったので、そのようなつもりはない、とはっきりと言った」「私は、四方八方から浴びせられる質問や攻撃に対して自分を守ることはしなかった。私は、彼らが感じた憤りやフラストレーションや批判などを受容し共感した。私はただ、自分自身の個人的な考えを話しただけなのだ、と言った。自分以外の誰も私の考えに賛成することを求めていないし、期待もしていなかった。大きな騒ぎが起きた後で、グループの参加者たちは次第に、教えるということについて自分自身が重要だと感じていることについて率直に話をし始めた。（中略）あの研究会に出ていた人の誰もが、あの研究会のことを忘れることはできないのではないかと思う」

ある参加者から「あなたのせいで昨晩眠れなかったという人がたくさんいますよ！」と言われたという。この日から、ロジャーズは教育の世界でも、なくてはならない人になった。ロジャーズは、当時すでに、心理療法の分野において「論争好き」という烙印《らくいん》を押されていた。そのこともあって、騒動になったこの研究会で発表した論文の公刊には消極的であった。「論争好き」のイメージが教育界にまで広がることを恐れたのだ。

しかし研究会の参加メンバーの口コミで噂は広がっていった。数年後に二つの雑誌社からの依頼があり、公刊に踏み切った。

ソクラテス—キルケゴール—ロジャーズ

興味深いのは、「重要なことは他者に直接伝えることはできない」ということの考えについて説明している箇所でロジャーズは、キルケゴールの「実存伝達論」（ないし「間接伝達論」）に言及している点である。

人間が生きていく上で重要な真理は、直接教えることはできない。キルケゴールはそのような認識に立って、「間接伝達」と呼ばれる独特の仕方で、他者に真理を伝達しようとした。真理を人に伝えるのはどのような仕方において可能か、その方法原理について探索した。

ここでキルケゴールがとった手法が、ややこしい。それは具体的には「一見、華やかで素晴らしいけれども、ある種の空虚感をそのうちに秘めた人物を巧みに描いた小説」を読ませる、という方法である。たとえば『誘惑者の日記』という作品がある。これをキルケゴールは、わざわざ自分の名前とは違う名前で、つまり仮名を使い世に出している。それによって、その小説をストーリーの面白さに惹かれて読んでいるうちに、読者が自分自身の存在の空虚さにみずから気づいて真理を求め始める、という仕掛けになっていたのである。人が真理を探究するように仕向けることは、基本的には、本人が自身の存在の空虚に意識を向けざるをえなくなるようにしていく他ない。キルケゴールのこれらの著作には、キルケゴール自身の考えや信念は語られていない。著作の意図も明かさず、異なる著者名（仮名）を使って文学作品を書き、それを読んだ人が、内面的な真理の探究に向かっていかざるをえなくなる仕掛けをおこなったのである。

このような回りくどいことをキルケゴールがおこなったのは、「〇〇が重要である」といった仕方で、真理を直接的に伝える、というやり方では、真理はとても伝わらないからである。みずからのありように潜む矛盾や空虚に気づいて、みずから命懸けで内面的な真理を求め始めた時にしか、人が真理に近づいていくことはないからである。このようなキルケゴールの真理伝達の方法は、「間接伝達」と呼ばれる。これがキルケゴールの実存的な真理伝達論、間接伝達論である。

キルケゴールは、自分の存在を消す。読者がみずからの内面的な真理探究の旅に出る、そのための「道具」であることに徹するのである。その姿は、ロジャーズが自分を消して、クライアントの内面世界に没入していく姿と重なる。

ロジャーズは、本論文をメキシコ滞在中に執筆しているが、その大半の時間をキルケゴールの著作を読むことに費やしたという。そして、キルケゴールが自分と似た考えを持っていることを発見し、それが自分の「救い」になったという。自分の考えもそれほど馬鹿げたものではない、と思えるようになったのだ。

キルケゴールは、この「間接伝達」の方法を、「産婆術」で知られる古代ギリシアの哲学者ソクラテスに学んでいる。ソクラテスとの対話、問答において、対話の相手は、自分の考えの矛盾（アポリア）におのずと直面せざるをえなくなる。そしてみずから真理の探究へ向かっていくように誘《いざな》われる。これらを踏まえると、ロジャーズのクライアント中心療法及び「学習者中心の教育」は、ロジャーズ自身は意図していなくても、「ソクラテス―キルケゴール―ロジャーズ」と続く「対話」法の系譜の中で生まれたものと見ることができる。

ソクラテスも、キルケゴールも、ロジャーズも自分を消す。相手が、自分自身にとっての「真理」を求めていく、その「産婆」となることに徹するのである。

初期の学習者中心の授業――ロジャーズ50代の時の授業の実際

ロジャーズが教育に関して執筆した論文や著作の原点は、彼が大学のカウンセリング関係の授業において実践してきた「生徒・学生中心の授業（student-centered teaching）」に関して書いたものである。「知識」の教授ではなく、「学習の促進」を目標とするロジャーズの教育観は、大学での彼の授業を通じて培われてきたのである。

では、ロジャーズの授業の実際は、どのようなものだったのか。従来の大学の授業とはまったく異なる「学習者中心の授業方式」に多くの学生は困惑を覚えた。とりわけ、初期の「学習者中心の授業」では、ロジャーズは課題を出すこともせず、資料等を準備するにとどめ、後は専ら学生自身による主体的な課題追究に委ねた。そのため、最初の数時間、学生たちは困惑した。どのように授業を進めればいいかわからないからだ。多くの学生は「通常の講義をしてほしい」と要求した。ロジャーズはそれを頑《かたく》なに拒み続け、学生たちと衝突した。

そうした講義の記録の一つが、「ある参加者が体験した学生中心の授業」（１９５９年）（後に『オン・ビカミング・ア・パーソン』所収）に記されている。

その授業は、１９５８年にブランダイス大学でおこなわれた「人格変化の過程」という４週間の授業である。ロジャーズ56歳の時の授業である。一回2時間の授業が週に3回おこなわれた。参加した学生は、現役の教師、心理学の博士課程の大学院生、カウンセラー、心理療法家、学校心理士等であった。つまり高度な能力を持った専門家の人々が受講生であった。受講生の一人サミュエル・テネンバウム博士は、以下のようにこの授業の様子を振り返っている。

この授業はまったくと言っていいほど「非構成的」なものであった。そうとしか言いようがない。次の瞬間に何が起こるのか、どんなテーマが話し合われるのか、どんな質問が飛び出すか、誰もわからない。教師であるロジャーズももちろんわかっていない。そんな授業だった。そうした自由な雰囲気の中で、人はお互いにありのままになることができた。それは、ロジャーズによって最初に設定されたものであった。

25名の受講生に対して、ロジャーズはまず一人一人、自己紹介をしてはどうか、と言った。しかし、張り詰めたような沈黙が続くばかりで、誰も話をしなかった。沈黙の中で一人の受講生が手を挙げ、ようやく自己紹介が始まった。自己紹介が終わった後、ロジャーズは、たくさんのプリントやパンフレット、著作やビデオなどの資料を持ってきている、と告げ、推薦図書のリストを配付した。しかし配付しただけで、それらを読むように、とか、そういった類《たぐい》のことは一切言わなかった。

その後の最初の4回は、とてもやっかいで苛立《いらだ》ちを感じさせるものであった。受講生たちはバラバラに語った。頭に浮かぶことは何でも喋《しゃべ》っていた。まるで秩序も目的もなく、時間を浪費しているような感じがした。受講生たちにとって、まったく構成されていない、こうした授業ははじめての体験であった。どんなふうに進むかもわからず、当惑とフラストレーションが広がっていった。

受講生は教師であるロジャーズに対して、さまざまな要求を突き付けた。たとえば、「従来どおりの教師の役割を果たしてほしい」と要求した。「何が正しくて何が間違っているのか、それを権威的な言葉で示してほしい」といったように。自分たちは、この分野の権威であるロジャーズから何かを学ぶために遠方からわざわざ集まったのではなかったか。運が悪かったのだろうか。偉大なる人物からその正統な方法論を伝授してほしかったのではないか。いつでもノートに筆記できるように準備していたが、ノートを使う瞬間は訪れなかった。

一人の受講生はこう言った。「私たちは学生中心の授業を求めていません。求めているのはロジャーズ中心の授業です。ロジャーズから学ぶために集まったんです」。ロジャーズは断固としてそれに応じなかった。

ロジャーズに対する、通常の教師の役割を果たしてほしいという要求は、ますます激しくなっていった。ある受講生は「ロジャーズに、1時間講義してもらって、その後でディスカッションをおこなってはどうか」と提案した。ロジャーズは、著作や論文を持ってきているので、それを各自で読んでみてはどうかと提案した。学生は「そんなことは提案していない」と言った。「ロジャーズにその論文を読んでほしい」と言った。ほかの受講生もそうだと言うので、ロジャーズはその論文を1時間以上かけて朗読した。しかしそこで受講生たちが感じたのは、それまでの辛辣ではあるが生き生きとしたやりとりの後では、このロジャーズの朗読は退屈で眠たくなるものでしかないということであった。この時から、講義をしてほしいという要求は一切出なくなった。「私はたくさんの自分の本や録音テープや映像を持ってきているのに、私が講義をすることに一体どんな意味があるのだろうか」とロジャーズは言った。

5回目のセッションになって、ようやくはっきりとした変化が生じ始めた。受講生たちがロジャーズを気にかけずに、語り出したのである。受講生たちは、「自分の話をしてもいいか」と発言するようになった。「聴いてほしい」と望むようになった。その後の展開は素晴らしいものになった。ある瞬間には、目の前にいる一人の人間の魂が現れてくるのを、息をのむような驚きの中で見つめる。そんな意味深い瞬間となった。「荘厳な沈黙」が場を包んだ。クラスのメンバー一人一人が、神秘的なまでの温かさと感動に包まれていった。それは学習であり、同時にセラピィでもあった。

このように、初期の「学習者中心の授業」では、最初の数時間は、どのように授業を進めればいいのかわからない学生たちが困惑し、葛藤《かっとう》に陥った。40~50代のロジャーズに影響を受けた日本のロジャーズ派第一世代、友田不二男氏が國學院大学でおこなっていた授業もこれにきわめて近いものであったようだ。授業に来てもただ教壇で座っているだけの友田に向かって、多くの学生は「はやく授業をしろ!」「授業料を返せ!」などと罵詈《ばり》雑言《ぞうごん》を浴びせたようである。友田は、何百人も出席している大教室の教職の授業でこれを毎回やっていたようであるから、たいした度胸である。学生からの「授業をしろ!」「教えろ!」という声がピークに達した数回目の授業で、友田はようやくむくっと身を乗り出し、「そうか！　そんなに教わりたいんだな！」と言って立ち上がり、猛然と黒板に文字を書いて「いいか、カウンセリングというのはなぁ！」と熱く語り始めたようである。当時の緊迫した授業の様子が伝わってきた（当時友田の学生であった保坂武道に聞いた話）。

その後ロジャーズの授業は多少構成度を増す。週末のエンカウンター・グループを主とした形になった。授業が終わった後で、3つの課題の提出が求められる。①この授業のために読んだ本のリストをつくること。②自分にとって重要な意味を持つ諸価値とその変化について小論文を書くこと。③自分がこの授業で学んだことについて、自分で評価し、成績をつけること。各自の成績は基本的に自分でつけるのである。ロジャーズの評価と一致しない時は、話し合いの場が設けられる。

成績を自分でつけている点に驚かれたかもしれない。しかし、ロジャーズ派では基本そうなのである。その人が真に学びえたかどうかは、その人自身にしか、わからないからだ。筆者がかつて在外研究で滞在していた英国イースト・アングリア大学のカウンセリングのディプロマ・コースでも、自分が修了に値するか否かは、基本的に自分で決めていた。実際に卒業するかどうかは、その自己評価をもとに、指導教官との話し合いの中で決められる。

ここで多くの受講生は自分と真に向き合う。ほとんどの場合、学生の自己評価、修了していいかどうかは、指導教官の意見と一致していた。私が見た範囲では、自分にたいへん厳しい学生の何人かが「私にはまだ、十分な学びが足りない」と、自分の修了に「不可」の成績をつけ、留年の道を選んだ。指導教員はそれを基本的に尊重していた。

驚かれたかもしれないが、どうだろう。これがほんとうに学ぶ、ということではないだろうか。本人がその授業で真に学びえたかどうかは、本人にしかわからないからである。

学びの評価は、本来、自己評価でしかありえない。何をどれくらいどのように学んだか、それがどれくらい自身の学びとなり、成長につながったかは、本人にしかわからない。これが当然の原理であり、他者による一律の評価は、学生の意欲を下げるだけである。教師からの不信が、その前提にあるからである。

なぜロジャーズは、授業のやり方をより構成的な方式に切り替えたのか。ロジャーズの授業に出ていた畠瀬稔氏によると、ロジャーズは、より構成的な形にしたほうが学生の抵抗が少ない分、授業の目的を早く達成できるからだと答えていたという。それはそうであろう。学生たちのモチベーションが相当に高くない限り、あまりに構成度の低い授業方法がうまくいくとは思えない。しかしまた、初期の粗削りな「教えない授業」のほうが、フラストレーションが蓄積した後の「爆発力」も高かったであろう。完全に信頼され自発性に委ねられている時のほうが、学びの意欲は最高度に高まりやすいこともまた、真実である。

『フリーダム・トゥ・ラーン』（『学習する自由』）

教育に早くから関心を抱き、論文も執筆してきたロジャーズであったが、一冊のまとまった著作を書くことはなかった。しかし１９６０年代にイギリスのオープンスクールの紹介によってアメリカでも自由教育への関心が高まり、さらに人間性回復運動の影響が教育に及び始めたこともあって、ロジャーズは、教育の分野で発言を求められることが多くなっていった。教師や教員志望の学生から多くのリクエストが寄せられていたが、それに応じることはできなかった。あまりに多忙で時間がとれなかった。しかし小学校の教師をしていた姪《めい》のルス・コーネルから、「私たちが読めるような教育の本を書いていないのはなぜなの？」と質問されたことがきっかけとなって、ロジャーズのこころに変化が生じた。「教育を救わなければ」という使命感に掻《か》き立てられたのだ。貴重な時間を割いて、教育について著作の執筆に取り組んだ。

１９６９年、ロジャーズ67歳の時に、教育に関するはじめての著作が書かれた。『フリーダム・トゥ・ラーン』（学習する自由　教育はどうなりうるかについての一つの見解）(*Freedom to Learn; A View of What Education Might Become*)（Rogers, 1969）である。この本は30万部以上売れるベストセラーになった。

『学習する自由』。このタイトルがロジャーズの見解をストレートに伝えている。ロジャーズにとって、学ぶこと、学習することは徹底的な自由を意味するのである。

学習を促進する対人関係

学習を促進するのは、教師と生徒の「人間関係の質」である。教師が生徒を「管理し、教え、指導する関係」をやめて、生徒の内面の声に「耳を傾け、受け止め、理解する関係」へと変える。そうすることで、生徒の自分自身との関係が変わる。「自分自身を管理し、言い聞かせることでコントロールする在り方」から、「自分の内側の声に耳を傾け、受け止め理解する在り方」へ変わる。するとパターン化された思考の反復、知的な堂々巡りから抜け出して、創造的な源泉であるインプリシット（暗黙なるもの）と概念との相互作用が活性化する。そこから生まれた新たなものが他者との間に相互共鳴を起こして、新たな文化や社会の在り方が生み出されていく。教育においても、いや教育においてこそ、このことは当てはまるとロジャーズは考えた。教育の目標は、「変化と学習の促進」である。育てるべきは、いかに学ぶかを学んだ人間である。では、いかにすればこのような人間を育てうるのか。その決め手は、教師の知識や技術の豊富さでもなければ教材の質でもない。重要な意義深い学習は、学習者とその促進者とのある関係の特質に基づいてなされる、とロジャーズは言う。

ロジャーズは「教師」という言葉を捨て、「促進者（ファシリテーター）」という言葉を好んで用いる。教師という言葉には何かを教える人というニュアンスが強いのに対して、必要なのはあくまで「学習の促進者」だという立場を取るからである。

ロジャーズは、「必要十分条件」論文で提示した心理療法の基本的仮説——セラピストとクライアントの関係に一定の特質が見出《みいだ》されるならば、そこにおのずと変化が生じる——を、『フリーダム・トゥ・ラーン』では、教室において意義深い学習がなされる条件としてそのまま適用する。『フリーダム・トゥ・ラーン』では、ロジャーズの教育論の中心仮説として、次の３点が「学習を促進する質」としてあげられている。

①学習の促進における真実さ

学習の促進において最も重要なのは、促進者の真実さ（realness）、純粋さ（genuineness）である。促進者が何の仮面も着けることなく、あるがままの姿で、学習者との関係に入る時、学習は促進される。例として、バーバラ・シールという小学校教師の次の場面があげられている。シール先生は、６年生の図工の時間に子どもが図画の材料を自由に使えるようにした。しかし、部屋は散らかり放題になり、いささか不愉快な気持ちになった。ある日、たまりかねたシール先生が、自分は生まれつききれい好きで、部屋が散らかるとイライラして気が狂いそうになる、と子どもたちに伝えた。すると子どもたちは、誰からも言われなくても、自発的に掃除できる子が何人かいるよ、と答えた。シール先生が、同じ人がいつも掃除をするのは不公平だ、と伝えると、子どもたちは「あのね、その人たちは掃除をしたいんです」と答えたという。ロジャーズはこの場面を、シール先生が自らの気持ちをそのまま口にすることで、子どもたちがシール先生を受け入れ、自ら解決策を見出していった例として示している。この時もしもシール先生が、もっとありきたりなやり方で、「あなた方は整理整頓なんてかまわないのね。まったくひどい子どもたちだわ」となじったならば、まったく違ったことが起きただろう。この方法は、ロジャーズの初期の弟子の一人、トマス・ゴードンの「親業」「教師業」において、「わたくしメッセージ」として技法化されている。

②大切にすること、受容

学習者を真実の感情と欲求を持っている一人の人間として尊重し、配慮し、受け入れる雰囲気を学級でつくりあげることが必要である。

③ 共感的理解

評価するのでなく、学習者をその内側から理解していくことが大切である。遊戯療法で著名なバージニア・アクスラインが例にあげられている。校長にぶたれた少年が、休み時間に校長をモデルにした粘土の人形をつくっている。アクスラインが声をかけると、少年は人形の頭をめちゃくちゃにしてしまう。

アクスライン「あなたは時々、校長先生の頭をねじりたいような気持ちになるんでしょうね。あなたはとても腹を立てているのね」

すると少年は人形の腕を取り、ぺちゃんこにしてしまった。

アクスライン「あなたはとても気がすっとしたでしょうね」

少年はにやりと笑って、再び校長先生の人形をつくり始めたという。

ロジャーズは、この3つの中でもとりわけ「真実さ」が重要だと言う。もし教師が生徒の内面を理解できなかったり、嫌いだという感情がわいてくる場合には、偽りの仮面を着けるよりも、ありのままでいる方がずっと建設的だ、と言うのである。

実証的研究の成果

『80年代のフリーダム・トゥ・ラーン』（『学習する自由　80年代のために』（Rogers, 1983a）は『フリーダム・トゥ・ラーン』の改訂版である。なぜ、全面的な改訂版を出したのか。デイヴィッド・アスピー（David Aspy）らが中心になっておこなった大規模な研究の成果を入手したからである。第12章には、「教育の人間化のための全国連名（National Consortium for Humanizing Education: 以下ＮＣＨＥと略記）」の以下のような研究成果が報告されている。

①促進条件と生徒の変化

６００人の教師と1万人の生徒（幼稚園から第12学年まで）を対象にしたある研究では、促進的な教師の生徒は低水準の教師の生徒に比べて次のような傾向を示した。（1）欠席率の低下。（2）自己概念尺度の得点の向上。（3）算数や読み方など、学力検査の得点の上昇。（4）規律上の問題の減少。（5）破壊行為の減少。（6）知能指数の向上。（7）創造性得点の向上。（8）より自発的で水準の高い思考。学業不振の生徒にも改善が見られた。

②教師の対人的技能

共感性の高い教師は、（1）生徒の感情によく反応する。（2）生徒の考えを取り入れることが多い。（3）ほめることが多い。（4）形式ばらない話が多い、といった傾向があった。またこうした教師は、（1）学習目標を生徒と協力して決める。（2）教室に展示物などが多く、人が住んでいる感じがある。（3）学習順序の配列が柔軟に変更される。（4）生産性や創造性が重視され、成績評価やテストは重視されない、といった特徴があった。

③生徒の成績向上にかかわる最も重要な要因は、教師の対人関係能力であった。

④教師の身体的適格性と対人的技能には相関関係が見られた。

西ドイツ（当時）のラインハルト・タウシュ（Reinhard Tausch）とアンネマリー・タウシュ（Anne-Marie Tausch）の夫妻は、アスピーらの研究に大きな刺激を受けて、同様の研究を展開した。26名の教師が2日半のエンカウンター・グループに参加したところ、彼らの73％が自己概念と対人関係の改善、否定的な自己コミュニケーションの減少などの継続的なパーソナリティ変化を示した。彼らは授業中に生徒の感情をよく理解するようになり、生徒の自己決定を促進しうるようになった。同僚との関係も改善した。

ロジャーズは、これらの研究成果を紹介した上で、いささか挑発的に言う。「もし生徒の学力の向上、欠席率の低下、規律問題や破壊的行動の減少、知能指数の上昇などを望むのであればどうすればよいのかは、これらのデータが示している。一致、共感、肯定的配慮という促進条件を身につければいいのだ。私たちは、どうすれば学校を、教師も生徒も来たがる場所にできるかをすでに知っている。これらのデータは、すべての教師、管理者、教育委員会、教員養成関係者らに対する『挑戦』に他ならないのだ」。

教育組織の変革への挑戦

ロジャーズの教育理論の骨子は、教師―生徒関係の質的な変革にある。またそれに伴う、「知識の伝達者」から「自発的・協同的な学習の促進者」へ、という教師の役割の変化にある。しかし、これを推し進めるならば、教室内での変革にとどまりはしない。教室での実践を支えている教育組織そのものの変革が求められてくる。ロジャーズは、実際、教育組織の変革に具体的なプランをもって取り組んだ。それが披瀝《ひれき》されているのが『フリーダム・トゥ・ラーン』第15章「一つの教育組織における自己指示的な変革のための一計画」である。最初、「教育革命のための実践的な一計画」というタイトルが付されていたが、教育関係者の強い抵抗を恐れて、このタイトルに変更したという。その骨子は以下のとおりである。

①計画の対象となる教育組織の選定。管理職の長や評議員などが自ら進んでエンカウンター・グループに参加したいという意思を持っていることが重要である。

②管理職を対象とする1週間のエンカウンター・グループ。エンカウンター・グループに参加すると、管理職の人々が、官僚的な規則に固執しなくなり、他の人の意見に耳を傾け、新しい考えを受け入れるようになってくる。

③教師対象の4日間もしくは1週間のエンカウンター・グループ。エンカウンター・グループに参加した教師は、生徒の声に耳を傾けるようになり、生徒の問題を罰や懲戒処

分などで片づけず一緒に取り組んでいくようになる。
④生徒対象のエンカウンター・グループ。5日間の授業時間を使う。エンカウンター・グループに参加すると、生徒は自分の気持ちをもっと表現するようになり、評価や罰を恐れないようになる。より自由に学習するようになる。
⑤PTA役員や保護者を対象とする週末エンカウンター・グループ。
⑥管理職、教師、親、生徒（優等生と劣等生の両方を含む）による「縦割り」のエンカウンター・グループ。教育組織の雰囲気のラディカルな変化が期待される。
⑦変化を持続的なものにするために、グループ参加者の有能な人にファシリテーター・トレーニングをおこなう。外部のスタッフは次第に身を引いていく。

ロジャーズはこのプランを実現させようと財政的援助を求めたが、合衆国教育局を含む二つの政府機関と二つの大きな財団から、遠大すぎるという理由で拒否された。しかしその後いくつかの財団から資金が与えられ、ついに、ロサンゼルスのイマキュレート・ハート学校区（教員養成系の一つの女子大学といくつかの中学・高校、20以上の小学校を含む）を対象にこのプランの実現に着手した。

教育組織の変革の挫折

『フリーダム・トゥ・ラーン』第13章「失敗のパターン」には、厳しい現実が記されている。

イマキュレート・ハート学校区をはじめとするさまざまな教育組織において着手された組織変革のプランが、次々と挫折し失敗していったのだ。

① イマキュレート・ハート学校区の場合

先述の組織変革のプランに則《のっと》り、ロジャーズは人間研究センターから20人のスタッフを送り込み、３ケ月間でエンカウンター・グループを次々と実施していった。すべて自発参加であった（といっても、出席への圧力を感じた教師も少なからずいたようである）。大学の管理職と教授45人、中学・高校の管理職と教師36人、中学・高校の生徒のリーダー40人、22の小学校の教師、校長、行政スタッフ１８０人がひと月おきに週末エンカウンター・グループに参加した。ある教師は生徒の声に耳を傾けるようになり、またある大学教授は試験や成績評価を廃止する、といった、期待されたとおりの反応が次々と寄せられた。

途中で、実はこの計画を支持していた管理職はトップの２人だけであり、他の管理職はこの計画に脅威を感じていて、エンカウンター・グループに参加していないことがわかった。また、学生と教授陣の一部からロジャーズのグループは「内政干渉」をしているという非難の声が上がり、撤退を余儀なくされた。とはいえ、学生の参加や主体性は強められ、大学のカリキュラムの全領域に変革の影響が及んでいった。

しかし、次の衝撃的な事件によってこの計画は頓挫した。変革プランを支持していた修道女たちが自分たちの規則は自分たちでつくると主張したところ、より厳格な規則に従うことを要求する枢機卿《すうきけい》と衝突し、ロサンゼルスの教区学校の教師をしているすべての修道女が解雇されてしまった。寄付金を失った大学と付属高校は、1980年に閉鎖に追い込まれた。

② ケンタッキー州ルイヴィル市中心部の学校区の場合

1969年、貧困と失業に喘《あえ》ぐこの地区の学校は荒廃し「恐るべき学校」と化していた。教育長のニューマン・ウォーカーは、ロジャーズと親密な関係を保ちながら、この学校区の変革に着手した。まず6ケ月の間に、ウォーカー自身を含む教育委員会の全職員、校長、教師、事務職員1600人を1週間の対人関係ワークショップに参加させた。いくつかの学校で、オープン・スペースの教室、チーム・ティーチングなど、革新的な試みが次々と実施された。権威による支配から解放された子どもたちは一挙に爆発し、批判の声が相次いだが、計画を練り直し粘り強く実施したところ、この学校区は様相を一変し始めた。アチーブメントテストの成績も低落を止め、連邦政府から多額の援助を得ることもできた。

ウォーカーはこの革新に参加したいと望んでいる教師だけで計画を実施したいと考え、この学校区の教師の雇用計画をすべて刷新した。教師、インターン教師、保護者から構成される学校運営委員会が文字どおりの意思決定機関となり、黒人の多いこの地区の保護者の声が、直接、教師の選抜や評価、カリキュラムの選択などに反映されるようになった。ウォーカーを中心とする急進派の人々によってこの地区の教育革新は確実に成功を収めつつあった。

しかし、黒人中心のこの学校区を白人中心の郊外の学校区と合併するという裁判所の命令により、この革新は終止符を打つ。人種差別をなくす目的で、学校における白人生徒と黒人生徒の比率が定められ、それぞれの居住地区からスクールバスでの輸送（busing）が実施されたが、これに反対する暴動が激化したのである。郊外部の教育長が新教育長に就任することになっていたが、暴動を恐れて辞職し、保守的な郊外居住者の憎悪の的になっていたウォーカーも別の市の教育長に転じることを余儀なくされた。

これらの失敗の理由としてロジャーズは「伝統的で権威主義的な組織にとって、このような変革は脅威である」と指摘している。実際、イマキュレート・ハート学校区が資金援助を打ち切られたのは、自分たちで規則をつくろうとする修道女たちの民主的な行動が、カトリックの常識から外れたものであったからだ。ルイヴィル市学校区のウォーカーが中・上流階級の白人の憎悪の的となったのは、彼らの変革があまりに大胆で革新的であることに脅威を感じたからであった。いずれも変革の対象となった学校区の内部では成功を収めつつあったところに、その変革に脅威を感じる外部から打撃が加えられ、失敗に追い込まれたのである。

これらの失敗事例は、根本的な教育改革をおこなう時に直面するであろう大きな困難について、重要な示唆を与えてくれる。

第10章　これだけは読みたい！　主要著作

●『カウンセリングと心理療法――プラクティスにおける新しい諸概念』（*Counseling and Psychotherapy: Newer Concepts in Practice*　邦訳『カウンセリングと心理療法（ロジャーズ主要著作集1）』）（Rogers, 1942）

ロジャーズの出世作にして「現代カウンセリングの礎を築いた一冊」。カウンセリングの原点を知りたければ、これを読まずして何を読む、というくらいの本である。

カウンセリングには「空間の枠」「時間の枠」「行動の枠」といったさまざまな「枠」があり、その「枠」があるからこそ可能になる、という面がある。あるクライアントも「毎週1回、決まった場所で、決まった時間に、決まった長さで、ここでしかお会いしない方とお会いして、自由にお話しさせていただいて……この枠というか、構造というか、それがあるから、他ではできない、深いお話も安心してできるのよねえ」とおっしゃって、「あぁ、わかっておられる」と思ったことがある。「枠」がなければ、カウンセリング、心理療法などできはしない。「枠」

「制限」「構造」があるからこそ、クライアントもカウンセラーも安心して、自分の内側深くに入っていくことが可能になるのである。

ロジャーズの『カウンセリングと心理療法』は現代のカウンセリングの基本形を示した点で画期的である。「この新しいアプローチは、まったく異なる目標を持っている点で、古いアプローチと違っている。（中略）焦点は人間であって問題ではない。特定の問題を解決するのが目的なのではなく、個人の成長を援助し、彼が現在及び将来の問題により統合された仕方で対処できるようになるのが目的なのである」というように、問題解決型・症状除去型ではない、深く自分を見つめ、内省していくのを支援するカウンセリングの基本形をつくったのである。また、そうしたクライアントがどのようなプロセスを歩むかも具体的に示されている。この本が現代のカウンセリングの「基本のかたち」をつくったのである。

ロジャーズが敵陣に乗り込んで、みずからの「新しいカウンセリング」を確立したエキサイティングな「決戦の日」に起こった出来事の様子もリアルに示されている。

ハーバート・ブライアンとの面接の全逐語記録を公刊し、カウンセリングや心理療法の実際をオープンにしたことは、この分野の科学的研究に道を拓《ひら》いた。こういったさまざまな点で心理療法やカウンセリングの歴史の中で大きな意味を持つ「画期的な本」である。

●『クライアント中心療法』（*Client-Centered Therapy*　邦訳『クライアント中心療法（ロジャーズ著作集2）』）（Rogers, 1951）

『カウンセリングと心理療法』は大きな反響を起こしたが、その一方で「ノンディレ（非指示）」というテクニックの提供者として有名になるという不幸な結果をもたらした。ロジャーズのアプローチは「相手の言葉を繰り返すだけの技法」として誤解されることになったのである。このような現象に嫌気がさしたロジャーズは、「非指示」という言葉を使うのをやめ、技法の説明もおこなわなくなった。それに代わって、クライアントのこころの世界をその内側から理解する、という「態度」を強調し始めた。「技術ではなく態度」こそ大切という考えをロジャーズがはっきりと打ち出したのが『クライアント中心療法』である。インターナル・フレーム・オブ・レファランス（クライアントのこころの内側の、ものを見る枠、フレーム）に自分自身も立って、相手になりきって理解することが真実の理解につながるのである。

人はその内側で流れている「五感と内臓感覚での体験」の流れに一致して生きる時に、自己概念の拘束から解放され、真に自由になり、自分自身として生きていくことができる。

ロジャーズの思想、理論の骨格をなす「内臓感覚的体験」「インターナル・フレーム・オブ・レファランス」といったこれらの基本概念もこの本で提示されている。

「パーソナリティと行動についての一理論」という章では、当時盛んにおこなわれていた「自己」の機能に焦点を当てた諸研究を踏まえて、「自己理論」と呼ばれるロジャーズの理論が19の命題によって体系的に述べられている。ロジャーズの「理論構築家」としての本領が発揮されているのも、この本の大きな特徴である。

●『心理療法の本質——変化の瞬間——』（"The Essence of Psychotherapy: Moments of Movement"）(Rogers, 1956a)

ロジャーズの論文を一本だけ紹介してほしいとリクエストされたら、オススメしたいのが、この論文である。２０００年に英国イースト・アングリア大学で開催された「英国ロジャーズ派カウンセリング学習ツアー」に行った際、キャンベル・パートンのセッションで資料としてこの論文が配付された。

この論文には１９５６年の出来事とのかかわりで「新モデル」へ脱皮し始めるロジャーズの姿が、端的に示されている。「人間が変化する瞬間」(moment of movement) についてのロジャーズの新たな気づきのようなものが新鮮な驚きとともにみずみずしく示されている。

その後、ロジャーズは7、８年、「クライアントが、まさに変化するこの瞬間」「それに引き続いて起きてくるプロセス」の解明に心血を注いでいく。その変化の兆しをなまの形で感じることができるのがこの小論である。クライアントの変化の瞬間に起きていること、セラピィの本質について端的に語られている良質の論文である。

●カール・ロジャーズ（畠瀬稔・監修）『ロジャーズのカウンセリング（個人セラピー）の実際』コスモス・ライブラリー

ロジャーズの全盛期、まだ50代前半の引き締まった、美しいカウンセリングの実際を見ることができる貴重なＤＶＤである。１９５３〜１９５５年頃に撮影されたミス・マンとの面接である。私はもう100回は見たのではないだろうか。何度見ても、鍛錬になるのである。クライアントのミス・マンが語る。そこでDVDを止めて、自分ならどう言うかな、と考える。DVDの一時停止を解除し、ロジャーズがどう言ったのか確認する。この作業ほど、よいカウンセラー・トレーニングはないかもしれない。少なくとも私にとってはそうである。

●『オン・ビカミング・ア・パーソン』(*On Becoming a Person* 邦訳『ロジャーズが語る自己実現の道(ロジャーズ主要著作集3)』)(Rogers, 1961a)

ロジャーズの生涯を代表する一冊であり、最も多くの人に読まれた著作である。当時アメリカ西海岸を中心に広まりつつあった人間性回復運動と相まって、この本によってロジャーズはスーパースターの地位を確立した。ロジャーズ59歳にして出したこの6冊目の本が、ロジャーズの名前を一挙に広めた。それまでロジャーズの本の読者は、専門家止まりだったが、この本ではじめて一般の読者向けに書いたのである。発売後直ちに読者から多くの反響が寄せられ、ロジャーズはたちまちにしてかつてなかったほどの脚光を浴びた。ペーパーバック版が普及し始めていたことも手伝って、数年のうちに60万部を突破した。

「これが私です」という自伝から始まるこの本には21本の論文が収められている。「人を援助することについて」「自己生成のプロセスについて」「人間の哲学」「心理療法における科学の地位」「行動科学と人間」などにかかわる論文のほか、教育、創造性、家庭生活について書かれたものも含まれて、実に幅広い内容の本になっている。

その中心は、本書第2章でとりあげた「心理療法における自己変容のプロセス」についての考察である。クライアントの変容過程をもとに書かれた本書は、「人間がより自分らしい自分になっていく変化の渦の中に、みずからを投げ入れていく」、そのような変化の瞬間が鮮やかに示されている。これが多くの人のこころを動かしたのだろう。

カウンセリングという分野を代表する歴史的な名著の一つである。にもかかわらず、日本語版があくまで学術出版という形で高価格でしか入手できない現状はきわめて残念である。英語国ではペーパーバックで入手できるこの本が、高価で入手困難な学術書のままという現状が、日本におけるカウンセリング分野の発展を阻害してきた面もあろう。世界標準で言うならば、とっくに文庫本で出版されているべき著作である。日本におけるカウンセリング分野の健全な発展のためにカウンセリングに関心をお持ちの大手出版社にぜひご検討いただきたい。

●『学習する自由』(*Freedom to Learn: A View of What Education Might Become* 邦訳『ロージァズ全集　第22巻　創造への教育（上）』『ロージァズ全集　第23巻　創造への教育（下）』)(Rogers, 1969)

ロジャーズがはじめて教育についての考えをまとめた著作である。学生時代、成長とは「経験の連続的改造」であり、それこそが教育の目的であると考えるデューイの教育哲学に触れて以来、ロジャーズは教育に関心を注ぎ続けてきた。そのためロジャーズは、その著作活動の比較的初期から教育に関する論文を執筆してきたし、またみずからも大学の授業でいわゆる「学生中心の教授」を実践していた。

ロジャーズの教育論の骨子は、一言で言えば「教えない教育」、自分で真理を発見していくプロセスを「援助する教育」である。カウンセリングや心理療法の分野で発見した「クライアント中心」のアプローチをそのまま教育の領域に応用し、「学習者中心」のアプローチへと発展させたのである。しかもその射程は教室内にとどまらず、教室での実践を支える教育組織そのものの変革にも取り組んでいった。着手し始めた様子を報告してこの本は閉じられている。その顚末《てんまつ》は続編『学習する自由　八〇年代に向けて』(*Freedom to Learn for the 80's* 邦訳『新・創造への教育1　自由の教室』『新・創造への教育2　人間中心の教師』『新・創造への教育3　教育への挑戦』)(Rogers, 1983a) にくわしく記されている。

●『エンカウンターグループ』(*Carl Rogers on Encounter Group* 邦訳『エンカウンター・グループ』)(Rogers, 1970)

60歳を過ぎた頃からロジャーズはベーシック・エンカウンター・グループに熱中し始め、たちまちにしてエンカウンター運動を代表する人物となった。「抑圧家族」で育ったロジャーズは喜怒哀楽を自由に表現することに困難を感じていたが、エンカウンター・グループに深くかかわっていく中で、自身のこの課題を克服していくことができた。

第3章「私はグループの中で促進的な人間でありうるか」でロジャーズは、自分がファシリテーターとしてとっている態度や行動をかなり具体的に述べている。いわゆるカリスマとして、模倣の対象とされることを強く嫌うロジャーズは、ここでも「他の方々に、自分のグループ・ファシリテーションのスタイルを語ってほしいと願っています」と言うのを忘れない。

●『ビカミング・パートナーズ　結婚とそのオルタナティヴ』(*Becoming Partners: Marriage and its alternative*　邦訳『結婚革命　パートナーになること』)(Rogers, 1972a)

ロジャーズが丸ごと一冊、結婚とそれに代わるパートナーシップの在り方を論じた異色の本である。内容もきわめて革新的で、一般には不倫とか愛人といった言葉で否定的に語られがちな配偶者以外の異性との関係を「衛星関係」と呼び、それに肯定的な意味を与えている。お互いを役割や規範で縛り合いながら不自由な夫婦生活を続けるより、他の異性とも親密な関係を持ちつつ、しかもそのことを夫婦間で語り合い認め合うほうが、それぞれが独立した人間として成長できるばかりか夫婦関係そのものも豊かになっていく、と言うのである。村山夫妻による邦訳に付けられた『結婚革命』というタイトルは、本書の内容を的確に言い表している。

●『パーソナルな力　個人のうちに潜む力とその革命的なインパクト』(*Carl Rogers on Personal Power: Inner Strength and its Revolutionary Impact*　邦訳『人間の潜在力』)(Rogers, 1977)

ロジャーズが「政治」という観点からこれまでの仕事全体の意味を見直した本である。第1章でのセラピィ場面に関する検討の後、以下の章では、家族、結婚とパートナーシップ、教育、行政、異文化間の緊張、被抑圧集団といったテーマをとりあげながら、それぞれの場面において「権力」「コントロール」「意思決定」の問題を論じている。特に、米国医師会や健康保険会社の代表と貧困層との対話を描いた第6章、北アイルランド・ベルファストにおけるプロテスタントとカトリックの緊張緩和を目指したエンカウンター・グループの様子を記した第7章がこの本の山場となっている。

また1975年におこなわれた136名のメンバーによるパーソンセンタード・ワークショップの様子がかなり具体的に紹介されている。パーソンセンタード・アプローチの実際がよくわかる。

●『ア・ウェイ・オブ・ビーイング』(*A Way of Being*　邦訳『人間尊重の心理学』)(Rogers, 1980)

ロジャーズの晩年の主著である。異文化間、国家間の緊張解消と世界平和の実現に独自の方法で取り組み続けたロジャーズが、その中で生まれたさまざまな新たな考えをまとめたものである。『パーソナルな力』刊行後わずか4年しか経っていないのに、前著になかった新たな視点がいくつも提示されている。70代後半から80代のロジャーズがなおも成長しつつあることがわかる。第5章「私たちは『一つの』現実を必要としているか」では、カルロス・カスタネダによるアメリカ先住民の呪術《じゅじゅつ》的世界の研究、ジョン・リリーによる感覚遮断実験などを引き合いに出しながら、私たちが日常的に経験している常識的現実とは別の「もう一つの現実」がありはしないか、心理学は勇気を持ってその可能性に挑むことができるか、私たちは複数の真理が共存する社会や共同体を構成していけるか、と問いを投げかけている。「変性意識状態」という項目では、ロジャーズが晩年に到達したセラピスト論が示されている。

第7章「共感的であること――誤解され続けてきた『在り方』」では、これまであまりに技術的に受け取られ真意が理解されてこなかった「共感」について再検討され、「状態としての共感」から「プロセスとしての共感」に更新されている。

●『カール・ロジャーズ　静かなる革命』（*Carl Rogers: The Quiet Revolutionary*）（Rogers & Russell, 2002）

本書はロジャーズの晩年に、アメリカ心理学会第32部門の創設と発展を記録するためにカリフォルニア大学が企画したアーカイブ・プロジェクトによってなされた対談である。ロジャーズが生涯を振り返りながら、みずからの実践についても語っている。

この本の魅力の一つは、本文もさることながら、ジェンドリンによる「序文」にある。まだ22歳くらいのジェンドリンが、勇気を出してロジャーズにはじめて会いに行く場面についてくわしく語られている。ロジャーズという人間がこの世界で何をなしえたのか、また何をなしうるのか、自分とロジャーズとの間に何が起こりうるのか、といったことのすべてが、20代前半のジェンドリンのなかで暗黙の「予感」としてインプライされており、それが二人を出会いへ導いたことが端的に示されている。ロジャーズはなんと幸せな人間なのだろう。まだ若き天才

（ジェンドリン）によって、ある意味ではロジャーズ本人以上にロジャーズのなした仕事の本質を理解され、見出《みいだ》された。それがジェンドリンとの出会いにつながったのである。

この「序文」を最初に読んだ時は、身が震えたのを覚えている。ロジャーズのなしたこと、ジェンドリンのなしたこと、そのすべてがこの短い「序文」の中に集約されている。そう言ってもいい。必読である。

●『カール・ロジャーズ著作集』（Kirschenbaum and Henderson [eds.], *The Carl Rogers Reader* 邦訳『ロジャーズ選集（上）（下）』）（Kirschenbaum & Henderson, 1989）

ロジャーズの代表的な論文を集めて編まれた著作集である。この手の本は下手な人が編集するとひどい内容になるが、その点この本は大丈夫。編者はロジャーズ研究の第一人者であるハワード・カーシェンバウムである。ロジャーズのすべてを知り尽くした人が編集しただけあって、筋のいい論文が揃っている。たとえば、死の前年に書かれた「感情のリフレクション」論文、「転移」についての論文、ジャンとの面接記録を収めたロジャーズの最後の公式的な論文、ルスト・ワークショップの論文、リアリティに関する論文などを収めている点にセンスの良さがうかがえる。

【解説書】

●ブライアン・ソーン『カール・ロジャーズ』（*Carl Rogers* 邦訳『カール・ロジャーズ』）

(Thorne, 1992)

英国ロジャーズ派の重鎮ブライアン・ソーンの書いたロジャーズの入門書である。

ソーンのロジャーズ論の特徴は、そのスピリチュアルな次元の重視にある。ロジャーズが晩年、スピリチュアルな次元を重要視し、セラピスト自身が「変性意識状態」にある時にセラピィは最もうまくいくし、その時二人は新たな超越の次元に踏み入っていくのだ、と言い始めた時、多くのロジェリアンはそれを無視ないし軽視していた。その中にあってソーンだけは、そこにこそロジャーズの、そしてこの学派の真骨頂があるのだと主張し、以来徐々に、支持者を獲得していった。その結果、スピリチュアルないしトランスパーソナルな次元からのロジャーズ研究が盛んになっていったのである。

巻末には、日本人で最もロジャーズと親交が深かった故・畠瀬稔氏へのインタビューが収録されている。ロジャーズの印象についてたずねると、「とても誠実で信頼できる人だなという印象ですね。こちらがいつ質問しても、いつもきちんとすかさずに答えてくれるし、手紙を書くと取りも直さずに、すぐに返事をくれます。すごく透明で誠実で、彼の理論のままだな、という印象です。（中略）日本で1983年にワークショップをおこなった折も、帰国後、手紙とともに、ボロータイを5本ばかり送ってくれたりして……。とにかく、信義を尽くす人、礼儀を尽くす人、というのが私の印象です」と語られた。

最後に「先生にとってロジャーズのアプローチ、パーソンセンタードの本質とは何でしょうか」とたずねると、「人間関係のパワーの問題ついて大転換をおこなったことだと思います。

心理療法やカウンセリング、教育、福祉、結婚、親子、夫婦……ありとあらゆる場面で、一人一人が持つ潜在的な力を最大限に発揮できるようにお互いのパワー（権力）を平等に認める関係を追究したことではないでしょうか。リチャード・ファーソンがロジャーズを『静かなる革命家』と呼んだことのインパクトは大きいと思いますよ」と答えられた。同感である。

●佐治守夫・飯長喜一郎編『ロジャーズ　クライアント中心療法　カウンセリングの核心を学ぶ』

私は、1982年筑波《つくば》大学入学直後から、4つ年上の末武康弘氏（法政大学教授）、上嶋洋一氏も参加していた「筑波大学カウンセリング研究会」（顧問・松原達哉）で、ロジャーズ流のカウンセリングやフォーカシングなどの学習に没頭していった。この本は当時の私にとっての「テキスト」だった。今回ひさしぶりに手に取ってみてうれしかったのは、近年の新しい動向も含めて新版に改訂されていたことである。

私も、1993年に「ロジャーズ派の三派分裂問題」という論文を書いていたが、今や三派どころではないようである。P・サンダースの『パーソンセンタード・アプローチの最前線』（2004）ではPCAグループには、「古典的クライアントセンタード・アプローチ」「フォーカシング指向セラピー」「体験的パーソンセンタード・セラピー」「実存的心理療法」「統合的パーソンセンタード・セラピー」の五派に分かれている。グリーンバーグによって開発され岩壁茂氏によって普及されているエモーション・フォーカスト・セラピー（EFT）は

「体験派」で、ヨーロッパでたいへん勢いがある。

P・サンダースは、「パーソンセンタードの第一原則」として①自己実現傾向の重視、②六条件の必要性の主張、③少なくともコンテント（内容）レベルでの非指示的態度の重要性（プロセス・レベルでは必ずしも必要ない。プロセスの優れたディレクターであることは許容する）の3点をあげ、パーソンセンタードと称するからには、これらすべてに同意する必要がある、とする。その上で第二原則として、①クライアントの自律性と自己決定権を脅かさない、②クライアントとセラピストの対等性あるいは非専門性を重視する、③非指示的な態度と意図を最重要視する、④六条件の十分性（ほかの条件や方法論、技法を取り入れない）、⑤全体論（生命体の一部だけに応答しない）をあげ、これらを採用するかどうかは個々に任せてよいとする。

「実存的心理療法」の中にフランクルのロゴセラピーが入っていたりして「それは行きすぎだ。フランクルは面接中8割、自分が話しているぞ」と突っ込みを入れたくなったり、統合的立場代表のR・ワーズリーは、「私はパーソンセンタード及び体験的セラピー一族内の『学派』や特定のアプローチについて述べるつもりはありません。それよりは、私が一個人として実行したいと考えている方法を記述したいのです」などと思い切り自由だったりする。

私自身は、ロジャーズ派の中でどのようなポジションなのだろうか。後述するように、EAMEという統合的アプローチを行っていたりするので基本的には「体験的パーソンセンタード派」であろうが、私のある側面はかなり「古典的ロジャーズ派」である。また（フランクルやフォーカシングをかなりやっているので）「実存派」であったり「フォーカシング指向」であったりもする。そう考えていくと、統合的立場のワーズリーと同じように「私は自分がしたいこと、しようと思っていることをします」とだけ言うのが最も自由でいい。ロジャーズ自身もこのような姿勢であったと思われる。

誠信書房より刊行予定の拙著『カウンセラー、コーチ、キャリアコンサルタントのための自己探究カウンセリング入門――体験―アウェアネス―意味生成アプローチ（ＥＡＭＡ）の理論と実際――』は、筆者が現在おこなっている「ロジャーズの理論と実践をベースにした新しい統合的アプローチ」である「体験―アウェアネス―意味」生成アプローチ（EAMA: fully Experiencing - Awareness - Meaning Approach）の基本を記した本である。ロジャーズが51歳の全盛期に説いた、「すべてのケースにはっきりと現れる心理療法の一つの側面は、体験のアウェアネス（awareness of experience）とか、体験を体験すること（the experiencing of experience）と呼びうるものである」「心理療法とは、五感と内臓感覚的な体験に立ち返ること」であり、「自己を体験すること」「自分自身の体験のいろいろな側面を五感の器官や内臓感覚的な装置を通して感じられるままに吟味していくこと」（Rogers, 1953）である、という考えを基盤に据えた、独自の統合的アプローチ（ＥＡＭＡ）の全体像を記した。

ＥＡＭＡは個人セッション、グループセッション、２つの形を通しておこなわれる。個人セッションであれグループセッションであれ、クライアントになりきって、「クライアントのこころの世界」を「共に体験する」。共に体験し、体験し尽くす。なぜか。人は一人では、自分の内側の体験を十分に体験することができないからである。ＥＡＭＡのカウンセラーは、人生という孤独な道を歩んでいるクライアントの「同行者」となる。心の旅の「同行者」を得ることでクライアントは、一人では不可能な仕方で、より深く自分の内側に入っていくことができるようになる。一人では不可能な仕方で、よりじゅうぶんに自分の体験を体験することができる。

人は、その内側でさまざまなことを体験している。内側の体験は「もっと体験されたがっている」。しかし、人は一人では、なかなか自分の内側深くにしっかり入っていくことができない。内側の体験は放置され、それが人のこころや人生の展開を妨げている。停滞させている。EAMAでは、個人セッションであればカウンセラーが、グループセッションであれば他のメンバーもいっしょに、クライアントになりきって、一つになり、その心の世界を「共に体験する」。共に体験し尽くす。クライアントは自分の内側深くに入って、自分の体験しつつあったことをもっとじゅうぶんに体験するようになる。内側ですでに生まれていた体験——しかし本人からじゅうぶんな注意を払われることなく半ば放置されていた体験を、カウンセラーや他のメンバーと共に、よりじゅうぶんに体験する。より広く、より深く体験し、体験し尽くすのである。そのためにさまざまな心理技法を即時的に用いる。

内的体験がじゅうぶんに体験され、体験され尽くした時、体験プロセスは前進的に展開する。するとその人は、停滞から解放され、向かうべき方向に向かっていけるようになる。「これが私だ。私の歩むべき道だ」「私は自分自身の人生をじゅうぶんに生ききっている」そんな実感を持ちながら日々を生きていくことができるようになる。新たな人生の意味と物語がそこから始まる。
その基本となるプロセスは、以下のとおりである。
①セラピストが、自身の「意識のモードを変える」。脱日常的な深い意識モードに、自らの意識モードを変容させる。②クライアントとの間にしっかりとしたつながりをつくる（プレゼンス）。③自分を消す。いったん自分を完全に消して、クライアントのこころの内側の世界に没入していく。クライアントになりきる。④完全に没入し、クライアントのこころの内側から、世界をながめる（インターナル・フレーム）。些末《さまつ》なことにとらわれず、クライアントの内側で動いているものの「エッセンス」をつかむ。⑤エッセンスがある程度つかめたら、それをリフレクトする。クライアントに、内側で響かせてもらい、吟味し微修正してもらう（「ディープ・オーセンティック・リスニング」）。⑥セラピスト自身の中で、ふと浮かんできた、クライアントの体験のエッセンスにかかわる直観的なイメージなども伝えて、クライアントの内側に響かせてもらう（「二重の共感の時」）。⑦両者が納得のいくまで続ける。⑧すべての現象をそのまま受け止める「開かれた態度」を取る。⑨クライアントの体験のプロセスから出てきた、いくつかの重要なものを「つなげて」いく。クライアントの中で、意味はあるけれども、つながっていなかった二、三のことを「つなげてみる」ことで、新しい何かや気づきが生まれる（TAEの「パターンの交差」）。⑩自らの体験をより十分に自覚的に体験してもらうために、「これまでの自分」「これまでの自分とは違う、新しく生まれてこようとしているもの」「その間にあって、変化を妨げているもの」に意識を向ける。⑪クライアントの体験のプロセスの中で「新しく浮

上してきているもの」に「なる」（立脚点の変更）。必要であればセラピストやメンバーとの間でロールプレイをおこなう。ロールスイッチ（交代）しながら、どの「心の立場」（ロール）「どの自分」も十分に体験してもらう。エンプティチェア、プローブ、フランクルの立脚点の変更など「体験をより十分に体験する」ために有益だと思われる技法を即時的に補助剤として用いる。⑫他の人がロールを演じているのを見たり、⑬その場で新たに生まれてくるものを随《ずい》時《じ》ピックアップしたり、⑭プロセスの停滞時には「自らの内奥の知恵」にアクセスしたり、⑮「エッジ」を「自分を守ってくれるもの」として尊重しながらプロセスを十分に展開していく（体験を十分に体験する）。⑯そこから生まれてきた、意味や気づき、アウェアネスを受け取る。⑰何回かの面接の後、もしある方向性がはっきりと打ち出されてくれば（「こうしたいんだと思います！」）、「2週間以内にしてみること」「トライすること」を語ってもらう（アクション・プラン）。⑱次のセッションにつなげる。

おおよそ、このような展開においてクライアントはそれまで放置され、大切にされてこなかった自分の内側深くの「五感と内臓感覚的な体験」に立ち返って、深くつながり直す。内側の体験を十分に体験し、体験し尽くすのである。

【翻訳・刊行が待たれる2冊】

●ディヴィッド・コーエン『カール・ロジャーズ　批判的な伝記』（*Carl Rogers: A Critical Biography*）（Cohen, 1997）

この本は言わば「ロジャーズによって語られなかった事実」に視点をおいて新たなロジャーズ像を描き出したものである。人間・ロジャーズに焦点を当てて、かなり辛辣な批判を展開した本である。序章でいきなり「無条件に非人格的な無関心」というタイトルで、相手次第では時に冷淡で尊大だったロジャーズの態度を批判したコーエンは、その後次々と「ロジャーズが語らなかった事実」を暴露していく。たとえば、「70歳を超えたロジャーズは、肉体的に衰え魅力のなくなった病床の妻をおいて若い愛人バニースとの恋に燃え、しかも他にも複数のセックスフレンドがいたこと」「長兄レスターからの皮肉めいた手紙に憤激して絶縁し、葬式にすら出なかったこと」「娘ナタリーの離婚した夫の承諾を得ることなく、著書の中で彼の娘への仕打ちを詳細に紹介し、しかもそれに対する度重なる抗議の手紙に返事すら出さなかったこと」「70代の時は毎日一瓶のウォッカを空けるアルコール依存で、父の健康を気づかう子どもたちからの忠告にもまったく耳を貸さなかったこと」「長男デイヴィッドの強引な離婚に手を貸して、相手の女性は自殺してしまったこと」等々。これらは米国ワシントンのアメリカ議会図書館（Library of Congress）に収められている実に140箱に及ぶ資料を丹念に調べ上げ、ロジャーズが籍を置いた大学の資料室にも調査に行った成果に基づいている。

そんなコーエンの描くロジャーズ像を一言で言えば「強烈な影響を及ぼした心理学者でありながら、ひどく人間的で野心家、競争的で不寛容、自分の成功にもわずかな驚きしか感じない」人。仕事の上では野心家で大きな成功を収めながら、私生活においては絶えずさまざまな問題に苦しめられ苛《さいな》まれている、そんな人物に映ったようである。このロジャーズ像の真偽は描《お》くとして、著者コーエンはロジャーズの魅力的な側面も決して無視しておらず、その意味でこの本は、ロジャーズの肯定・否定の両面に光を当てて描かれた「ロジャーズ研究書」と言っていいかもしれない。これまで「カウンセリング界の神様」扱いされていたロジャーズ。ロジャーズの信奉者にとっては、ショックであろうが（私はなぜか、よけい、ロジャーズを好きになった）、事実誤認の可能性や賛否も含めて議論するのが「事実は味方である」と語ったロジャーズへの誠意ある態度であろう。

●『カール・ロジャーズ　対談集』（Kirschenbaum and Henderson [eds.], *Carl Rogers Dialogues*）（Kirschenbaum & Henderson, 1990）

カール・ロジャーズがおこなってきた対談やシンポジウム、文書でのやりとりなどをまとめた本である。そのメンバーが実にすごい。『我と汝』で有名な実存思想家マルティン・ブーバー。『存在への勇気』で知られる神学者パウル・ティリッヒ。行動主義心理学の雄、B・F・スキナー。『暗黙知の次元』で名を馳《は》せた科学哲学者マイケル・ポランニー。『精神の生態学』とダブル・バインド理論で著名なグレゴリー・ベイトソン。ティリッヒと共に20世紀のアメリカを代表する神学者ラインホールド・ニーバー。アメリカの実存主義心理学のリーダー、ロロ・メイ。まさに錚々《そうそう》たる顔ぶれで、興味をそそられるものばかりである。

1962年にミネソタ大学でおこなわれたスキナーとの対談は、1956年の対談の続編。9時間にわたる対談はすべて録音されており、最初それを公刊する約束になっていたにもかかわらず、スキナーがその約束を破って公刊を拒否したと言われるいわく付きの対談の記録で、この本ではじめて公開されている。前回の対談記録を収めた本は、心理学の世界で最も版を重ねたと言われているから、この対談も大きな資料的価値があることは確かである。

しかし対談集全体を通して見ると、ロジャーズがかなり損な役回りになっていることは否めない。職業柄か、ロジャーズは対談でも、まず聞き役に回り、その後で何とか相手と理解し合える部分を探している。何とか接点を探そう。そんなロジャーズの姿勢が伝わってくる。それに対して、相手側は往々にして、ロジャーズを一方的に突き放す。「お前みたいな実践家ごときに何がわかるんだ」。超一流の学者たちの、そんなプライドが感じられる。

その最たるものが、ブーバーとの対談（１９５７年）。この対談を楽しみにしていたロジャーズが懸命に「カウンセリングやセラピーの最中に『我と汝の出会い』が可能になる瞬間があるんです」と訴えるのに対して、ブーバーは終始、「カウンセラーとクライアントという役割がある以上、両者は対等ではありえない」と、治療場面の客観的構造を指摘するにとどまる。そんなことは、わざわざブーバーから指摘されなくてもセラピストであるロジャーズはとうにわかっているだろうにと気の毒になってしまう。

私はマイケル・ポランニーとの対談部分はすでに訳している。ぜひ、多くの人の力を合わせて本書の刊行にたどり着きたいものである。

【博士論文】

●田中秀男『フォーカシングの成立と実践の背景に関する研究：その創成期と体験過程理論をめぐって』（関西大学、2018）

初期ジェンドリンとフォーカシングの生成に至る過程について書かれた博士論文である。第2章に記されたロジャーズとジェンドリンの物語は、下手な小説より面白い。本書の第8章はこの論文との出会いなくして書かれることはなかっただろう。

●末武康弘『ジェンドリンのプロセスモデルとその臨床的意義に関する研究』（法政大学、2014）

本書との関連で興味深いのは、末武が自分のおこなった「パーソンセンタード／フォーカシング指向セラピーにおいて生起するプロセス」をTAEを用いて質的分析をおこない、ジェンドリンのタームを援用しながら理論化した第Ⅲ部である。

2016年、ニューヨークでおこなわれた国際学会（WAPCEPC：World Association for Person-Centered Experiential Psychotherapy & Counseling）で筆者は、招待講演の一つをおこなった。その中で、この末武理論を紹介させていただいたのだが、英語で説明するのが困難で立ち往生した苦い経験が思い起される。

田中論文にしろ、末武論文にしろ、こんな面白くて知的な刺激に満ち溢《あふ》れた論文を無料で読めるとは、いい時代である。筆者の博士論文は定価2万4000円であった。

おわりに

学部の卒業論文でロジャーズをテーマにして以来、ロジャーズ研究に取り組み始めて40年近く経つ。今回改めてロジャーズを読み直して強く印象に残ったのは、ロジャーズが最も大事にしたもの、それは「徹底的な自由」である、ということだ。ロジャーズはどこまでも、自分自身に忠実な人であり、その純粋さ、自由さは、不器用なほど徹底しており、それゆえしばしば誤解を生み、他者との衝突も稀《まれ》ではなかった。どこかつねに、孤独であった。ロジャーズは、決して「受容とか、共感とかの、温かい人」という凡庸なイメージの人物ではないのである。

本書は、１９５０年代半ば、50代のロジャーズに特に焦点を当てた。代表作『オン・ビカミング・ア・パーソン』の執筆に至るロジャーズは臨床家としても、理論家としても脂がのっていた。その活動の核となったのが、録音されたカウンセリングの面接記録にひたすら耳を傾けることから見出された、「心理療法におけるクライアントの変容プロセス」への驚きであり、それにもとづく「自己生成論、人間変化の理論」である。カウンセラーが何も方向づけていなくても、深く耳を傾けていると、クライアントはおのずと、みずからを変化の渦の中に投げ入れ始める。より自分らしく、より自由に生きるようになり、内側からより豊かに、より美しく、生きていくようになっていったのである。

私たちは、自分の内側の深いところで流れている、なまの「内臓感覚」とつながることで、自分を拘束していた思考のパターンからみずからを解き放つことができる。真に自分でものを考え、自分で生きていくことができるようになる。ロジャーズの「受容」「共感」「一致」またそれらを体現した「深い、ほんものの傾聴」は、私たちがそのようにして、より自由に、より自分らしく生きることを可能にしてくれるものとして、大きな意味を持つのである。私たちは、自分を内側から理解してくれる他者との関係において——あたかも、自分になったかのようにして、自分のことをその内側から理解してくれる他者がいてはじめて——真に内的に自由になれる。内側から深く理解してもらえることではじめて、自身でも、自分の内側の深いところで流れている「内臓感覚」に触れて、既知の思考パターンに拘束されずに、自分でものを考え、生きていくことができるようになるのである。

本書では、「1955年のロジャーズとジェンドリンの交流」を中心に、当時のシカゴ大学カウンセリング・センターの「チーム・ロジャーズ」の活動の中から、人間を内的に自由にし、既存の思考パターンから解放していく、この新しい革新的な方法論が生まれていく様子を描いた。ロジャーズの心理療法の過程理論、それに基づく代表作『オン・ビカミング・ア・パーソン』、ジェンドリンのフォーカシング、これらすべてが、1955年を転換点とする「チーム・ロジャーズ」の仕事の中から生まれたものであると言っていい。

ロジャーズは、ここでの発見を手に、その後の生涯を、教師—生徒関係、恋人や夫婦の関係、そして衝突しあう政治家同士、黒人と白人、宗教上の対立を抱える人……ありとあらゆる「関係性の変革」に取り組んだ。それによって、一人一人が自分の持つ潜在的な可能性を発揮し、真に自分らしくあることができるような「関係性の変革」に生涯を捧《ささ》げた。ロジャーズのアプローチが「静かなる革命」と呼ばれる所以《ゆえん》である。その革命の方法は、「対立している他者のこころの声に、深く、耳を傾けること」というシンプルなものである。

ロジャーズは今読んでも決して古くない。カウンセラー、心理療法家、コーチ、キャリア・コンサルタントのみならず、教師、保育士、福祉関係者、医療関係者など、人を援助する立場にある人が何度でも立ち返るべき「原点」がここには示されている。そればかりではない。お互いがより自分らしくあることができるような恋人、夫婦、親子、上司と部下……お互いが、より自分らしくあることを尊重しあえる関係を求めるすべての人が立ち返るべき「原点」がここに示されている。それは、SNSなどの普及によって他者の承認に敏感になりがちで、自分らしく生きることが困難になったこの時代にあって、ますます大きな意味を持つように思われる。

人生100年時代、と言われる。長くなった人生の中で、若者ばかりでなく、多くの中高年が、「私は、これからどう生きていけばよいのか」「どうすれば、残りの人生を意味あるものとしてまっとうできるのか」わからず、彷徨《さまよ》っている。人生の暗闇の中で迷いの中にある。不確かさの中で、孤独にみずからの人生の道を探している。

ロジャーズのアプローチは、人が自分の内側の最も深いところを探究していく「内的なこころの旅」の「同行者」となることである。

ロジャーズのクライアントは言う。「暗闇に向かって歩いている感じがしています。（中略）でも誰か、同行者がそばにいてくれると、一人でいるのに比べて、とても楽になれるんです」(Rogers & Russell, 2002)

多くの人が、「内的なこころの旅の同行者」を求めているのではないだろうか。

今こそ、ロジャーズを学ぶ時である。

参考文献

Baldwin, M.（1987）：Interview with Carl Rogers on the use of the self in therapy, Journal of Psychotherapy & the Family, 3（1）, 45-52.

Bowen, M. V.（1996）：The Myth of Nondirectiveness: The Case of Jill. In Farber. B. A., Brink, D. C. & Raskin, P. M.（eds.）, The Psychotherapy of Carl Rogers: Case and Commentary, New York: The Guilford Press.

Bowen, M. V.：Intuition and the Person-Centered Approach. Unpublished Paper.

Bozarth, J. D.（1997）：The Person-Centered Approach. Feltham, C.（ed.）, Which Psychotherapy?, London: Sage Publications.

Brodley, B.T.（1990）：Client-centered and Experiential: Two different therapies. In Lietaer, G., Rombauts, J. and Van Balen, R.（eds.）, Client-Centered and Experiential Psychotherapy in the Nineties, Leuven University Press.

Cartwright, D. S.（1956）：A synthesis of process and outcome research, Discussion Papers（University of Chicago, Counseling Center）, 2（19）, 1-17.

Cartwright, D. S.（1957）：Annotated bibliography of research and theory construction in client-centered therapy. Journal of Counseling Psychology, 4, 82-100.（古屋健治訳（1967）：クライエント中心療法の理論と研究に関する文献の解題　伊東博編　ロージァズ全集　第17巻　クライエント中心療法の評価　岩崎学術出版社　249-308.）

Cohen, D.（1997）：Carl Rogers: A Critical Biography, London: Constable & Robinson Ltd.

Farson, R.（1974）：Carl Rogers: Quiet Revolutionary, Education, 95（2）（畠瀬稔訳（1980）：静かな革命家　カ

ール・ロジャーズ　畠瀬稔監修・金沢カウンセリングセンター訳　エヂュケーション　関西カウンセリングセンター　215-228.）

Friedman, N.（1976）: From the experiential in therapy to experiential psychotherapy. Psychotherapy: Theory, Research & Practice, 13-3, 236-243.

Gendlin, E. T.（1950）: Wilhelm Dilthey and the problem of comprehending human significance in the science of man, MA Thesis, Department of Philosophy, University of Chicago.

Gendlin, E. T.（1957）: A process concept of relationship, Discussion Papers（Counseling Center, University of Chicago）, 3（2）, 22-32.

Gendlin, E. T.（1958a）: The Function of Experiencing in Symbolization, Doctoral dissertation, University of Chicago, Department of Philosophy.

Gendlin, E. T.（1958b）: Experiencing: A variable in the process of therapeutic change, The American Psychologist, 13, 332.

Gendlin, E. T.（1958c）: Experiencing: A variable in the process of therapeutic change, Discussion Papers（Counseling Center, University of Chicago）, 5（1）, 1-19.

Gendlin, E. T.（1959）: The concept of congruence reformulated in terms of experiencing, Discussion Papers（Counseling Center, University of Chicago）, 5（12）, 1-30.

Gendlin, E. T.（1961）: Experiencing: a variable in the process of therapeutic change, American Journal of Psychotherapy, 15（2）, 233-245.（村瀬孝雄訳（1966）：体験過程――治療による変化における一変数　村瀬孝雄編　体験過程と心理療法　牧書店　19-38）

Gendlin, E. T.（1962）: Experiencing and the Creation of Meaning: A Philosophical and Psychological Approach to the Subjective, Evanston: Northwestern University Press.（筒井健雄訳（1993）：体験過程と意味の創造

ぶっく東京）
Gendlin, E. T.（1963）: Process variables for psychotherapy research, Wisconsin Psychiatric Institute Discussion Paper, 42（村瀬孝雄訳（1966）：心理療法研究のための過程変数　村瀬孝雄編　体験過程と心理療法　牧書店　3-18）
Gendlin, E. T.（1964）: A theory of personality change. In Worchel, P. & Byrne, D.（eds.）, Personality change, New York: John Wiley & Sons, 100-148.（村瀬孝雄訳（1966）：人格変化の一理論　村瀬孝雄編　体験過程と心理療法　牧書店　39-157）
Gendlin, E. T.（1981）: Focusing. 2nd ed, New York: Bantam Books.（村山正治・都留春夫・村瀬孝雄訳（1982）：フォーカシング　福村出版）
Gendlin, E. T,（1984）: The Client's Client: The Edge of Awareness. In Levant, R. F. & Shlien, J. M.（eds.）, Client-Centered Therapy and the Person-Centered Approach: New Directions in Theory, Research and Practice, New York: Praeger Publishers, 76-107.
Gendlin, E. T.（1990）: The small steps of the therapy process: How they come and how to help them come. In Lietaer, G., Rombauts, J. & Van Balen, R.（eds.）Client-centered and Experiential Psychotherapy in the Nineties, Leuven: Leuven University Press, 205-224.（池見陽訳（1982）：セラピープロセスの小さな一歩　ユージン・T・ジェンドリン・池見陽　セラピープロセスの小さな一歩——フォーカシングからの人間理解　金剛出版　27-63）
Gendlin, E. T.（1991）: Thinking beyond patterns: Body, language and situations. In den Ouden, B & Moen, M.（eds.）, The Presence of Feeling in Thought, New York: Peter Lang. 21-151.
Gendlin, E. T.（1995）: Crossing and dipping: Some terms for approaching the interface between natural understanding and logical formulation. Minds and Machines, 5（4）, 547-560.

Gendlin, E. T.（1996）: Focusing-Oriented Psychotherapy: A Manual of the Experiential Method. New York: Guilford Press.（村瀬孝雄・池見陽・日笠摩子監訳（1998）：フォーカシング指向心理療法　金剛出版）

Gendlin, E. T.（1997）: A Process Model. New York: The Focusing Institute.

Gendlin, E. T.（1998）: Introduction to philosophy. New York: The Gendlin Online Library.

Gendlin, E. T.（2002）: Foreword. In C. R. Rogers & D. E. Russell（2002）Carl Rogers: The Quiet Revolutionary. Roseville, California: Penmarin Books.（畠瀬直子訳（2006）：カール・ロジャーズ―静かなる革命　誠信書房）

Gendlin, E. T.（2004）: Introduction to 'Thinking At the Edge'. The Folio, 19（1）, 1-8.

Gendlin, E. T.（2009）: What first and third person processes really are. Journal of Consciousness Studies, 16（10-12）, 332-362.

Gendlin, E. T. & Zimring, F.（1955）: The qualities or dimensions of experiencing and their change. Discussion Papers（Counseling Center, University of Chicago）, 1（3）, 1-27. URL: http://www.focusing.org/gendlin/docs/gol_2139.html

Gendlin, E. T., Jenney, R. H., & Shlien, J. M.（1960）: Counselor ratings of process and outcome in client-centered therapy, Journal of Clinical Psychology, 16（2）, 210-213.

Gendlin, E. T. & Lietaer, G.（1983）: On client-centered and experiential psychotherapy: An interview with Eugene Gendlin. In Minsel, W. R. & Herff. W.（eds.）, Reserch on psychotherapeutic approaches. Proceedings of the 1st European conference on psychotherapy research, Trier, 1981, Vol.2, Frankfurt: Peter Lang, 77-104.

ユージン・T・ジェンドリン・伊藤義美（2002）：ジェンドリン、E.T.博士が物語る　伊藤義美（編）フォーカシングの実践と研究　ナカニシヤ出版　197-216.

Gendlin, E. T. & Hendricks, M.（2004）: Thinking at the edge（TAE）steps. The Folio, 19-1, 12-24.

畠瀬直子・畠瀬稔・村山正治編（1986）：カール・ロジャーズとともに　創元社
畠瀬稔・諸富祥彦（2003）：ロジャーズをめぐる対話（ブライアン・ソーン　諸富祥彦監訳　カール・ロジャーズ　コスモス・ライブラリー所収）
エドワード・ホフマン（2005）岸見一郎（訳）：アドラーの生涯　金子書房
池見陽（1995）：心のメッセージを聴く――実感が語る心理学　講談社
池見陽（2010）：僕のフォーカシング＝カウンセリング――ひとときの生を言い表す――　創元社
泉野淳子（2005）：C．R．ロジャーズにみる臨床心理学と精神医学の相克　佐藤達哉編著　心理学の新しいかたち２：心理学史の新しいかたち　誠信書房
Kalmthout, M. A. V.（1995）: The Religious Dimension of Rogers's work. In Journal of Humanistic Psychology, 35-4, 23-39.
Kirschenbaum, H.（1979）: On Becoming Carl Rogers, New York: Delacorte Press.
Kirschenbaum, H. & Henderson, V. L.（eds.）（1989）: The Carl Rogers Reader, Boston: Houghton-Mifflin.（伊東博・村山正治監訳（2001）：ロジャーズ選集（上）（下）　誠信書房）
Kirschenbaum, H. & Henderson, V. L.（eds.）（1990）: The Carl Rogers Dialogues, London: Constable and Robinson.
Kirtner, W. L.（1955）: Success and Failure in Client-Centered Therapy as a Function of Personality Variables. Master's thesis, University of Chicago, Committee on Human Development.
Kirtner, W. L. & Cartwright, D. S.（1958）: Success and failure in client-centered therapy as a function of client personality variables. Journal of Consulting Psychology, 22（4）, 259-264.（伊東博訳（1964）：クライエントの人格変数による成功と失敗　伊東博編　カウンセリング論集 第３巻 カウンセリングの過程　誠信書房　239-261）

小林孝雄（2004）：「状態」としての共感的理解の定義を再考する――ロジャーズの記述の比較検討　人間科学研究26　文教大学人間科学部

Kramer, R.（1995）: The Birth of Client-Centered Therapy: Carl Rogers, Otto Rank, and "the Beyond." In Journal of Humanistic Psychology, 35（4）, 54-110.

Kramer, R.（2019）: The Birth of Relationship Therapy: Carl Rogers meets Otto Rank, Giessen: Psychosozial-Verlag.

久能徹・末武康弘・保坂亨・諸富祥彦（1997）：ロジャーズを読む　岩崎学術出版社

Korbei, L.（1994）: Eugen(e) Gend(e)lin. In O. Frischenschlager（Hg.）, Wien, wo sonst! Die Entstehung der Psychoanalyse und ihrer Schulen, 174-181. [Vienna Where Else ! The Origin of Psychoanalysis and its Schools] Wien/Köln/Weimar: Böhlau. From http://previous.focusing.org/gendlin/docs/gol_2181.html（桜本洋樹、村里忠之、諸富祥彦、大迫久美恵、末武康弘、得丸智子訳（2011）：オイゲン・ゲンデリン〈ユージン・ジェンドリン〉http://www.focusing.org/jp/eugene_gendlin.pdf）

Mearns, D.（1994）: Developing Person-Centred Counseling. London: Sage Publications.（諸富祥彦監訳（2000）：パーソンセンタード・カウンセリングの実際　コスモス・ライブラリー）

森岡正芳（1991）：ロジャーズ理論再考――「非人称性」の視点　天理大学学報　42-2, 237-254.

三村尚彦（2011）：そこにあって、そこにないもの――ジェンドリンが提唱する新しい現象学――　フッサール研究　9　15-27.

三村尚彦（2012a）：追体験によって、何がどのように体験されるのか――ディルタイとジェンドリン――　関西大学文学論集　62-2, 27-48.

諸富祥彦（1992a）：クライエント中心療法の本質とその三派分裂の問題――ロジャーズ理論の再検討――　教育と教育思想　12　33-46.

諸富祥彦（1992b）：キルケゴール「倫理的伝達」による実存の覚醒―「ソクラテス的産婆術」の受容と批判的展開―　教育哲学研究　66　43-58.

諸富祥彦（1994a）：人とうまくかかわれないことに苦しむ女子学生の事例―「クライエントセンタード」をカウンセリングの実践原理として―　筑波大学臨床心理学論集　9　43-44.

諸富祥彦（1994b）：〝真空〟における人格変化―友田不二男氏が捉えたクライエント・センタードの本質―　日本カウンセリングセンター　カウンセリング研究　13　62-71.

諸富祥彦（1996）：「クライエントセンタード」概念の再検討―カウンセリングの実践原理として―　カウンセリング研究　29　110-119.

諸富祥彦（1997a）：第Ⅲ部　思想家ロジャーズ　久能徹・末武康弘・保坂亨・諸富祥彦　ロジャーズを読む　岩崎学術出版社

Morotomi, Y. (1997b) : Person-Centred Counselling from the Viewpoint of Japanese Spirituality. Person-Centered Practice, (6) 1, 28-33.

諸富祥彦（1997c）：カール・ロジャーズ入門　コスモス・ライブラリー

諸富祥彦（1998）：クライエント中心療法の実践事例　ハーバート・ブライアンの事例　現代のエスプリ374（至文堂）　クライエント中心療法　130-138.

諸富祥彦（1999）：E．T．ジェンドリンの哲学（その1）―現代哲学のアポリア　千葉大学教育学部研究紀要　47-1, 27-36.

諸富祥彦（2000）：E．T．ジェンドリンの哲学（その2）―言語表現の恣意性の問題と現象学的「解明」　千葉大学教育学部研究紀要　48-1, 41-51.

諸富祥彦（2001）：E．T．ジェンドリンの哲学（その3）―「過程価値」ないし「プロセス・エシックス（過程倫理学）」の観点　千葉大学教育学部研究紀要　49-1, 57-65.

諸富祥彦（2003a）：後期ロジャーズにおけるスピリチュアリティと身体の問題　人間性心理学研究　21-1, 64-74.

諸富祥彦（2003b）：第2部 事例編 2人とうまくかかわれないことに苦しむ女子学生の事例―クライエントの〝うちなるセラピストづくり〟の視点から　東山紘久（編著）来談者中心療法（心理療法プリマーズ）ミネルヴァ書房

諸富祥彦（2004）：第3章　人格成長論――ロジャーズの臨床心理面接論の批判的発展的検討を中心に　東山紘久（編）臨床心理学全書第3巻　臨床心理面接学――その歴史と哲学　誠信書房　101-162.

諸富祥彦（2008）：E.T.ジェンドリンの心理療法の基盤としての哲学　明治大学人文科学研究所紀要　63 249-263.

諸富祥彦編著（2009a）：フォーカシングの原点と臨床的展開　岩崎学術出版社

諸富祥彦（2009b）：自己成長の心理学―人間性／トランスパーソナル心理学入門　コスモス・ライブラリー

諸富祥彦（2010a）：はじめてのカウンセリング入門（上）―カウンセリングとは何か　誠信書房

諸富祥彦（2010b）：はじめてのカウンセリング入門（下）―ほんものの傾聴を学ぶ　誠信書房

諸富祥彦編著（2011）：人生にいかすカウンセリング 自分を見つめる　人とつながる　有斐閣

諸富祥彦（2012a）：カウンセラー、心理療法家のためのスピリチュアル・カウンセリング入門（上）理論編　誠信書房

諸富祥彦（2012b）：カウンセラー、心理療法家のためのスピリチュアル・カウンセリング入門（下）方法編　誠信書房

諸富祥彦（2013a）：宗教とカウンセリング／心理療法　五人の日本人臨床家における宗教とカウンセリングの統合　外来精神医療　13-1, 58-62.

諸富祥彦（2013b）：カウンセリングにおける「受容」の真の意味とは――クライアント中心／フォーカシング指向療法の立場から――　精神療法　39-6, 25-30.

諸富祥彦（2013c）：哲学的探究における自己変容の八段階——「主体的経験の現象学」による〝エゴイズム〟とその克服過程に関する考察　コスモス・ライブラリー
諸富祥彦編著（2014a）：伝説のセラピストの言葉　コスモス・ライブラリー
諸富祥彦（2014b）：新しいカウンセリングの技法　誠信書房
諸富祥彦（2015）：発想の源流　「個」に「普遍」が宿るとき　人間性心理学研究　33-1, 73-78.
諸富祥彦（2016）：知の教科書　フランクル　講談社選書メチェ
Morotomi, Y.（2017）：'Therapeutic stoppage' creates a space where a 'moment of movement' will come. Person-Centered & Experiential Psychotherapies, 16（1）, 118-127.
諸富祥彦（2018）：ジェンドリンが遺してくれたものを展開させる責任　人間性心理学研究　36-1, 13-14.
諸富祥彦（2020）：フォーカシング　諸富祥彦・小澤康司・大野萌子（編著）実践 職場で使えるカウンセリング　予防、解決からキャリア、コーチングまで　誠信書房
諸富祥彦（2021）：ヒューマニスティック・アプローチ　岩壁茂・遠藤利彦・黒木俊秀・中嶋義文・中村知靖・橋本和明・増沢高・村瀬嘉代子（編著）臨床心理学スタンダードテキスト　金剛出版
諸富祥彦・村里忠之・末武康弘編著（2009）：ジェンドリン哲学入門——フォーカシングの根底にあるもの——コスモス・ライブラリー
村山正治・田畑治（1998）：クライエント中心療法の創始者ロジャースをめぐって　現代のエスプリ　クライエント中心療法　374　至文堂
中田行重（2014）：わが国におけるパーソン・センタード・セラピーの課題　心理臨床学研究　32-5, 567-576.
成田善弘（2015）：なぜ不可能なのか？ からの出発　本山智敬・坂中正義・三國牧子（編）ロジャーズの中核三条件　一致　カウンセリングの本質を考える　第1巻　創元社　90-94.
Purton, C.（2004）：Person-Centred Therapy: The Focusing-Oriented Approach. Basingstoke: Palgrave

Macmillan.（日笠摩子（訳）（2006）パーソン・センタード・セラピー――フォーカシング指向の観点から――金剛出版）

パトリック・ライス（2003）畠瀬稔・東口千津子（訳）（2003）鋼鉄のシャッター――北アイルランド紛争とエンカウンター・グループ――コスモス・ライブラリー

Rogers, C. R.（1939）The Clinical Treatment of the Problem Child, Houghton Mifflin, Boston（堀淑昭編・小野修訳（1966）ロージァズ全集　第1巻　問題児の治療　岩崎学術出版社）

Rogers, C. R.（1940）: The Process of Therapy. In Journal of Consulting Psychology, 4, 161-164.

Rogers, C. R.（1942）: Counseling and Psychotherapy: Newer Concepts in Practice. Boston: Houghton Mifflin.（末武康弘・保坂亨・諸富祥彦訳（2005）：ロジャーズ主要著作集1・カウンセリングと心理療法　岩崎学術出版社）（部分訳　友田不二男編　児玉享子訳（1967）ロージァズ全集　第9巻　カウンセリングの技術　岩崎学術出版社）

Rogers, C. R.（1951）: Client-Centered Therapy. Boston: Houghton Mifflin.（保坂亨・諸富祥彦・末武康弘訳（2005）：ロジャーズ主要著作集2・クライアント中心療法　岩崎学術出版社）

Rogers, C. R.（1953）: Some directions and end points in therapy. In O. H. Mowerr (ed.) Psychotherapy: theory and research, New York: Ronald Press, 44-68.（諸富祥彦・末武康弘・保坂亨訳（2005）：心理療法におけるいくつかの確かな方向性　ロジャーズ主要著作集3・ロジャーズが語る自己実現の道　岩崎学術出版社）

Rogers, C. R.（1954）: What It Means to Become a Person. Board of Trustees of Oberlin College.（諸富祥彦・末武康弘・保坂享訳（2005）：人が〝ひと〟になるとはどういうことか　ロジャーズ主要著作集3・ロジャーズが語る自己実現の道　岩崎学術出版社）

Rogers, C. R.（1955）: A theory of therapy, personality and interpersonal relationships, as developed in the client-centered framework. Discussion Papers（University of Chicago, Counseling Center）, 1（5）, 1-69.

Rogers, C. R.（1956a）: The necessary and sufficient conditions of therapeutic personality change. Discussion Papers（University of Chicago, Counseling Center）, 2（8）, 1-19.

Rogers, C. R.（1956b）: The Essence of Psychotherapy: Moments of Movement. Paper given at the first meeting of the American Academy of Psychotherapists, New York, October 20.

Rogers, C. R.（1957a）: The necessary and sufficient conditions of therapeutic personality change. Journal of Consulting Psychology, 21（2）, 95-103.（伊東博訳（2001）：セラピーによるパーソナリティ変化の必要にして十分な条件　H．カーシェンバウム・V．L．ヘンダーソン編　ロジャーズ選集（上）　誠信書房　265-285）

Rogers, C. R.（1957b）: Personal Thoughts on Teaching and Learning. Merill Palmer Quarterly, 3, 241-243.（諸富祥彦・末武康弘・保坂亨訳（2005）：教えることと学ぶことについての私見　ロジャーズが語る自己実現の道　岩崎学術出版社）

Rogers, C. R.（1957c）: A note on the nature of man, Journal of Counseling Psychology, 4（3）, 199-203（村山正治編訳（1967）：〝人間の本質〟について　ロージァズ全集　第12巻　人間論　岩崎学術出版社）

Rogers, C. R.（1957d）: The concept of fully functioning person A Therapist's View of the Good Life. Psychotherapy:Theory, Research and Practice, 1（1）, 17-26.（諸富祥彦・末武康弘・保坂亨訳（2005）：十分に機能する人間――よき生き方についての一心理療法家としての私見　ロジャーズ主要著作集３・ロジャーズが語る自己実現の道　岩崎学術出版社）

Rogers, C. R.（1958）: A Process Conception of Psychotherapy. American Psychologist, 13, 142-149.（諸富祥彦・末武康弘・保坂亨訳（2005）：心理療法の過程概念　ロジャーズが語る自己実現の道　岩崎学術出版社）

Rogers, C. R.（1959）: A theory of therapy, personality and interpersonal relationships, as developed in the client-centered framework. In Koch, S.（Ed.）, Psychology: A Study of Science, 3, New York: McGraw-Hill,

184-256.（畠瀬稔ほか（訳）（1967）：クライエント中心療法の立場から発展したセラピィ、パーソナリティおよび対人関係の理論　伊東博（編）ロージァズ全集　第8巻　パースナリティ理論　岩崎学術出版社　165-270）

Rogers, C. R.（1960a）：To Be That Self Which One Truly Is: A Therapist's View of Personal Goals. Pendle Hill Publications.（諸富祥彦・末武康弘・保坂亨訳（2005）：自己が真にあるがままの自己であるということ　人間の目標に関するある心理療法家の考え　ロジャーズ主要著作集3・ロジャーズが語る自己実現の道　岩崎学術出版社）

Rogers, C. R.（1960b）：Dialogue between Martin Buber and Carl Rogers. Psychologia, 3, 208-221.（村山正治（編訳）（1967）：ロージァズ全集　第12巻　人間論　マルチン・ブーバーとカール・ロージァズとの対話　岩崎学術出版社）

Rogers, C. R.（1961a）：On Becoming a Person. Boston: Houghton-Mifflin.（諸富祥彦・末武康弘・保坂亨（訳）（2005）ロジャーズ主要著作集3・ロジャーズが語る自己実現の道　岩崎学術出版社）

Rogers, C. R.（1961b）："This is Me". In: On Becoming a Person. Boston: Houghton-Mifflins（諸富祥彦・末武康弘・保坂亨（訳）（2005）：これが私です　私の専門家としての思考と人生哲学の発展　ロジャーズ主要著作集3・ロジャーズが語る自己実現の道　岩崎学術出版社）

Rogers, C. R.（1961c）：What We Know About Psychotherapy: Objectively and Subjectively. In: On Becoming a Person. Boston: Houghton-Mifflin（諸富祥彦・末武康弘・保坂亨（訳）（2005）心理療法について何を知りえたか　客観的観点および主観的観点から　ロジャーズ主要著作集3・ロジャーズが語る自己実現の道　岩崎学術出版社）

Rogers, C. R.（1961d）：The process equation of psychotherapy. American Journal of Psychotherapy, 15, 27-45.（伊東博（編訳）（1966）サイコセラピィの過程方程式　ロージァズ全集　第4巻　サイコセラピィの過程

岩崎学術出版社）

Rogers, C. R.（1961e）：A Tentative Formulation of a General Law of Interpersonal relationships, In: On Becoming a Person. Boston: Houghton-Mifflin（諸富祥彦・末武康弘・保坂亨（訳）（2005）：人間関係の一般的法則についての試案　ロジャーズ主要著作集3・ロジャーズが語る自己実現の道　岩崎学術出版社）

Rogers, C. R.（1967a）：The Therapeutic Relationship and Its Impact. University of Wisconsin Press.（友田不二男（編訳）（1972）：ロージァズ全集　第19巻　サイコセラピィの研究　古屋健治（編訳）（1972）：ロージァズ全集　第20巻　サイコセラピィの成果　伊東博（編訳）（1972）：ロージァズ全集　第21巻　サイコセラピィの実践　岩崎学術出版社）

Rogers, C. R.（1967b）：Autobiography. In: Boring, E. G. & Lindzey, G.（eds.）A History of Psychology in Autobiography. Appleton-Century Crofts（村山正治（訳）：ロジャーズ　佐藤幸治・安宅孝治編（1975）：現代心理学の系譜I――その人と学説と　岩崎学術出版社）

Rogers, C. R.（1969）：Freedom to Learn: A View of What Education Might Become. Charles E. Merrill Publishing Company.（友田不二男（編）伊東博他（訳）（1972）：ロージァズ全集　第22巻　創造への教育（上）　友田不二男（編）手塚郁恵（訳）（1972）：ロージァズ全集　第23巻　創造への教育（下）　岩崎学術出版社）

Rogers, C. R.（1970）：Carl Rogers on Encounter Group. Pelican Books.（畠瀬稔・畠瀬直子（訳）（1973）：エンカウンター・グループ　ダイヤモンド社）

Rogers, C. R.（1972a）：Becoming Partners: Marriage and its Alternative. Delacorte Press.（村山正治・村山尚子（訳）（1982）：結婚革命 パートナーになること　サイマル出版会）

Rogers, C. R.（1972b）：Some Social Issues Which Concern Me, Journal of Humanistic Psychology, 12（2）, 45-60.

Rogers, C. R.（1975）: Empathic: An unappreciated way of being. The Counseling Psychologist, 5（2）, 2-10.

Rogers, C. R.（1977）: Carl Rogers on Personal Power: Inner Strength and its Revolutionary Impact. Dell Publishing Co.（畠瀬稔・畠瀬直子（訳）（1980）：人間の潜在力　創元社）

Rogers, C. R.（1980）: A Way of Being. Boston: Houghton Mifflin.（畠瀬直子（訳）（1984）：人間尊重の心理学　わが人生と思想を語る　創元社）

Rogers, C. R.（1981）: Notes on Rollo May. Perspectives,（2）1.

Rogers, C. R.（1982a）: Reply to Rollo May's Letter to Carl Rogers, In Journal of Humanistic Psychology, 22-4, 85-89.

Rogers, C. R.（1982b）: A Psychologist Looks at Nuclear War: Its Threat, Its Possible Prevention. In Journal of Humanistic Psychology, 22-4, 9-20.（畠瀬直子（訳）（1986）：核による自滅に代わる1つの道　畠瀬直子・畠瀬稔・村山正治（編）：カール・ロジャーズとともに　創元社　238-272）

Rogers, C. R.（1983a）: Freedom to Learn for the 80's. Charles E. Merrill Pub.（友田不二男（監訳）（1984）：新・創造への教育1　自由の教室　岩崎学術出版社　伊東博（監訳）（1985）新・創造への教育2　人間中心の教師　岩崎学術出版社　友田不二男（監訳）（1985）新・創造への教育3　教育への挑戦　岩崎学術出版社）

Rogers, C. R.（1983b）: Conversations with Carl Rogers（videotape）, produced by the Encinitas Center for Family and Personal Development.

Rogers, C. R.（1986a）: A client-centered/person-centered approach to therapy. In Kutash, I. L. and Wolf, A.（eds.）Psychotherapist's Casebook, Jossey-Bass, 197-208.

Rogers, C. R.（1986b）: The Rust Workshop: A Personal Overview. In Journal of Humanistic Psychology, 9, 93-104.

Rogers, C. R.（1986c）: Reflection of Feeling. In Person-Centered Review, 1-4, 375-377.

Rogers, N.（1997）A Personal Letter to Brian Thorne on February 24, 1997.
Rogers, C. R. & Dymond, R. F.（1954）: Psychotherapy and Personality Change. Chicago: University of Chicago Press.（友田不二男（編訳）（1967）：パースナリティの変化　岩崎学術出版社）
Rogers, C. R., Gendlin, E. T., Kiesler, D. J. & Truax, C. B.（eds.）（1967）: The Therapeutic Relationship and its Impact: A Study of Psychotherapy with Schizophrenics. Madison: University of Wisconsin Press.
Rogers, C. R. & Polanyi, M.（1966）: Dialogue between Michael Polanyi and Carl Rogers. San Diego: San Diego State College and Western Behavioral Sciences Institute. In: Kirschenbaum, H. & Henderson, V. L.（eds.）（1989）: Carl Roger Dialogues: Conversations with Martin Buber, Paul Tillich, B. F. Skinner, Gregory Bateson, Michael Polanyi, Rollo May, and Others. Boston: Houghton Mifflin, 153-175.（諸富祥彦（訳）（2012）：カール・ロジャーズとマイケル・ポランニーの対話　トランスパーソナル学研究　12）
Rogers, C. R. & Rablen, R. A.（1958）: A scale of process in psychotherapy, Psychiatric Institute Bulletin, University of Wisconsin（伊東博（編訳）（1966）：サイコセラピィのプロセス・スケール　ロージァズ全集第4巻　サイコセラピィの過程　岩崎学術出版社）
Rogers, C. R. & Russell, D. E.（2002）: Carl Rogers: The Quiet Revolutionary. Roseville, California: Penmarin Books.（畠瀬直子（訳）（2006）：カール・ロジャーズ　静かなる革命　誠信書房）
佐治守夫・飯長喜一郎編（1983）（新版 2011）：ロジャーズ クライエント中心療法　カウンセリングの核心を学ぶ　有斐閣
末武康弘（1985）：ジェンドリン、E. T. における体験過程論の展開の研究——特にロジャーズのカウンセリング理論との関係から——　筑波大学教育学研究科提出修士論文
末武康弘・得丸さと子（智子）（2012）：パーソンセンタード／フォーカシング指向セラピーでは何が生起するのか？——「セラピストTAE」による質的分析のパイロット研究——　現代福祉研究　12　141-163.

末武康弘（2014）：ジェンドリンのプロセスモデルとその臨床的意義に関する研究　法政大学博士論文

末武康弘・諸富祥彦・得丸さと子・村里忠之（編著）（2016）：「主観性を科学化する」質的研究法入門ＴＡＥを中心に　金子書房

田中秀男（2004）：ジェンドリンの初期体験過程に関する文献研究（上）明治大学図書館紀要 8　56-81.

田中秀男（2005）：ジェンドリンの初期体験過程理論に関する文献研究（下）心理療法研究におけるディルタイ哲学からの影響　明治大学図書館紀要 9　58-87.

田中秀男（2015）：「一致」という用語にまつわる問題点とジェンドリンによる解決案　人間性心理学研究 33 (1), 29-38.

田中秀男（2018）：フォーカシングの成立と実践の背景に関する研究　その創成期と体験過程理論をめぐって　関西大学博士論文

Thorne, B.（1991）：Person-Centered Counselling: Therapeutic & Spiritual Dimensions. London and New Jersey: Whurr Publishers.

Thorne, B.（1992）：Carl Rogers. London: Sage Publications.（諸富祥彦（監訳）（2003）：カール・ロジャーズ　コスモス・ライブラリー）

Thorne, B.（1997）：Spiritual Responsibility in a Secular Profession. paper presented at the lecture theater of University of East Anglia, 30 May 1997, Unpublished.

得丸さと子（2010）：ステップ式質的研究法ＴＡＥの理論と適用　海鳴社

友田不二男（1971）宗教とカウンセリング　個人的経験を中心として　全日本カウンセリング協議会　カウンセリング 2 (4), 2-11.

友田不二男（1974）：人間性の回復「飛躍」が現実化するところ　全日本カウンセリング協議会　カウンセリング 6 (3), 2-11.

友田不二男（1990）：東洋思想とカウンセリング　日本カウンセリング・センター　法人設立三十周年記念誌 講演とシンポジウムの記録 25-52.

友田不二男・伊東博・佐治守夫・堀淑昭（1968）：座談会 カウンセリングをめぐって　友田不二男・伊東博・佐治守夫・堀淑昭（編）：ロージァズ全集　第18巻　わが国のクライエント中心療法の研究　岩崎学術出版社

都留春夫（1987）：「出会い」の心理学　講談社

チューダー・K、メリー・T（2008）岡村達也（監訳）小林孝雄・羽間京子・箕浦亜子（訳）：ロジャーズ辞典　金剛出版

上嶋洋一（2014）：カール・ロジャーズ17　諸富祥彦（編著）伝説のセラピストの言葉　コスモス・ライブラリー

バリー・P・J（1986）末武康弘（監修）青葉里知子・堀尾直美（訳）（2013）：『グロリアと3人のセラピスト』とともに生きて　コスモス・ライブラリー

Weinrach, S. G.（1990）Rogers and Gloria: The Controversial Film and the Enduring Relationship. In: Psychotherapy, 27（2）, 282-290.

吉田敦彦（1990）：ロジャーズに対するブーバーの異議　援助的関係における「対等性」と「受容」の問題をめぐって　教育哲学研究　62　32-46.

Zimring, F.（1996）Rogers and Gloria: The effects of meeting some, but not all, of the “necessary and sufficient” conditions. In: B. A. Farber, D. C. Brink, & P. M. Raskin（eds.）, The psychotherapy of Carl Rogers: Cases and commentary, 65-73. Guilford Press.

諸富祥彦（もろとみ・よしひこ）
1963年生まれ。明治大学文学部教授。筑波大学大学院博士課程修了。博士（教育学）。臨床心理士。公認心理師。日本トランスパーソナル学会会長。著書に『孤独の達人』(PHP新書)、『人生を半分あきらめて生きる』（幻冬舎新書)、『知の教科書　フランクル』（講談社選書メチエ)、『新しいカウンセリングの技法』（誠信書房）など多数。一般の方も参加できる「気づきと学びの心理学研究会〈アウエアネス〉」（https://morotomi.net/awareness）を主宰し、体験的な心理学の学びの場（ワークショップ）を提供している。

角川選書 649

カール・ロジャーズ　カウンセリングの原点《げんてん》

令和3年3月24日　初版発行
令和6年4月30日　5版発行

著　者／諸富祥彦《もろとみよしひこ》

発行者／山下直久

発　行／株式会社KADOKAWA
〒102-8177　東京都千代田区富士見2-13-3
電話 0570-002-301（ナビダイヤル）

印刷所／株式会社KADOKAWA

製本所／株式会社KADOKAWA

装　丁／片岡忠彦　　帯デザイン／Zapp!

●お問い合わせ
https://www.kadokawa.co.jp/（「お問い合わせ」へお進みください）
※内容によっては、お答えできない場合があります。
※サポートは日本国内のみとさせていただきます。
※Japanese text only

定価はカバーに表示してあります。

ISBN978-4-04-703640-6 C0311

この書物を愛する人たちに

詩人科学者寺田寅彦は、銀座通りに林立する高層建築をたとえて「銀座アルプス」と呼んだ。
戦後日本の経済力は、どの都市にも「銀座アルプス」を造成した。
アルプスのなかに書店を求めて、立ち寄ると、高山植物が美しく花ひらくように、
書物が飾られている。

印刷技術の発達もあって、書物は美しく化粧され、通りすがりの人々の眼をひきつけている。
しかし、流行を追っての刊行物は、どれも類型的で、個性がない。
歴史という時間の厚みのなかで、流動する時代のすがたや、不易な生命をみつめてきた先輩たちの発言がある。
また静かに明日を語ろうとする現代人の科白がある。これらも、
銀座アルプスのお花畑のなかでは、雑草のようにまぎれ、人知れず開花するしかないのだろうか。
マス・セールの呼び声で、多量に売り出される書物群のなかにあって、
選ばれた時代の英知の書は、ささやかな「座」を占めることは不可能なのだろうか。
マス・セールの時勢に逆行する少数な刊行物であっても、この書物は耳を傾ける人々には、
飽くことなく語りつづけてくれるだろう。私はそういう書物をつぎつぎと発刊したい。
真に書物を愛する読者や、書店の人々の手で、こうした書物はどのように成育し、開花することだろうか。
私のひそかな祈りである。「一粒の麦もし死なずば」という言葉のように、
こうした書物を、銀座アルプスのお花畑のなかで、一雑草であらしめたくない。

一九六八年九月一日　　角川源義